西北地区绿色发展制度专题研究

Xibei Diqu Lvse Fazhan
Zhidu Zhuanti Yanjiu

吕志祥 等著

九州出版社
JIUZHOUPRESS

图书在版编目（CIP）数据

西北地区绿色发展制度专题研究／吕志祥等著.
—北京：九州出版社，2019.12
ISBN 978-7-5108-8525-9

Ⅰ.①西… Ⅱ.①吕… Ⅲ.①绿色经济-区域经济发展-经济制度-研究-西北地区 Ⅳ.①F127.4

中国版本图书馆 CIP 数据核字（2019）第 264923 号

西北地区绿色发展制度专题研究

作　　者	吕志祥等　著	
出版发行	九州出版社	
地　　址	北京市西城区阜外大街甲 35 号（100037）	
发行电话	(010) 68992190/3/5/6	
网　　址	www.jiuzhoupress.com	
电子信箱	jiuzhou@jiuzhoupress.com	
印　　刷	廊坊市海涛印刷有限公司	
开　　本	710 毫米×1000 毫米　　16 开	
印　　张	16.25	
字　　数	266 千字	
版　　次	2020 年 2 月第 1 版	
印　　次	2020 年 2 月第 1 次印刷	
书　　号	ISBN 978-7-5108-8525-9	
定　　价	68.00 元	

目　录

导论 "两山"理论：西北地区绿色发展的指导思想

"两山"理论为西北地区绿色发展提供了理论支撑。面对日益严重的环境问题，人类社会的思想张力不断地付诸实践当中，从第一代人权的"公民和政治权利"到第四代人权的"和谐权"的跨越，人权作为人类思想开拓的重要领域，同时也带动我们对"美好生活"内容最本质的思考。所谓和谐，不仅要求生产力与生产关系协调发展，更是要求人类与生态环境有机共存，不伤害人类社会发展的同时，保证生态系统平衡运行。"两山"理论源于生态保护实践，又指导生态保护实践，从"实践—理论—实践"的二次飞跃是"两山"理论的力量源泉。

一、"两山"理论的理论基础

思想潮流的更迭使生态伦理发生了转型，强调征服自然的思想已落后于时代，伴随的是人类将更多注意力付诸探索人与人、人与自然、人与社会等因素中生态所赋予的和谐性要求，即环境本身就为人类发展提供生存法则、物质生产、精神享受等功能，而人类作为自然环境的成员必将与之息息相关。"两山"理论正是顺应人与人、人与自然、人与社会等因素转变潮流的新思考，是传承前人生态文明思维与顺应现代生态文明理论的辩证统一。

（一）中国传统哲学思想

"两山"理论传承了"天人合一"思想。"天人合一"又称"天人合德"，强调人与自然的辩证统一关系，虽然中国古代为巩固政治统治将"天"予以神化，但谈论人与自然时，则"天"所指为人们应当遵循的自然规律。庄子曰："有人，天也；有天，亦天也。"孔仲尼曰："有人，天也；有天，亦天也。人之不能有天，性也。圣人晏然体逝而终矣！"（《庄子·山木》）根据人类与自然之间的关系辨析，道家与儒家在面对生态伦理与社会伦理的契合时显然持不同的态度，即道家追求"无为而治"的自然属性状态，而儒家倡导"人伦礼仪"的社会属性。经历时代变迁的洗礼，道、儒两家的人文伦理已成为生态理论得以支撑的重要渊源。自然规律是生态伦理产生、发展、转型等动态活动的来源，现代社会调整人与自然关系不单单依靠道家、儒家所提供的正确性支持，更需要的是法治对于生态伦理的导向作用。"两山"理论重燃已经式微的传统人文伦理精神，并且为自身理论存续夯实基础，生态文明也正是"尊重自然、顺应自然、天人合一"的具体表现。2015年，习近平参加十二届全国人大三次会议江西代表团审议时强调人与自然和谐共生，将生态环境比作"眼睛""生命"，说明"两山"理论传承了中国传统生态哲学之精华。

（二）马克思主义生态理论

马克思论述人与自然物质交换时指出，解放生产力的前进方向终将会达到生态文明的实效；习近平于2005年8月在浙江湖江安吉考察时强调，绿水青山就是金山银山，要走绿色发展之路。马克思指出，"在民主的国家里，法律就是国王；在专制的国家里，国王就是法律。"十八届四中全会提出，"法律是治国之重器，良法是善治之前提。"法治是"法律"与"治国""良法"与"善治"最契合的路径，将生态文明纳入法制轨道是人民当家做主的必然抉择。"以人民为中心"是中国特色社会主义的根本性方针，生态保护与人民幸福息息相关，只有生态保护机制良性运作，才能够保证人民生活幸福安康。可见，"两山"理论源于马克思主义生态理论，也是对马克思主义法治理论的发展。

（三）现代生态伦理思想

工业革命不但使生产率急速提高，而且也提升了人们对自然界的认识，现代生态伦理已实现从"人类中心主义"到"生态中心主义"的转型。"人类中心主义"视域下人与自然之间的关系是极度紧张的，且"主客二分"思维方式是"人类中心主义"的出发点，人类凭借现代生产技术的进步将自己视为自然界之主宰的观点，使得我们对于自然界无节制、无规律地索取、利用、破坏，导致生态环境问题频发。"生态中心主义"强调人是自然界的一部分，与动物、植物等自然界成员位于平等地位；宣扬平等的同时，忽视了人类主观能动性的特征，使社会丧失了发展的活力。"两山"理论，始终强调"以人民为中心"，既要保护生态环境，也要实现"绿色发展"。

二、"两山"理论的维度分析

中国共产党第十九次全国代表大会重新定义了我国社会的主要矛盾，即中国特色社会主义进入新时代，我国社会主要矛盾已经转化为人民日益增长的美好生活需要和不平衡不充分的发展之间的矛盾。主要矛盾的转型阐释了生态文明与社会发展对于时间维度、空间维度的双重考量，"两山"理论正是将生态问题纳入时间维度、空间维度的运行轨迹中，通过"冷思考"与"热处理"的方式赋予其生命力。

（一）时间维度分析

"两山"理论中的时间维度，隐含了宏观的时间概念的三个基本要素，即过去、现在和未来。利用时间维度的纵向延展可以探寻"两山"理论的历史脉络，从而前瞻性地构建未来的生态法治理论体系。"两山"理论不仅是对生态现状的具体反映，更可引领身处窘境的生态治理走向良性运行的轨迹，顺应此轨迹的方向将是对"行为间性"中自由与限制两方面的重构，尽管自由与限制之间并非是二元对立的关系，但"两山"理论为两方争执摩擦时的紧张气氛起到了缓解的作用。

1. 运用过去的视角分析

"两山"理论以人类采用的农、耕、牧、渔、林等农业生产方式为积淀作为社会文明转型基础，深入思考了从农业文明到工业文明的转型中"人类中心主义"不断扩张所带来的不利影响。不可否认的是，生产力的提升促进了物质世界的丰富发展，同时也提升了精神世界的开创性。工业化程度加深所导致的生态失衡背后的思维模式就是以人类本身为视角对生态环境无度的索取。对于过去的思考，不能局限事态的表象、不能无视时代的现状，顺应历史发展的潮流才能准确地规划前进的方向。社会文明的更迭存在内在的规律，然而，尊重规律的同时依旧要把控"度""量"和"质"之间的联系。"两山"理论正是面对已经满是疮痍的生态环境，进行多领域、多方位、多角度的思考与重构。

2. 运用现在的视角分析

"两山"理论是中国生态文明转型期间重要的指导方针，引领各部门着力解决严重的生态问题，运用生态补偿制度、生态红线制度共同推进科学环境治理的路径，即制度创新与空间管控同时进行。习近平早在2005年就开创性地提出"绿水青山就是金山银山"的思想，并在浙江省得以贯彻实施，使浙江省的生态建设上了一个新的台阶。近年来，习近平根据现阶段的生态状况赋予了"两山"理论更多新的内容，使之更加完善。环境保护部印发的《全国生态保护"十二五"规划》深刻地揭示生态文明创建过程需要立法完善、执法加强、政策导向、司法严明、民众参与以及科技投入等多维路径；"十三五"规划正式确立"两山"理论的指导地位，并且提出并建构更加细致的管控标准、更加科学的管理体系、更加严格的环保制度。

3. 运用未来的视角分析

"两山"理论包含生态理性的法律价值观，社会文明类型的落脚点必然是向更符合人类理想生活的模式转变，所以生态文明的生态理性终将会代替工业文明时代的经济理性，即生态文明终将取代工业文明。人与人、人与自然、人与社会等因素遇到生态理性时，还需要考虑到代际利益、物种之间的利益，建立以可持续发展为核心的生态法治体系、重构人与其他物种之间"生命共同体"的和谐生存模式。"两山"理论摒弃"个人主义"，迈向"整体主义"生态法治观，强调唤醒公共责任、社会责任对生态治理的作用，用发展眼光看待现存的生态问题，突破传统的"公私法二元对立"的法制模式，致力于设计多元联动的治理体系模型，使我们面对不可知的未来生态状况不再惶恐无助。

（二）空间维度分析

"两山"理论中的空间维度，涵盖了空间维度的区域与全球的两个概念，而区域又要关注某一区域及跨区域两个节点。掌握空间维度的横向联络有助于理清当今生态法治思想对于自然界的部分与整体之间的理性思考。"两山"理论立足于我国幅员辽阔的地理特征，兼顾各区域的同时，也随之建立区域与区域之间的合作，即跨区域治理，并且通过构建人类命运共同体的模式保障全球生态文明的转型。

1. 运用区域的视角分析

"两山"理论对于某一区域内的生态环境保障提供重要的理论支撑，生态补偿制度、生态红线制度、生态规划制度以及环境影响评价制度等是构建现代中国生态治理的关键措施。我国的生态补偿机制以"山水林田湖草是一个生命共同体"理念为轴心，衡量某一区域生态系统的稳定性。跨区域的生态补偿需要多方协作共同完成，以横跨十几个省份的长江流域生态补偿为例，有机地调动市场化与多元生态补偿机制协同发展，方能取得良好效果。生态红线以生态功能红线、环境质量红线和资源利用红线为范畴保障生态安全所必须坚守的底线，同样也是区域生态保护的"高压线"。

2. 运用全球的视角分析

"两山"理论涵盖了人类命运共同体中关于生态文明新秩序的解读，生态是不同信仰、不同民族、不同国家的人必须重视的生存基础。工业化程度不断加深所导致生态问题频发的现状，不仅是发达国家需要关注的焦点，也是发展中国家必须正视的现实问题。全球生态文明是未来人类共同的努力方向，是跨越制度、宗教、信仰、种族、意识形态等要素的共识理念。中国作为最大的发展中国家，积极参与《巴黎协定》《世界环境公约》的同时，也引领国际社会生态文明新秩序的走向，即从国家被动接受到国家主动承担的积极转型，正如索尔海姆所言，全球生态文明建设需要中国智慧，而"两山"理论是现代中国生态治理指导思想中的精髓所在。2018年，中国发力推动绿色"一带一路"建设，将生态文明建设作为国际有序规则中的一个有力切入点，不断加深国际法治与生态文明共建的合作宽度，以推动全球生态均衡、生态和谐和生态文明建设。

三、"两山"理论的"法治化"践行

"两山"理论是生态法治建设的指导思想，多元联动是其落在实处的关键。

（一）立基生态思维模式，推行科学立法

科学立法是立法者颁布"善法"的关键，运用科学的方法行使立法权是生态法治能够切实有效推行的基础。首先，生态思维应进入立法环节，用"绿色发展"眼光审视各个部门法的立法，使"绿色发展"与之融会贯通。2017年生效的《民法总则》将绿色原则纳入民法基本原则当中，使"绿色发展"理念贯穿整个民法脉络，显系重大进步。其次，应更加重视生态立法，虽然生态文明已经被写入宪法，但是对于生态权的保障尚未实现，生态权确权与救济路径是未来生态立法的着力点。最后，生态思维模式与立法工作应当相辅相成、相互交融，不应孤立地强调生态思维对于立法工作的重要性，

也不应片面地关注生态立法现状而忽视生态思维的价值，否则生态法治只能停留在社会治理的表面，而无法深入生态保障之关键所在。

（二）规制政府环保行为，推进严格执法

严格执法是生态法治能落在实处的重要方式，也是法律规定与政府行为有机契合的纽带。严格环保执法不仅是对政府自身行为的约束，更是政府对执法对象依法进行约束。首先，环保执法行为需要按照严格的法定程序进行，不得跳出"正当程序"的框架，执法行为本身应当具有合法性、合理性，政府作为守法主体之一，必须给予法律足够的尊重。其次，政府要对环保执法对象进行严格的规制，用严格标准规范执法方式、期限和内容。严格执法要求构建法治政府，无论是政府部门的行为，还是部门间的合作行为都要在法治的框架下运行。严格执法是生态法治的第一道屏障，及时有效地解决突发的生态环境问题，可降低发生环境损害的威胁性和不可预期的风险性。

（三）推进环境司法改革，跟进公正司法

公正司法是生态法治的重要保障，也是解决环境纠纷最有力的途径。完善环境司法制度，提高环境司法专门化水平，才能更好地处理环境纠纷。首先，环境司法专门化制度应当以专业的理论、标准以及程序区别于普通司法程序，从而优化环境司法程序以实现环境纠纷的有效解决。其次，培养环境司法队伍的生态素养，从立案、审理、裁判、执行等各环节追求生态正义。最后，探索"三审合一"之模式，促进环境司法的高效运行，在节省司法成本的同时有效解决环境纠纷。

（四）加强生态公众参与，倡导全民守法

全民守法是法治的真谛所在，将法治视为信仰并且以法治为行为准则的社会效果是法治追求的目标之一。生态文明是关乎人民生存与发展的千秋大计，生态法治作为一道生态文明的保护屏障也需要全体人民共同努力。首先，公众参与制度为民众参与生态治理提供有效的渠道，生态法治的前进道路一定要重视民众的作用，民众在未来必然是一线的生态文明守护者。其次，公众参与制度将生态权落在实处，生态权倘若发挥其作用需要从生态权权威地位的树立、社会调整机制维护方式与救济途径的构建等环节共同推进，并形成完善的机制。最后，公众参与制度与"枫桥经验"相衔接，是一种人民积极响应的守法方式，有利于统一化解纠纷与和谐发展的社会治理模式的形成。

专题一 西北地区循环经济制度研究

一、循环经济的特征及现代性分析

(一) 循环经济的概念和发展的整体层次

1. 循环经济的概念及其历史发展

所谓循环经济（recycle economy），是指在生产、流通、消费和废物处置等阶段，遵循生态规律和经济规律，以资源的高效利用为核心，以"减量化、再利用、资源化"为原则，以清洁生产、资源综合利用和可持续发展为主要内容的经济活动。[①] 循环经济本质上是一种生态经济，它要求运用生态学规律而不是机械论规律来指导人类社会的经济活动。[②] 与传统经济相比，循环经济的不同之处在于：传统经济是一种由"资源－产品－污染排放"单向流动的线性经济，其特征是高开采、低利用、高排放。在这种经济中，人们高强度地把地球上的物质和能源提取出来，然后又把污染和废物大量地排放到水系、空气和土壤中，对资源的利用是粗放的和一次性的，通过把资源持续不断地变成为废物来实现经济的数量型增长。与此不同，循环经济倡导的是一种与环境和谐的经济发展模式。它要求把经济活动组织成一个"资源－产品－再生资源"的反馈式流程，其特征是低开采、高利用、低排放。所有的物质和能源要能在这个不断进行的经济循环中得到合理和持久的利用，以把经济活动对自然环境的影响降低到尽可能小的程度。循环经济为工业化以来的传统经济转向可持续发展的经济提供了战略性的理论范式，从而从根本上消解长期以来环境与发展之间的尖锐冲突。"减量化、再利用、再循环"是循环经济最重要的实际操作原则。

---

① 冯之浚：《循环经济立法研究》，北京：人民出版社，2006 年版，第 29 页。
② 吴季松：《新循环经济》，北京：北京出版社，2003 年版，第 24 页。

循环经济的思想萌芽可以追溯到环境保护兴起的 20 世纪 60 年代。1962 年美国生态学家卡尔逊发表了《寂静的春天》，指出生物界以及人类所面临的危险。"循环经济"一词，首先由美国经济学家 K·波尔丁提出，主要指在人、自然资源和科学技术的大系统内，在资源投入、企业生产、产品消费及其废弃的全过程中，把传统的依赖资源消耗的线性增长经济，转变为依靠生态型资源循环来发展的经济。其"宇宙飞船理论"可以作为循环经济的早期代表。大致内容是：地球就像在太空中飞行的宇宙飞船，要靠不断消耗自身有限的资源而生存，如果不合理开发资源，破坏环境，就会像宇宙飞船那样走向毁灭。因此，宇宙飞船经济要求一种新的发展观：第一，必须改变过去那种"增长型"经济为"储备型"经济；第二，要改变传统的"消耗型经济"，而代之以休养生息的经济；第三，实行福利量的经济，摒弃只注重生产量的经济；第四，建立既不会使资源枯竭，又不会造成环境污染和生态破坏、能循环使用各种物资的"循环式"经济，以代替过去的"单程式"经济。

到了 20 世纪 90 年代，随着人类对生态环境保护和可持续发展的理论认识的深入发展，循环经济才得到越来越多的重视和快速的发展。至 21 世纪，国际社会以及大多数国家开始以立法确定循环经济在国家经济社会发展中的地位。通过制度创新，在传统市场经济框架内引入了环境规制和环境交易制度体系，把环境作为经济要素纳入了市场经济之中。1996 年，德国颁布的《循环经济与废弃物管理法》中首次在国家立法层面运用了"循环经济"的概念。随后，日本提出建立以循环为基调的经济社会体制。陆续制定了《促进建立循环型社会基本法》《资源有效利用法》等一系列循环经济法律法规，成为发达国家中循环经济法律体系较为完备的国家。

国内循环经济的整体发展是以政府为主导的一种自上而下的过程。2002 年，《清洁生产促进法》出台，要求企业清洁生产，提高资源利用率。国民经济和社会发展第十一个五年规划中提出发展循环经济，逐步构建全社会资源循环利用体系。国民经济和社会发展第十二个五年规划提出大力发展循环经济，加快建立覆盖全社会的资源循环利用体系。2008 年，《循环经济促进法》（2018 年修正）出台，以立法形式保障循环经济发展。相继，辽宁省大连市、陕西省、甘肃省等制定了循环经济地方立法，在法律政策上强有力地推动了循环经济在中国的落地和进一步发展。

2. 循环经济发展的整体层次

发展循环经济应该统筹整体利益和局部利益，从不同层面把生产、消费和循环再生产体系纳入社会循环的框架之中。目前，循环经济这个宏观体系主要包括企业内部循环、区域循环和社会整体循环三个层次。（1）企业内部循环。企业内部循环要求将环境因素纳入企业设计和所提供的生产和服务中，节约原材料和能源，淘汰有毒原材料，削减所有废物的数量和毒性，实现尽可能接近零排放闭路循环式生产，其具体活动主要集中在推行清洁生产。（2）区域循环。区域循环要求共生企业或产业间的生态工业园内企业间废弃物实现相互交换，一个企业的废物成为另一个企业的原材料，企业间能量及水等资源梯级使用，以保护和改善生态环境质量。（3）社会整体循环。社会整体循环要求在政府主导下，借助政策、技术、财政等方面的有力支持和约束，有步骤地建立完整的、配套的法律政策体系，加强制定相应科学的指标体系和规划体系，引导公众参与，促进大众消费取向、生活观念、价值观念等向着适应循环经济发展的方向转变，以实现产品消费后的资源再生回收利用。① 循环经济为工业化以来的传统经济转向可持续发展的经济提供了相对平衡战略性的理论范式，进而从根本上消解了长期以来环境与发展之间的尖锐冲突。

循环经济与清洁生产、生态工业既有联系，也有区别。清洁生产的概念最早大约可追溯到1976年。当年，欧共体在巴黎举行了"无废工艺和无废生产国际研讨会"，会上提出"消除造成污染的根源"的思想。1979年4月欧共体理事会宣布推行清洁生产政策，1984、1985、1987年欧共体环境事务委员会三次拨款支持建立清洁生产示范工程。清洁生产审计起源于20世纪80年代美国化工行业的污染预防审计，并迅速风行全球。国际公认的联合国环境署关于清洁生产的定义是：清洁生产是一种新的创造性思想，该思想将整体预防的环境战略持续应用于生产过程、产品和服务中，以增加生态效率和减少人类及环境的风险。对生产过程，要求节约原材料和能源，淘汰有毒原材料，削减所有废物的数量和毒性；对产品，要求减少从原材料提炼到产品最终处置的全生命周期的不利影响；对服务，要求将环境因素纳入设计和所

---

① 戴备军：《循环经济实用案例》，北京：中国环境科学出版社，2006年版，第10~11页。

提供的服务中。生态工业的学科基础是工业生态学，一般认为工业生态学起源于80年代末R·Frosch等人模拟生物的新陈代谢过程和生态系统的循环再生过程所开展的"工业代谢"研究。1990年美国国家科学院与贝尔实验室共同组织了首次"工业生态学"论坛，对工业生态学的概念、内容和方法及应用前景进行了全面系统的总结，基本形成了工业生态学的概念框架。工业生态学是一门研究社会生产活动中自然资源从源、流到汇的全代谢过程及其与生命支持系统相互关系的学科。生态工业是按生态经济原理和知识经济规律组织起来的基于生态系统承载能力、具有高效的经济过程及和谐的生态功能的网络型进化型工业，它通过两个或两个以上的生产体系或环节之间的系统耦合使物质和能量多级利用、高效产出或持续利用。生态工业的组合、孵化及设计原则主要有横向耦合、纵向闭合、区域整合、柔性结构、功能导向、软硬结合、自我调节、增加就业、人类生态和信息网络。生态工业园是实现生态工业和工业生态学的重要途径，它通过工业园区内物流和能源的正确设计模拟自然生态系统、形成企业间共生网络，一个企业的废物成为另一个企业的原材料，企业间能量及水等资源梯级利用。①

循环经济、清洁生产和生态工业的共同点是提升环境保护对经济发展的指导作用，将环境保护延伸到经济活动中的生产和消费领域。清洁生产在组织层次上将环境保护延伸到组织的一切有关领域，生态工业在企业群落层次上将环境保护延伸到企业群落一切有关领域，循环经济将环境保护延伸到国民经济的一切有关的领域。清洁生产的基本精神是源削减，生态工业和循环经济的前提和本质是清洁生产。生态工业学是模仿自然生态学建立起来的一门学科。但是，生态工业系统不应该是自然生态系统的机械模仿。在自然生态系统中，生产者的生产量、消费者的消费量和再生者的再生量是固定的，即系统中各环节物质和能量的流量从总体上来说是不变的。生态工业不能照搬这一套。生态工业的主要做法是将上游企业的废物用作下游企业的原材料和能量，但这绝不意味着上游企业想产生什么废物就产生什么废物、想排多少就排多少。相反，在形成生态工业的"食物链"和"食物网"中首先要减降上游企业的废物，尤其是有害物质。同样，下游企业也不能因为还有下游企业可利用其废物而不必要地多排污，相反，它必须在其生产的全过程进行

---

① 王蓉：《资源循环与共享的立法研究》，北京：法律出版社，2006年版，第5页。

源削减。换言之，系统中每一环都要进行源削减，做到清洁生产。即生态工业系统中生产者的生产量、消费者的消费量和再生者的再生量是可变的，而且是应该按照清洁生产的原则进行变化的。循环经济强调"减量化、再利用、再循环"，但三者的重要性不一样，三者的顺序也不能随意变动。循环经济的根本目标是要求在经济过程中系统地避免和减少废物，再用和循环都应建立在对经济过程进行了充分的源削减的基础之上。1996 年生效的德国《循环经济与废物管理法》规定，对废物的优先顺序是避免产生→循环利用→最终处置。该法的指导思想是清洁生产。生态工业和循环经济的前提和本质是清洁生产，这一论点的理论基础是生态效率。生态效率追求物质和能源利用效率的最大化和废物产量的最小化，不必要的再用意味着上游过程物质和能源的利用效率未达最大化，而废物的再用和循环往往要消耗其他资源，且废物一旦产生即构成对环境的威胁。显然，清洁生产强调的是源削减，即削减的是废物的产生量，而不是废物的排放量。[1]

（二）循环经济的内涵界定及理论基础

1. 循环经济的内涵界定

循环经济的内涵非常丰富，国内学者站在不同定位和角度对循环经济内涵的界定也各不相同。从生态学角度出发定义循环经济的学者有曲格平、冯之浚等人。曲格平认为循环经济实质是一种生态经济，是与环境和谐共生的关系而不是对立关系。[2] 冯之浚认为循环经济是按照自然生态系统物质循环和能量流动方式运行的经济模式。[3] 从减少废弃物排放角度定义循环经济的有冯良等人，冯良认为循环经济的核心是废旧物资回收和资源综合利用。[4] 从可持续发展角度探讨循环经济内涵的有王灿发、何灵巧等人，王灿发认为循环经济是根据可持续发展的要求，以清洁生产的方式达到生态效率最大化的经济发展模式。[5] 何灵巧认为循环经济是以资源高效和循环利用为核心，

①　段宁：《清洁生产、生态工业和循环经济》，《环境保护》，2005 年第 1 期。
②　曲格平：《发展循环经济是 21 世纪的大趋势》，《中国环保产业》，2001 年第 1 期。
③　冯之浚：《循环经济的范式研究》，《中国软科学》，2006 年第 8 期。
④　冯良：《关于推荐循环经济的几点思考》，《节能与环保》，2002 年第 9 期。
⑤　王灿发、李丹：《循环经济法的建构与实证分析》，《现代法学》，2007 年第 4 期。

符合可持续发展理念的经济发展模式。① 从转变经济发展方式角度出发的有吴季松等人，吴季松认为循环经济是将传统的依靠资源消耗增长的线性经济转变为依附于生态系统良性循环的集约闭环型经济。② 将循环经济贯穿社会生活全过程的有赵海燕等人。从以上观点不难看出，多数学者认为循环经济是一种闭环型经济发展模式，与之相对的是传统的"资源—产品—废物"的单靠资源消耗的线性经济增长方式。也有不少学者认为循环经济并不是封闭式的，叶文虎提出趋于物质闭路循环不等于整个系统是封闭系统。③

2008 颁布的《循环经济促进法》中对循环经济的定义为：在生产、流通和消费领域过程中进行的减量化（reduce）、再利用（reuse）、再循环（recycle）活动的总称。我们认为循环经济的界定可将其拆分为对循环和经济进行理解。循环，是指事物周而复始地运动和变化，在物质能量流动过程中，能够达到往复利用的目的。经济是指人的生产交换、分配、消费活动的总和。结合对二者概念的剖析，循环经济内涵可分为狭义循环经济和广义循环经济。狭义循环经济仅指工业系统中实行 3R 原则、达到提高资源利用率和减少废弃物排放目的的经济。广义循环经济从对经济内涵出发，是在全社会推行节能环保的理念，以自然生态规律指导经济生活，达到经济效益和生态效益最大化的经济。涵盖社会生活大多数领域，包括循环型工业、循环型农牧业、循环型社会等，不局限于循环型工业。

其中的减量化（reduce）、再利用（reuse）、再循环（recycle）简称为 3R 原则，3R 原则建立在环境容量承载有限性和生态资源有限性的基础上。围绕对废弃物的处理，分别从生产源头、生产过程及生产末端细化循环经济流程：在生产源头提高资源利用率，减少流入生产过程的资源总量；在生产过程对资源和能量进行反复利用和多级利用，减少从生产过程产生的废弃物总量；在生产末端对可利用的废弃物进行资源化处理，以产品或者半成品的形式再次流入生产过程。

2. 循环经济的理论基础

（1）可持续发展理论。1980 年，国际自然保护同盟首次提出可持续发展

① 何灵巧：《国外循环经济立法比较分析及对我国的启示》，《科技与法律》，2005 年第 3 期。
② 吴季松：《新循环经济学》，北京：清华大学出版社，2005 年版，第 90 页。
③ 叶文虎、甘晖：《循环经济研究现状与展望》，《中国人口·资源与环境》，2009 年第 3 期。

一词。随后，在《我们共同的未来》中对可持续发展的内涵做出了精辟的定义，其核心要义在于对代内和代际的兼顾。1992 年在联合国环境发展大会后，可持续发展观迅速被各国接受采纳。可持续发展在循环经济中表现为：从高投入、高污染、高排放、低产出的经济增长方式向低投入、低污染、低排放、高产出的物质闭环流动型循环经济转化升级。循环经济是可持续发展的最佳战略选择，在保证发展经济的前提下，既满足当代人的利益，又兼顾后代人的利益，为后代人发展经济满足自身需要提供可能。

（2）生态经济学理论。该理论产生于 20 世纪 60 年代，关注经济系统和生态系统之间的内在关系，试图从人的需要的无限性和自然资源的有限性之间找到合理的平衡点，认为经济系统和生态系统是紧密联系而不是分割对立的关系。[①] 生态经济学理论解决了传统经济发展将经济系统和生态系统割裂起来的问题，经济发展的可持续取决于生态系统的延续性，衡量经济发展的决定性指标不单是经济指标，而是经济效益和生态效益的共赢。生态经济学体现了循环经济的基本要求，循环经济则为生态经济理论提供了具体的发展路径和方式。

（3）区域经济学理论。该理论于 20 世纪 30 年代逐渐成为一门独立学科，提出市场力的作用是倾向于扩大各地区间差异，需要国家干预和行政政策来缩小各地区间差异。至 20 世纪 60 年代，受到凯恩斯主义的影响，经济学家们开始探究如何构建国内各地区最佳产业结构和合理分工布局，采取何种行政手段扶持经济落后地区和欠发达地区的发展。区域经济学与区域循环经济发展的具有内在一致性和关联性，通过经济结构和产业结构不断优化，来实现各地区社会经济均衡发展，减少地区发展间的差异。

（三）循环经济的主要特征和原则

1. 循环经济的主要特征

循环经济作为一种科学的发展观，一种全新的经济发展模式，具有自身的独立特征，其特征主要体现在以下几个方面：

（1）循环经济是新的系统观。循环是指在一定系统内的运动过程，循环经济的系统是由人、自然资源和科学技术等要素构成的大系统。循环经济观

---

① 张德昭、李树财：《生态经济学的哲学基础》，北京：科学出版社，2013 年版，第 56 - 58 页。

要求人在考虑生产和消费时不再置身于这一大系统之外，而是将自己作为这个大系统的一部分来研究符合客观规律的经济原则，将"退耕还林""退牧还草""退田还湖"等生态系统建设作为维持大系统可持续发展的基础性工作来抓。

（2）循环经济是新的经济观。在传统工业经济的各要素中，资本在循环，劳动力在循环，而唯独自然资源没有形成循环。循环经济观要求运用生态学规律，而不是仅仅沿用19世纪以来机械工程学的规律来指导经济活动。不仅要考虑工程承载能力，还要考虑生态承载能力。在生态系统中，经济活动超过资源承载能力的循环是恶性循环，会造成生态系统退化；只有在资源承载能力之内的良性循环，才能使生态系统平衡地发展。

（3）循环经济是新的价值观。循环经济观在考虑自然时，不再像传统工业经济那样将其作为"取料场"和"垃圾场"，也不仅仅视其为可利用的资源，而是将其作为人类赖以生存的基础，是需要维持良性循环的生态系统；在考虑科学技术时，不仅考虑其对自然的开发能力，而且要充分考虑到它对生态系统的修复能力，使之成为有益于环境的技术；在考虑人自身的发展时，不仅考虑人对自然的征服能力，而且更重视人与自然和谐相处的能力，促进人的全面发展。

（4）循环经济是新的生产观。传统工业经济的生产观念是最大限度地开发利用自然资源，最大限度地创造社会财富，最大限度地获取利润。而循环经济的生产观念是要充分考虑自然生态系统的承载能力，尽可能地节约自然资源，不断提高自然资源的利用效率，循环使用资源，创造良性的社会财富。在生产过程中，循环经济观要求遵循"3R"原则：资源利用的减量化（Reduce）原则，即在生产的投入端尽可能少地输入自然资源；产品的再使用（Reuse）原则，即尽可能延长产品的使用周期，并在多种场合使用；废弃物的再循环（Recycle）原则，即最大限度地减少废弃物排放，力争做到排放的无害化，实现资源再循环。同时，在生产中还要求尽可能地利用可循环再生的资源替代不可再生资源，如利用太阳能、风能和农家肥等，使生产合理地依托在自然生态循环之上；尽可能地利用高科技，尽可能地以知识投入来替代物质投入，以达到经济、社会与生态的和谐统一，使人类在良好的环境中生产生活，真正全面提高人民生活质量。

（5）循环经济是新的消费观。循环经济观要求走出传统工业经济"拼命生产、拼命消费"的误区，提倡物质的适度消费、层次消费，在消费的同时就考虑到废弃物的资源化，建立循环生产和消费的观念。同时，循环经济观要求通过税收和行政等手段，限制以不可再生资源为原料的一次性产品的生产与消费，如宾馆的一次性用品、餐馆的一次性餐具和豪华包装等。

2. 循环经济的原则

循环经济的原则就是大家都熟知"3R"原则，即减量化原则（reduce）、再利用原则（reuse）、再循环原则（recycle）。有的学者也提出了"5R"原则的说法[①]，但是其理论还是在"3R"原则的理论基础上建立起来的。"3R"原则是循环经济所要求的经济活动行为准则。

（1）减量化原则（reduce）。要求用较少的原料和能源投入来达到既定的生产目的或消费目的，进而到从经济活动的源头就注意节约资源和减少污染。减量化有几种不同的表现。在生产中，减量化原则常常表现为要求产品小型化和轻型化。此外，减量化原则要求产品的包装应该追求简单朴实而不是豪华浪费，从而达到减少废物排放的目的。

（2）再使用原则（reuse）。要求制造产品和包装容器能够以初始的形式被反复使用。再使用原则要求抵制当今世界一次性用品的泛滥，生产者应该将制品及其包装当作一种日常生活器具来设计，使其像餐具和背包一样可以被再三使用。再使用原则还要求制造商应该尽量延长产品的使用期，而不是非常快地更新换代。

（3）再循环原则（recycle）。要求生产出来的物品在完成其使用功能后能重新变成可以利用的资源，而不是不可恢复的垃圾。按照循环经济的思想，再循环有两种情况，一种是原级再循环，即废品被循环用来产生同种类型的新产品，例如报纸再生报纸、易拉罐再生易拉罐等等；另一种是次级再循环，即将废物资源转化成其他产品的原料。原级再循环在减少原材料消耗上面达到的效率要比次级再循环高得多，是循环经济追求的理想境界。

---

① 2005 年 3 月 26～30 日在阿拉伯联合酋长国首都阿布扎比举行了世界"思想者论坛"，包括 10 位诺贝尔奖获得者在内的 28 名思想者与会，会上提出了国际循环经济理念从 3R 向 5R 转变的新规范。5R 除了 3R 所包括的内容外，还包括再思考（rethink），即以科学发展观为指导，创新经济理论；再修复（repair），建立修复生态系统的新发展观。参见吴季松：《新循环经济学》，北京：清华大学出版社，2005 年版。

（四）人类社会的经济发展模式比较观

人类历经了千万年的社会发展，以发展过程中人类与环境的关系为观察点，我们可以将人类社会的经济发展模式归述为以下三种：传统经济模式、"生产过程末端治理"模式和循环经济模式。而今的人类社会已经进入了循环经济模式的时代。

1. 传统经济模式

传统经济模式下人类与环境的关系较为紧张，人类从自然中获取资源，又不加任何处理地向环境排放废物，是一种"资源——产品——污染排放"的单向线性开放式经济过程。在早期阶段，由于人类对自然的开发能力有限，以及环境本身的自净能力较强，所以人类活动对环境的影响并不凸显。但是后来随着工业的发展、生产规模的扩大和人口的增长，环境的自净能力削弱乃至丧失，这种发展模式导致的环境问题日益严重，资源短缺的危机越发突出。这是不考虑环境代价的必然后果。

2. "生产过程末端治理"模式

"生产过程末端治理"模式，它开始注意环境问题，但其具体做法是"先污染、后治理"，强调在生产过程的末端采取措施治理污染，这主要是资本主义国家在经济腾飞初期所采取的经济发展模式，结果，治理的技术难度很大，不但治理成本极高，而且生态恶化难以遏制，经济效益、社会效益和生态效益都很难达到预期目的。这种经济发展模式主要存在于过去的资本主义发达国家发展历史上，在我国改革开放初期也有过大面积的出现，应该作为今天的前车之鉴。

3. 循环经济模式

循环经济模式，它要求遵循生态学规律，合理利用自然资源和环境容量，在物质不断循环利用的基础上发展经济，使经济系统和谐地纳入到自然生态系统的物质循环的过程中，实现经济活动的生态化。他倡导的是一种与环境和谐的经济发展模式，遵循"减量化、再利用、再循环"的原则，采用全程处理模式，以达到减少进入生产流程的物质量、以不同方式反复利用某种物品和废弃物的资源化目的，是一个"资源——产品——再生资源"的闭环反馈式循环过程，实现从"排除废物"到"净化环境"到"利用废物"的过程，达到"最佳生产，最适消费，最少废弃"的效果。

我们可以通过下表来比较传统经济发展模式和循环经济发展模式的不同：

表 1 - 1　传统经济和循环经济发展模式比较

传统经济	循环经济
"资源——生产——消费——废弃物排放"单向流动的线性经济	"资源——生产——消费——资源（再生）"的反馈式流程
经济增长—靠高强度的开采和消费资源以及高强度地破坏生态环境	资源重复利用的比例很高，对生态环境的影响小
"三高一低"（高开采、高消耗、高排放、低利用）	"三低一高"（低开采、低消耗、低排放、高利用）

基于长远的发展考虑来看，循环经济的优势很明显的摆在我们的眼前。

（五）现当代意义上的循环经济

任何理论，也同人类社会一样，是不断发展的。循环经济理论，从 20 世纪 60 年代被学者提出，到了 90 年代，发展知识经济和循环经济已成为国际社会的两大趋势。

1. 国际上循环经济的最新发展

自 20 世纪 80 年代以来，欧洲、日本、美国等在发展循环经济方面已形成了一整套较为有效的办法。国际上发展循环经济呈现几个特点：

（1）循环经济在资源短缺型国家尤其得到重视。欧盟中的德国是最早发展循环经济的国家，其他国家如瑞典、芬兰、法国、丹麦、瑞士、西班牙、葡萄牙等也相继开始发展循环经济；而资源高度稀缺的日本对循环经济更是高度重视，已将其作为基本国策，在循环型社会建设方面走在了世界前列。2003 年，日本环境省制定了《推进循环型社会建设基本计划》，进一步推行"建立循环型社会"的理念。而一些资源大国、石油富国则对此重视不够。

（2）立法是推进循环经济的根本保障。如德国在 1996 年颁布了《循环经济和废物清除法》，该法规定，每年排放 2000 吨以上垃圾的生产企业有义务事先提交垃圾处理方案。在此法律框架下，德国还根据各个行业的不同情况，制定促进该行业发展循环经济的法规，比如《饮料包装押金制度》《废旧汽车处理规定》《废旧电池处理规定》《废木料处理办法》等。日本政府也于 2000 年 6 月颁布了《促进循环型社会形成基本法》，确定了实现循环型社会的基本大纲。与此相关的法律有：《废弃物处理法》《再生资源利用促进法》《建筑材料循环利用法》《食品循环利用法》《容器和包装材料循环利用法》《家用电器回收利用法》《汽车循环使用法》等。

（3）市场化运作是推进循环经济的有力手段。比如德国，1990年9月，95家包装公司和工厂企业及零售贸易商建立了公益性私营企业德国双元回收系统（DSD），形成民间回收网络。DSD是一个专门组织对包装废弃物进行回收利用的非政府组织。它接受企业的委托，对于付费的企业在其包装物上打上"绿点"标志，组织收运者对它们的包装废弃物进行回收和分类，然后送至分布在全国的367个中转站进行分拣打包，再分类送至相应的资源再利用厂家进行循环利用。又如瑞典，1994年瑞典工商界各行业协会和一些大包装公司经过协调，根据包装的不同种类成立了4家包装回收企业：瑞典纸和纸板回收公司、瑞典塑料循环公司、瑞典波纹纸板回收公司和瑞典金属循环公司。加上早在1986年就成立的瑞典玻璃回收公司，五大公司的业务涵盖了一切可能的包装材料的回收再利用。再比如法国，1993年在法国政府和工商界授意下成立了"生态包装"集团，它是一家私营公司。"生态包装"公司最重要的作用就是用来协调垃圾处理企业与各个城市和地区政府的关系。

（4）"生产者责任制"是循环经济推进的基本原则。瑞典将"生产者责任制"作为建设一个生态和环境可持续发展社会所特别制定的法规，其战略目标是建立一个"把今天的废弃物变成某种可利用的新资源"的循环社会。瑞典议会于1994年确立了"生产者责任制"的原则方法，即生产者应对其产品在被最终消费后继续承担有关环境责任，而消费者则有义务对废弃产品及包装按要求进行分类并把它们送回到有关回收处。同年，瑞典议会通过了关于产品包装、轮胎和废纸的"生产者责任制"法规。其后，汽车和电子电器的生产者责任制法规也都在《环境法》基础上相继出台。生产者对其产品被消费后要继续承担环境责任，污染者必须付费。英国1995年《环境法》规定了企业回收符合标准的义务、经济代价义务等。德国1998年的包装法令也作了类似的规定。在回收的经济义务即处理费用方面，瑞典的法律规定，由制造商和政府共同承担。

（5）分层次推进是发展循环经济的基本模式。一是在企业的层面上建立小循环模式。最著名的是美国的杜邦化学公司。在原料的替代上，该公司寻找到一种对环境危害最小的原料来控制对环境的污染。同时他们让这个车间的废物到下一车间变成原料，废物通过梯形利用越来越少，最终形成"零排放"。二是在区域的层面上建立中循环。例如丹麦的卡伦堡模式。卡伦堡工业区根据自身的资源情况，把发电厂的热供给炼油厂和制药厂，同时解决周围居民的供热。发电厂脱硫产生的硫酸钙是石膏板厂的原料，同时硫酸可以被制成稀硫酸；发电厂用燃煤产生的粉煤灰来铺设公路，并供给小型的水泥厂。炼油厂的废水又可以供给发电厂用来冷却。这样在发电厂、石膏板厂、炼油厂、制药厂之间形成了一种循环关系；企业之间形成了共生，保证了资源的合理利用。三是在社会层面上，建立大循环。在生产部门和消费领域，在不同园区之间、不同行业之间根据废弃物和原料的投入产出先后次序形成循环。做得比较好的是日本。日本资源有限，所以特别注重资源的再利用，尤其强调建立循环型社会。日本的资源再生系统由 3 个子系统构成：废物回收系统，废物拆解、利用系统以及无害化处理系统。

2. 中国循环经济的进展及不足

中国的循环经济起步于 20 世纪末。1998 年，引入德国循环经济概念，确立了"3R"原则的中心地位；1999 年，从可持续生产的角度对循环经济发展模式进行整合；2002 年，从新兴工业化的角度认识循环经济的发展意义；2003 年，将循环经济纳入科学发展观，确立物质减量化的发展战略；2004 年，中央经济工作会议提出大力发展循环经济；2005 年，国务院出台《关于加快发展循环经济的若干意见》。[①] 2008 年，《中华人民共和国循环经济促进法》出台，2009 年 1 月 1 日起施行，2018 年进行了修正。

中国的循环经济实践主要体现在以下几个方面：

（1）推行清洁生产。1997 年，国家环保总局制定并发布了《关于推行清洁生产的若干意见》，要求地方环境保护主管部门将清洁生产纳入已有的环境管理政策；2003 年，《中华人民共和国清洁生产促进法》开始实施；2012 年，修改后的《清洁生产促进法》正式实施，源头预防、全过程控制开始融入经济发展过程。据不完全统计，截至 2013 年底，我国共建立了 21 个省级清洁生产中心，我国的清洁生产审核也已在全国范围内展开，全国重点企业通过清洁生产审核提出清洁生产方案 19.7 万个，实施 18.6 万个；约累计削

---

① 戴备军：《循环经济实用案例》，北京：中国环境科学出版社，2006 年版，第 18～19 页。

减废水排放 170 亿吨、COD12 万吨、SO$_2$19 万吨、NO$_x$18 万吨、节水 6 亿吨、节煤 11 亿吨、节电 58 亿千瓦时，取得经济收益约 284.61 亿元。[①]

（2）建设生态工业园区。1999 年，国家环保总局启动生态工业园区试点工作。2001 年，国内首个国家级生态工业示范园区——广西贵港国家生态工业（制糖）示范园区获批建设。2011 年，环保部强调，要在"十二五"期间建设 50 家特色鲜明的国家生态工业示范园区。2017 年，环境保护部批准 48 个园区为国家生态工业示范园区，另外批准 45 个园区开展国家生态工业示范园区建设。生态工业园区坚持"回收—再利用—设计—生产"的循环经济模式，不同企业间形成了共享资源的产业共生组合，上游企业的废料成为下游企业的原料，实现了上下游企业间资源的最优配置。[②]

（3）推进循环经济试点示范建设。近年来，中国在不断加大生态省、市建设工作力度，积极开展循环经济试点工作。2005 年以来，国家发改委等 6 部委连续开展了两批国家循环经济试点示范工作，涉及省、市、重点行业（企业）、重点领域以及产业园区等，共计 178 家单位。2010 年以来，国家发改委等部委又开展了"城市矿产"示范基地、园区循环经济改造、餐厨废弃物资源化利用等方面的试点示范工作。截至目前，已形成了一批国家循环经济示范区（譬如甘肃省）、国家循环经济示范园（譬如永兴国家循环经济示范园）、国家循环经济产业园（譬如贵屿镇国家循环经济产业园）、国家级循环化改造示范试点园区（譬如广安经济技术开发区）、国家级"城市矿产"示范基地（譬如四川西南再生资源产业园）、国家级餐厨废弃物资源化利用和无害化处理试点城市（譬如成都市）等等，[③] 循环经济在各层次、各领域都有了长足地发展。

"十三五"时期，是我国实现全面建成小康社会战略目标的决胜期，转变发展方式、实现绿色发展的任务更重。审视我国循环经济发展现状，我们发现仍然存在着不少问题，譬如普及面小，深度不够，质量不高等等。

（1）资源"减量化"不够。虽然中国是世界上资源或人均占有资源比较

---

① 周长波、李梓等：《我国清洁生产发展现状、问题及对策》，《环境保护》，2016 年第 5 期。

② 前瞻产业研究院：《我国生态园区现状及政策解析》，https：//f. qianzhan. com/yuanqu/detail/180511 –524c9448. html，2018 –05 –11。

③ 国家发展改革委、财政部关于印发《国家循环经济试点示范典型经验的通知》发改环资（〔2016〕965 号），http：//www. ndrc. gov. cn/zcfb/zcfbtz/201605/t20160510_ 801123. html。

贫乏的国家，如淡水不到世界平均水平的 1/4，耕地不到 1/2，森林不到 1/7，煤炭不足世界人均值的 1/2，石油不足 1/8，天然气不足 1/20；但是在过去的 20 多年间，中国能源消费总量增长了 2.6 倍，其中煤炭消费增长 2.4 倍，石油消费增长 2.7 倍，天然气消费增长 2.2 倍。中国资源生产率（单位资源的产出水平），只相当于美国的 1/10，日本的 1/20，德国的 1/6；中国机动车百公里油耗比欧洲高 25%，比日本高 20%，比美国高 10%；中国单位建筑面积采暖能耗相当于气候条件相近的发达国家的 2 倍至 3 倍，单位 GDP 的金属消耗是世界平均水平的 2~4 倍。[1] 近年来，经过艰苦卓绝的努力，这种状况有所改变，但从世界范围看，我国能耗强度与世界平均水平及发达国家相比仍然偏高。数据显示，按照 2010 年不变价格计算，2016 年我国 GDP 能耗为 0.68 吨标准煤/万元，同比下降 5.0%。按照 2015 年美元价格和汇率计算，2016 年我国单位 GDP 能耗为 3.7 吨标准煤/万美元，是 2015 年世界能耗强度平均水平的 1.4 倍，发达国家平均水平的 2.1 倍。[2]

（2）资源"再利用"程度不高。资料显示，中国在产品的利用效率和服务效率方面存在着较大的差距，譬如中国能源利用效率为 33%，工业用水重复利用率为 55%，矿产资源总回收率为 30%，分别比国外先进水平低 10 个、25 个和 20 个百分点。[3] 中国虽然是一个木料缺乏的国家，但每年有 10 万立方米的木材用于生产"一次性筷子"，这些"一次性筷子"根本没有得到回收利用，造成了能源和材料的极大浪费。以再生水为例，作为"城市第二水源"，近年来，再生水的利用日益被重视，但我国再生水利用率仅为污水处理量的 10%，与发达国家 70% 的利用率相距甚远。[4] 2015 年，我国的再生水生产设施规模为 2653 万立方米/日。相对而言，京津冀地区的再生水利用率较高（35.0%），其他地区较低（4.4%），非常不平衡。[5]

---

① 叶青：《建设节约型社会出台具体政策是关键》，http：//www. resource. com. cn，2005 – 3 – 15。

② 《2018 年中国一次能源消费量、全社会用电量、GDP 能耗及清洁能源发电占比分析》，ttp：//www. chyxx. com/industry/201804/628155. html，2018 – 4 – 9。

③ 叶青：《建设节约型社会出台具体政策是关键》，http：//www. resource. com. cn，2005 – 3 – 15。

④ 姜辰：《我国再生水利用率仅占污水处理量 10%》，《经济参考报》，2014 – 04 – 14。

⑤ 立木信息咨询：《2018 年中国再生水产业发展现状》，http：//www. sohu. com/a/281007416_252291，2018 – 12 – 11。

（3）远未实现资源"再循环"。中国的资源回收利用领域还远没有发展起来，大量的废旧物资如家电及电子产品、报废汽车、废玻璃、废塑料、废纸等没有得到充分的回收利用，有色金属再生利用量仅占总产量的15%至20%，而发达国家一般为30%至40%。中国在旧电器、橡胶、塑料、电池等领域均没有实现"再循环"原则，尤其是在垃圾处理方面大多采用"填埋方式"，既浪费土地又污染环境。① 2016年，我国十大类别的再生资源回收总量约为2.56亿吨，同比增长3.7%，回收总值约为5902.8亿元，同比增长14.7%。② 即使如此，我国的资源回收利用率仍然不高。以塑料为例，目前我国废旧塑料年产生量约为1000万吨，加上近500万吨的进口废旧塑料，社会的废旧塑料约为1500万吨，但回收率不足25%。③

二、西北地区发展循环经济的必要性——以甘肃省为例

（一）甘肃省的自然环境和自然资源状况

1. 甘肃省的自然环境

甘肃省位于祖国地理中心，地处黄河上游，地域辽阔。介于北纬32°11′~42°57′、东经92°13′~108°46′之间。东接陕西，东北与宁夏毗邻，南邻四川，西连青海、新疆，北靠内蒙古，并与蒙古人民共和国接壤。甘肃地貌复杂多样，山地、高原、平川、河谷、沙漠、戈壁，类型齐全，交错分布，地势自西南向东北倾斜。全省总土地面积45.4万平方公里，占全国总土地面积的4.72%，居全国第7位。地形呈狭长状，东西长1655公里，南北宽530公里，边界线长为8700公里，最窄处仅有25公里。山地和高原约占全省总土地面积的70%以上；西北部的大片戈壁和沙漠，约占14.99%。复杂的地貌形态，大致可分为各具特色的六大地形区域：

陇南山地。这里重峦叠嶂，山高谷深，植被丰厚，到处清流不息。这一区域大致包括渭水以南、临潭、迭部一线以东的山区，为秦岭的西延部分，面积近4.8万平方公里。山地和丘陵西高东低，绿山对峙，溪流急荡，峰锐

---

① 王蓉：《资源循环与共享的立法研究》，北京：法律出版社，2006年版，第15~16页。
② 《2017年中国再生资源回收率及废弃物处理总量分析》http://www.sohu.com/a/208997904_200899，2017-12-07。
③ 《为什么我国再生资源回收利用率那么低？》，http://www.sohu.com/a/221890884_484925，2018-02-09。

坡陡，恰似江南风光，又呈五岭逶迤。南疆的"纤秀"，北国的"粗犷"，在这里得到了完美的融合。

陇中黄土高原。位于本省中部和东部，东起甘陕省界，西至乌鞘岭畔。这里曾经孕育了华夏民族的先民，建立过炎黄子孙的家园，亿万年地壳变迁和历代战乱，灾害侵蚀，使它支离破碎，尤以定西中部地区成了祖国最贫瘠的地方之一。但在这11.3万平方公里的土地上，蕴含着无尽的宝藏，有着全省70%的耕地。这里有苍松翠柏，有潺潺溪流，有丰富的石油、煤炭，也有闻名遐迩的名山大川。黄河从这里穿流而过，造就了多少天险夜渡，雄关要塞，峪口大峡。刘家峡、盐锅峡、八盘峡的水轮，把无穷无尽的动力和光明，奉送给这块土地，焕发它新的青春，改变着它昔日的贫困。

甘南高原。它是"世界屋脊"——青藏高原东部边缘一隅，地势高耸，平均海拔超过3000米，是个典型的高原区。这里草滩宽广，水草丰美，牛肥马壮，是本省主要畜牧业基地之一。

河西走廊。斜卧于祁连山以北，北山以南，东起乌鞘岭，西迄甘新交界，是块自东向西、由南而北倾斜的狭长地带。海拔在1000～1500米之间。长约1000多公里，宽由几公里到百余公里不等，面积11.1万平方公里。这里地势平坦，机耕条件好，光热充足，水资源丰富，是著名的戈壁绿洲，有发展农业的广阔前景，是甘肃主要的商品粮基地。

祁连山地。在河西走廊以南，长达1000多公里，面积7万多平方公里，大部分海拔在3500米以上，终年积雪。冰川逶迤，是河西走廊的天然固体水库，植被垂直分布明显，荒漠、草场、森林、冰雪，组成了一幅色彩斑斓的立体画面。

河西走廊以北地带。这块东西长1000多公里，海拔在1000～3600米的地带，人们习惯称之为北山山地，这里地近腾格里沙漠和巴丹吉林沙漠，风高沙大，山岩裸露，荒漠连片，一块块山间平原，尽是些难以耕作之地，人烟虽然稀少，却能领略"大漠孤烟直，长河落日圆"的塞外风光。

甘肃是个多山的省，地形以山地、高原为主。最主要的山脉首推祁连山、乌鞘岭、六盘山，其次诸如阿尔金山、马鬃山、合黎山、龙首山、西倾山、子午岭山等，多数山脉属西北—东南走向。省内的森林资源多集中在这些山区，大多数河流都从这些山脉形成各自分流的源头。甘肃深居西北内陆，海洋温湿气流不易到达，成雨机会少，大部分地区气候干燥，属大陆性很强的温带季风气候。冬季寒冷漫长，春夏界线不分明，夏季短促，气温高，秋季降温快。省内年平均气温在 0～16℃ 之间，各地海拔不同，气温差别较大，日照充足，日温差大。甘肃省各地年降水量在 36.6～734.9 毫米，大致从东南向西北递减，乌鞘岭以西降水明显减少，陇南山区和祁连山东段降水偏多。受季风影响，降水多集中在 6～8 月份，占全年降水量的 50%～70%。全省无霜期各地差异较大，陇南河谷地带一般在 280 天左右，甘南高原最短，只有 140 天。

2. 甘肃省的自然资源

（1）土地资源。甘肃省土地总面积居全国第七位，人均占有土地量居全国第五位。耕地面积居全国第十一位，人均占有耕地 2.65 亩，居全国第六位。全省包括耕地中的水浇地及果园在内的农用地灌溉面积共有 120.95 万公顷。甘肃省的森林覆盖率为 11.28%（第七次甘肃省森林资源清查数据）。[①]全省土地利用率为 59.3%，尚未利用的土地占全省总土地面积的 40.7%，包括沙漠、戈壁、高寒石山、裸岩、低洼盐碱、沼泽等。其中：农用地 2541.44 万公顷（38121.65 万亩），其中耕地 463.26 万公顷（6948.97 万亩），占 10.19%；园地 20.46 万公顷（306.88 万亩），占 0.45%；林地 516.63 万公顷（7749.43 万亩），占 11.36%；牧草地 1411.29 万公顷（21169.38 万亩），占 31.03%；其他农用地 129.80 万公顷（1947.00 万亩），占 2.85%。建设用地 96.66 万公顷（1449.86 万亩），其中居民点及工矿用地 87.41 万公顷（1311.16 万亩），占 1.92%；交通用地 6.41 万公顷（96.18 万亩），占 0.14%；水利设施用地 2.83 万公顷（42.52 万亩），占 0.06%。未利用地 1909.64 万公顷（28644.54 万亩），其中未利用土地 1850.79 万公顷（27761.81 万亩），占 40.70%；其他土地 58.85 万公顷（882.73 万亩），占 1.29%；2005 年，全省耕地面积中旱地 360.99 万公顷，（5414.79 万亩），占 77.92%；水浇地 100.49 万公顷（1607.41 万亩），占 21.69%；水浇地主要分布在武威市、张掖市、酒泉市等地。

（2）矿产资源。甘肃是矿产资源比较丰富的省份之一，矿业开发已成为甘肃的重要经济支柱。境内成矿地质条件优越，矿产资源较为丰富。目前在

---

① 《甘肃》，http://www.gov.cn/guoqing/2018 - 01/11/content_ 5255618.htm。

已探明储量并编入《甘肃省矿产储量表》的 84 种矿产中，有 32 种矿产的保有储量位居全国前五位；有 56 种矿产的保有量位居全国前十位。其中位居全国第 1 位的矿种有 6 个，它们是：镍矿、钴矿、铂族金属（铂、钯、铱、铑、锇、钌）、硒矿、铸型用粘土、饰面用蛇纹岩。

（3）水资源。甘肃省水资源主要分属黄河、长江、内陆河 3 个流域、9 个水系。黄河流域有洮河、湟水、黄河干流（包括大夏河、庄浪河、祖厉河及其他直接入黄河干流的小支流）、渭河、泾河等 5 个水系；长江流域有嘉江水系；内陆河流域有石羊河、黑河、疏勒河（含苏干湖水系）3 个水系。全省河流年总径流量 603 亿立方米，其中，1 亿立方米以上的河流有 78 条。蕴藏量 1426.40 万千瓦。黄河流域除黄河干流纵贯省境中部外，支流就有 36 条。该流域面积大、水利条件优越。但流域内绝大部分地区为黄土覆盖，植被稀疏，水土流失严重，河流含沙量大。长江水系包括省境东南部嘉陵江上源支流的白龙江和西汉水，水源充足，年内变化稳定，冬季不封冻，河道坡降大，且多峡谷，蕴藏有丰富的水能资源。内陆河流域包括石羊河、黑河和疏勒河 3 个水系，有 15 条。年总地表径流量 72.6 亿立方米，流域面积 27.11 万平方公里。河流大部源头出于祁连山，北流和西流注入内陆湖泊或消失于沙漠戈壁之中。具有流程短，上游水量大，水流急，下游河谷浅，水量小，河床多变等特点，但水量较稳定，蕴藏有丰富的水能资源。甘肃境内自产水多年平均径流量 299 亿立方米，其中，黄河 135 亿立方米，长江 106 亿立方米，内陆河 57.9 亿立方米，人均自产水量 1500 立方米，居全国 22 位。入境河川径流量 304 亿立方米，自产加入境的总水量为 603 亿立方米。总的来看，全省地表水资源较少，分布也不平衡。长江流域为丰水区；黄河流域为缺水区；黄土高原北部既缺地表水，又缺地下水，人畜饮水困难，是严重缺水区。①

3. 甘肃省资源拥有量和环境承载量已相对不足

甘肃省是我国的老工业基地，有沿陇海兰新线工业带伏在祖国西北的广袤土地上。然而，自从改革开放以来，我国的总体经济增长方式和经济组成发生了质的变化，甘肃的经济发展就显得滞后于中西部省份。甘肃的资源状

---

① 中国国家统计局：《甘肃年鉴 2006》（光盘版），北京：中国统计出版社，2006 年版。

况早就已经不容我们乐观，在很久以前就已经有专家为甘肃省的资源状况拉响了警报。甘肃工业，由于以能源原材料为主的重型工业结构，经济发展对能源和资源的依赖程度大。近年来，随着经济社会的快速发展和工业化进程的加快推进，全省面临的资源和环境问题也日益突出，对经济社会发展产生了一定的影响。甘肃省人均资源拥有量相对不足，经济发展对能源和资源的依赖程度较大，资源的利用效率低下，单位产出的能源消耗量大，资源利用方式粗放。在矿产资源开采中，乱采滥挖、采富弃贫、采易弃难的现象不同程度地存在。资源的加工利用多为"资源—产品—废弃物"的一次单向粗放型利用方式。金昌、白银、嘉峪关、玉门、窑街等重点资源型城市，都面临资源日益枯竭的形势。

甘肃省目前已开采利用的矿产超过60种，矿山企业超过2000家。矿业及相关原材料加工制品产值已占全省工业总产值的62.9%，有力地支撑着甘肃经济的发展，其平均水平远高于全国和中西部地区的水平。其中，仅通过金矿矿业开发，使该省的黄金产量就由原先全国排名第25位上升到前10名，玛曲、安西、肃北、礼县、西和、敦煌已成为产金万两县。另外，金昌、白银、嘉峪关、成县等地市县也是由于矿业的开发而发展成为新型的工业城市。但是，半个世纪以来的开发利用，甘肃的大多数矿产地拉响了资源危机警报。白银市一度成为中国最大的有色金属工业基地和甘肃省重要的能源基地。然而，目前白银的铜资源已接近枯竭，由20世纪七八十年代自产铜5万吨锐减到现在的年自产铜1万吨，矿业的支柱性地位正在下降，金昌市被誉为祖国"镍都"，是闻名于世的世界第二大镍矿。金川矿产地目前正处于发展的鼎盛时期。有专家通过调研后认为，金川镍矿的开采设计为50年，但就目前的开采情况来看，该矿无法保证50年的开采期。位于陇南的厂坝铅锌矿，曾被誉为陇南山地璀璨的明珠，但由于民间乱开滥采，而今已支离破碎。面对如此的境遇，甘肃省的一些矿山企业已经进入破产程序或已经破产。2010年以后，甘肃的主要优势矿产煤、铁、铜、铅、锌、金、银、锰、稀土、萤石、芒硝、石墨等矿产因丧失保有储量而出现资源短缺，一些以资源为主导的地方经济发展面临空前的挑战。

甘肃省的生态环境极其脆弱，环境保护任务繁重。甘肃省几个资源型城市同样面临可持续发展的问题。更为严峻的是，甘肃省资源的利用效率低下，单位产出的能源消耗量大。2004年，甘肃省万元国内生产总值能耗为2.55

吨标准煤，比全国平均水平 1.58 吨标准煤高出 61%，居全国倒数第五位；万元工业增加值电耗 6730 千瓦时，是全国平均水平 2750 千瓦时的 2.4 倍多。万元工业增加值取水量 410 立方米，比全国平均水平高出 80% 多。资源利用方式粗放，全省煤炭资源的综合开采回收率为 30% 左右，全省工业固体废弃物综合利用率只有 37%，比全国平均水平 55.4% 低 33%。[1]

2018 年，由中国人民大学主持完成的《中国经济绿色发展报告 2018》（以下简称《报告》）发布。《报告》指出，目前，中国经济仍然严重依赖于对资源环境的消耗，区域间绿色发展非常不平衡。甘肃省绿色发展指数最低（26.61），浙江省最高（72.92），其差距竟达 46.31 分。甘肃省远未实现经济增长与资源环境负荷的脱钩，远未实现绿水青山就是金山银山的内在统一。[2]

（二）甘肃省发展循环经济的必要性

1. 加快甘肃省新型工业化的进程

发展循环经济是推进甘肃新型工业化，进而实现现代化的客观要求。工业化是甘肃现代化进程中艰巨的历史性任务，是实现现代化不可逾越的发展阶段。传统工业化只是片面强调 GDP 增长，以牺牲环境为代价，高消耗、高排放、低产出，从长远看，资源难以支撑，环境不堪重负，工业化也难以持续。推进新型工业化，客观要求工业发展要以循环经济理念为指导，遵循循环经济原则，走科技含量高、经济效益好、资源消耗低、环境污染少、人力资源优势得到充分发挥的新型工业化路子。2014 年，甘肃省万元生产总值能耗为 1.19 吨标准煤/万元，与 2010 年相比累计下降 15.52%，年均降低 4.13%；四年累计节约能源 1231.08 万吨标准煤，较好地缓解了能源和环境压力。但从能耗强度看，2014 年甘肃省万元生产总值能耗比全国仍然高 55.76%，[3] 甘肃省依然是耗能大省，节能降耗的任务依然非常重。

---

[1] 赵民望：《资源瓶颈"逼迫"甘肃经济"循环"》，《中国矿业报》，2005 - 08 - 15。

[2] 人大国发院：《2018 中国经济绿色发展报告》，http://www.199it.com/archives/764629.html，2018 - 08 - 27。

[3] 甘肃省统计局：《甘肃省能源利用效率现状与对策研究》，http://www.360doc.com/content/16/1116/11/38235188_606968507.shtml

2. 提升甘肃省的现代化水平

现代化，是指人类社会从工业革命以来所经历的一场急剧变革，其典型特征有民主化、法制化、工业化、都市化、均富化、福利化、社会阶层流动化、宗教世俗化、教育普及化、知识科学化、信息传播化、人口控制化等等。[①] 但是，现代化的核心是工业化，现代化实质上是现代工业生产方式和工业化生活方式的普遍扩散化的过程。[②] 甘肃省是我国的欠发达地区，2018年，甘肃省实现生产总值8246.1亿元，增长6.3%；减少贫困人口77.6万人，贫困发生率由9.6%降到5.6%。[③] 2019年一季度，甘肃省实现生产总值1736.5亿元，同比增长7.9%，其中，第一产业增加值109.8亿元（占6.4%），第二产业增加值601.6亿元（占34.6%），第三产业增加值1025.1亿元（占59%），开局良好。[④] 但是，甘肃省在经济社会发展的各个方面仍然处于全国的后列，2018年，甘肃省的GDP位居全国27位，仅高于西藏、青海、宁夏、海南，还远未实现工业化和现代化。

循环经济理论的研究和实践，已经为一些国家在提高资源的利用率、缓解资源短缺、减轻环境污染压力等方面，产生显著的社会效益、经济效益和环境效益，尤其是应运而生的资源再生产业，为一些国家带来了丰厚的物质利润。在我国以及甘肃地区，发展循环经济是贯彻新发展理念，推进经济结构调整，转变经济增长方式，走新型工业化道路的必然选择，是加快建设节约型社会和环境友好型社会的重要途径，也是加快甘肃现代化进程的客观需要，其前景非常广阔。加快发展循环经济，对甘肃经济、社会的现代化具有重要意义。

3. 推进甘肃省经济、社会与资源环境的可持续发展

加快发展循环经济是缓解资源、环境约束，实现经济、社会与资源环境的可持续发展的现实需要。目前，甘肃省资源拥有量已处在相对不足的境地。

---

① 杨国枢：《现代化的心理适应》，台北：台北巨流图书公司，1978年版，第24页。

② 罗荣渠：《现代化新论——世界与中国的现代化进程》，北京：商务印书馆，2004年版，第133页。

③ 宋燕：《2019年极简版甘肃省政府工作报告出炉》，http://gansu.gscn.com.cn/system/2019/01/26/012107792.shtml。

④ 马孟乔：《2019年一季度甘肃省经济运行"开门红"》，http://gs.people.com.cn/n2/2019/0427/c183348-32885887.html，2019-04-27。

据统计，甘肃煤炭探明保有贮量 86 亿吨，人均只有 330 多吨，为全国人均 600 吨水平的 55%。石油探明贮量 3.6 亿吨，只占全国探明贮量的 1.2%，人均拥有量只有全国平均水平的一半左右。在关系国计民生的 45 种主要矿产资源中除有色金属等少量几种资源的贮量相对比较丰富外，铁、铅、锌、滑石、硫、磷、钾、石墨等主要矿产资源后备资源短缺的问题比较突出。甘肃的生态环境极其脆弱，环境保护任务繁重。甘肃的白银市（白银曾经拥有丰富的矿产资源，譬如：铜、煤、石灰石等，曾被称为"铜城"）、玉门市（玉门也曾是一座资源城市，主要包括石油、煤、石灰石、石棉等，曾被称为"油城"）、兰州市红古区（红古曾有丰富的矿藏，譬如：煤炭、石油、天然气等，曾被誉为"八宝川"）已被列为资源枯竭型城市。2015 年，金昌市金川区（曾拥有丰富的镍矿，曾被誉为"镍都"）被列入资源枯竭独立工矿区范围。因此，只有加快发展循环经济，节约利用资源，提高资源利用效率，从源头上减少污染物的排放，以尽可能小的资源消耗和环境成本，获得尽可能大的经济效益，转变资源高投入、高消耗、低效率、高污染的传统粗放型增长方式，才能从根本上缓解甘肃经济和社会发展面临的资源、环境约束，实现经济社会与资源环境的可持续发展。

（三）甘肃省循环经济发展现状分析

1. 甘肃省循环经济建设成效显著[①]

（1）《甘肃省循环经济总体规划》主要指标基本完成。《总体规划》确定的 24 项指标中，资源产出率等 20 项指标已达到或超额完成规划目标，完成率达到 80% 以上。其中，资源产出率达到 4870 元/吨，超出规划目标 2.5 倍；万元 GDP 取水量达到 175 立方米/万元，超额完成 19.4 个百分点；万元 GDP 能耗提前 1 年完成指标任务，超额完成 6.82 个百分点，位居西部省份前列。工业用水重复利用率、城市生活垃圾无害化处置率、城市污水再生利用率和可再生能源占能源生产总量的比例 4 项指标基本完成规划目标。

（2）"四位一体"循环体系基本建成。以减量化优先为主要特征的循环型农业、以资源化和再利用为主要特征的循环型工业体系基本形成，以再生资源回收利用和生活废弃物处理为重点的循环型服务业体系和社会层

---

① 摘自《甘肃省"十三五"循环经济发展规划》(2016)。

面循环经济加快推进。农业循环经济方面，张（掖）武（威）定（西）特色农副产品加工循环经济基地、甘（南）临（夏）陇（南）生态农牧业循环经济基地建设任务全面完成。工业循环经济方面，节能技术改造、淘汰落后产能、清洁生产技术推广、环保设施改造和新技术运用全面推进。循环型服务业方面，将循环经济理念贯穿于传统的生产性服务业和生活性服务业全过程。循环型社会体系建设方面，再生资源回收利用网络体系初步建立，城市污水处理率达到85%，单位建筑面积能耗下降13.03%。

（3）"五大载体"建设进展顺利。七大循环经济基地建设基本实现规划预期目标，省级以上35个园区循环化改造已基本完成阶段性目标，8个园区列入国家示范试点园区，占全国总数约10%。构建完成16条循环经济产业链，有色与精细化工、冶金—资源综合利用—冶金化工—新材料等11条产业链的工业增加值年均增速达到13.6%，11条产业链的工业总增加值占全省工业增加值的70%以上。培育循环经济示范企业110户，重点支撑项目成效显著，自2010年起，我省循环经济项目投资年均达到600亿元以上，对全省固定资产投资增长的贡献率达到近40%。"十二五"期间，全省实施包括节能、节水、资源综合利用、污染减排、清洁能源等领域循环经济项目3729个，总投资4598亿元。

（4）科技支撑能力显著增强。围绕循环经济发展的重点领域和关键技术，攻克了一批共性关键技术，取得一批具有较高水平的科技成果，实施科技支撑项目299项，完成关键技术研发130项，支撑技术产业化70项，推广先进适用技术99项。循环经济领域共获得省级科学技术奖励一等奖、二等奖28项，省级循环经济科技成果437项，专利518项，学术论文300余篇。成立"甘肃省镍钴及稀贵金属工业废弃物资源化再利用重点实验室"等9个重点实验室和工程技术研究中心、3个国家可持续发展实验区和13个省级可持续发展实验区。

（5）试点示范成效显著。金昌市、白银市、通渭县、泾川县、临夏市被国家列为循环经济示范市（县）；金昌经济技术开发区等8个园区被国家列为循环化改造示范试点园区；兰州市、白银市被列为国家餐厨垃圾无害化处理资源化利用试点城市；兰州经济技术开发区红古园区被列为国家第五批"城市矿产"示范基地；甘南州、定西市、酒泉市、兰州市先后被列入国家生态文明先行示范区；白银市产业废物综合利用示范基地、白银公司、金川公司、酒钢公司、窑街煤电分别被列为国家首批 50 家资源综合利用"双百工程"示范基地和骨干企业；金川铜镍多金属矿、窑街煤炭资源被列为首批国家矿产综合利用示范基地；金昌区域循环经济发展模式和白银企业循环经济发展模式被国家列为循环经济典型模式在全国推广。

（6）循环经济长效机制不断健全。省、市、县三级政府均成立了国家循环经济示范区协调推进领导小组，形成了自上而下、相互联动的推进机制；先后制定《甘肃省循环经济总体规划实施方案》《甘肃省循环经济总体规划实施方案考核办法》《甘肃省循环经济统计管理办法》和《甘肃省循环经济统计实施方案》等循环经济配套政策，出台《甘肃省循环经济促进条例》等 4 部地方性法规，使全省循环经济发展有法可依、有章可循；印发实施《甘肃省循环经济统计管理办法》和《统计实施方案》，在全国率先建立了省级循环经济统计考核体系和中小企业循环经济服务平台。制定综合性政策 13 项、价格政策 4 项、财政政策 2 项、税收政策 2 项，制定修订地方标准 116 项，对发展循环经济起到了重要的支撑保障作用。

2. 甘肃省发展循环经济面临的环境和形势①

作为"十二五"时期整体推进循环经济的省份，甘肃省循环经济发展进入了示范推广阶段。但是，甘肃作为国家老工业基地，长期以来形成资源依赖型经济，结构性矛盾比较突出，战略性新兴产业发展不足，综合经济实力不强，资源综合利用水平不高，生态环境脆弱，发展循环经济任务依然艰巨。

（1）行业和区域发展不平衡，结构调整和产业升级进程缓慢。从区域来看，除金昌、白银、嘉峪关等地推动循环经济发展成效较为明显外，其余地区循环经济相对滞后。从行业来看，工业领域循环经济整体发展水平较高，循环型农业尚未形成规模效应，循环型社会和循环型服务业发展较为缓慢。从产业结构调整来看，虽然发展循环经济促进了工业内部产业结构的调整，但钢铁、石化、煤炭、装备制造业等传统产业升级改造进程仍然缓慢，大部分工艺水平还低于全国平均水平，精深加工率仍然偏低。绿色旅游、绿色设计和绿色物流、通信、零售批发等现代循环型服务业体系尚未形成，绿色消费等绿色发展理念尚未普及。

---

① 摘自《甘肃省"十三五"循环经济发展规划》(2016)。

（2）政策激励引导机制不健全，市场主导尚未充分发挥作用。相关税收等优惠政策没有完全落实，鼓励循环经济发展的政策措施尤其是投融资、财政、税收和价格等不配套，阶梯电价、水价等价格支持政策引导作用不明显。由于发展循环经济成本高、经济效益不明显，企业在发展循环经济中的作用未发挥好。虽然甘肃省出台了一系列加快循环经济项目审批、减免税的政策，但现阶段甘肃省的循环经济企业大多数依靠国家补助资金，真正自主实施、自行发展循环经济的企业不多，能够带动循环产业链的龙头企业欠缺。

（3）关键技术创新和推广应用不够，科技支撑体系尚未形成。甘肃省大部分企业科技基础薄弱，创新能力不足，科研院所、高校等科研机构的研究成果推广应用明显滞后，产学研结合不够紧密，尤其是对尾矿、冶炼渣、煤矸石、粉煤灰等大宗工业固废综合利用技术的研发力量还比较薄弱，固废中可用成分的分离、高值化利用的技术与装备还不能为工业固体废物综合利用产业发展提供有效支撑，工业固废综合利用较粗放，高附加值利用比例较低。

（4）统计评价体系不完善，工作考核约束机制有待进一步健全。由于部分统计指标数据可获得难度大，相关行业领域没有建立完善的统计调查机制，循环经济统计评价指标体系尚需进一步完善。循环经济考核的硬约束机制尚不健全，问责惩处机制尚未建立。

三、西北地区发展循环经济的紧迫性——以青海省为例

（一）青海省循环经济发展现状

青海省发展优势在生态，发展重点在生态，发展关键在生态。应认清青海省在全国经济发展大局中肩负的重任，维护好国家重要生态屏障。2018年，青海省委在第十三届四次全体会议上提出要"坚持生态保护优先，推动高质量发展，创造高品质生活"的全局部署，简称"一优两高"，并发布了《关于坚持生态保护优先 推动高质量发展 创造高品质生活若干意见》。生态优先是贯彻习近平新时代中国特色社会主义思想的具体体现和具体实践，是充分发挥青海省绿色发展优势，决胜全面小康，推进现代化建设的重要战略选择。在生态优先的战略指导下，推动循环经济的快速发展是青海省社会经济发展的最佳路径选择。

循环经济涉及范围广泛，从个人到企业到社会，从工业到农牧业到服务业，都与循环经济有着密切关系。循环经济工业试验区在循环经济实践中发

挥着不可替代的作用，是推广循环经济的重要途径。循环经济试验区追求的不仅仅是经济效益，而是着眼于生态效益和经济效益的共赢，将生态环境保护融入工业生产全过程，实现经济发展和环境保护的协调统一。位于丹麦的卡伦堡工业生态园区是最典型的生态工业园区，是世界生态工业园区建设的模范，其运行模式对世界各国循环经济试验园区的建设有良好的借鉴意义。卡伦堡园区以燃煤电厂、炼油厂、制药厂和石膏制板厂为主体，形成了彼此间物料循环的生态经济社会复合系统。园区化模式以生态经济学为理论基础，打破了单个企业内部循环的局限，通过园区内各企业的废物交换和能量交换，水资源及其他能量梯级化运用，基础设施共享，形成产业共生的良好组合。实现企业共生状态，达到横向和纵向的产业链发展，实现循环经济最终目的，减少废弃物排放，使资源利用率最大化。

1. 青海省循环经济发展情况——以试验园区为例

工业是青海省发展循环经济的重要支柱，而循环经济试验园区作为重要载体承担着带动作用和引领作用。地区循环经济的发展，关键在于循环园区的建设。青海省循环经济试验园区包括柴达木循环经济试验区和西宁经济技术开发区。2013 年，柴达木和西宁两个国家循环经济示范试点通过了省级验收，西宁市、海西州、大通县等 15 个地区成为省级循环经济试点地区，格尔木市被评为国家循环经济示范县。

柴达木循环经济试验区于 2005 年成为国家第一批 13 个循环经济试点产业园区之一，位于青海省海西蒙古族藏族自治州，面积为 25.6 万平方公里，是目前国内占地面积较大，资源较为丰富的循环经济试验园区。园区以"一区四园"作为宏观发展布局，包括：格尔木工业园区、德令哈工业园区、乌兰工业园区、大柴旦工业园区。各个园区之间功能定位清晰，形成了横向良性互动和纵向紧密相关的布局，为园区循环经济建设奠定了良好基础。格尔木工业园区主要凭借园区内丰富的石油天然气资源、盐湖资源、有色金属资源，以油气化工产业链、盐湖化工产业链、冶金工业链为主要发展方向。德令哈工业园区以构建盐碱化工产业链为主，充分利用德令哈的石灰岩以及大煤沟的煤炭资源。乌兰工业园区重点发展煤化工和盐化工产业链，注重煤化工和盐化工的融合发展。大柴旦工业园区有丰富的煤炭和盐湖资源，主要分布于鱼卡、大盐滩、马海湖等地，以能源、煤化、盐化工产业链为主要发展方向。

在资金投入方面，柴达木试验区借助对口援青、青洽会等方式扩大了对园区发展的引资渠道。2013 年青洽会期间，海西州和柴达木循环经济试验区管委会共达成合作项目 80 余个，总投资 506 亿元。在资源节约利用方面，园区节能减排取得了一定成效。据统计，2005 年至 2010 年期间，柴达木单位地区生产总值能耗和规模以上工业增加值能耗指标有逐年下降的趋势，2010 年为单位地区生产总值能耗为 1.6023 吨标准煤/万元，规模以上工业增加值能耗为 1.3074 吨标准煤/万元。[①] 在产业布局方面，园区形成了以盐湖化工为核心产业，石油、天然气、金属冶金、新能源、煤炭化工为重要组成部分的循环经济主导产业体系。园区有较好的资源优势，矿产资源丰富，环境容量大。但与同批其他试点产业园区相比，相关绿色环保技术缺乏，地理位置方面处于劣势，导致运输成本较高。

西宁经济技术开发区于 2000 年获批成立，2008 年被列为国家第二批循环经济试点产业园区。近年来，以高原动植物为主的中藏药、食品、生物化学制品为重点发展对象，以"三为主一致力"为发展方向，即工业项目为主、利用外资为主、出口创汇为主，致力发展高新技术产业。形成了"一区四园"的总体规划建设，包括：生物科技园区、甘河工业园区、南川工业园区、东川工业园区。生物科技园以高原特色资源精深加工为主导，形成了生物技术、中藏药以及绿色食品加工为主的产业集群。甘河工业园区形成了有色金属延伸加工产业链和煤及天然气化工产业链为主的材料工业集群。南川工业园区初步形成了藏毯、有色金属深加工、太阳能光伏、光热为主的产业链。东川工业园区以硅材料、光伏制造、铜精深加工、电子铝箔为发展重点，形成了新材料和新能源为主的产业链模式。

在节能减排方面，西宁经济技术开发区较注重绿色发展，日常环境监测较为严格。单位工业增加值能耗、单位工业增加值二氧化硫排放强度、单位工业增加值化学需氧量等指标在 2005 年至 2010 年均有所下降。单位工业增加值能耗由 3.14 吨标准煤/万元降低到 2.2 吨标准煤/万元，单位工业增加值二氧化硫排放强度由 0.0418 吨/万元降低到 0.0059 吨/万元、单位工业增加

---

① 孙发平：《青海建设国家循环经济发展先行区读本》，西宁：青海人民出版社，2016 年版，第 37－39 页。

值化学需氧量由 0.00591 吨/万元降低至 0.00123 吨/万元。^① 但是，电子商务推动循环经济园区发展的重点信息技术尚不能满足实际情况，有待进一步发展。

2. 青海省循环经济发展的制约因素

发展循环经济是贯彻新时代生态文明重要思想，加强绿色发展和低碳发展的必然选择。过去很长时间，生态环境与经济发展始终处于对立面，经济高速发展意味着生态环境在大规模开发中恶化，而生态环境的维护又间接性阻碍了经济发展。基于青海省特殊的省情和生态地位，循环经济的推动和发展能有效缓解环境保护和经济发展的紧张关系。2013 年，青海省第十二次党代会提出了建设循环经济发展先行区的重大战略举措。经过几年的发展，青海省循环经济发展虽有一定起色，但由于受到客观因素制约，发展不如预期良好，全社会尚未形成循环经济理念。制约青海省循环经济发展的主要因素包括：

第一，经济发展水平较低，企业发展循环经济缺乏内在动力。一方面，生态保护的前提是保证社会经济健康发展，缺少经济发展这一因素，环境保护就如同空中楼阁，没有实践意义。另一方面，经济健康发展又离不开自然资源的持续性支撑和供给。青海省经济发展水平始终较低，2017 年，全省地区生产总值 2642.80 亿元，人均地区生产总值 44348 元，全省工业增加值 790.63 亿元。^② 以 2017 年为例，西北地区其他各省的相关数据分别为：甘肃省实现生产总值 7459.9 亿元，工业增加值 1603.7 亿元；^③ 陕西省实现生产总值 21898.81 亿元，工业增加值 8721.45 亿元；^④ 宁夏回族自治区实现生产总

① 孙发平：《青海建设国家循环经济发展先行区读本》，西宁：青海人民出版社，2016 年版，第 41 页。
② 青海省统计局、国家统计局青海调查总队：《青海省 2017 年国民经济和社会发展统计公报》，http://www.qhtjj.gov.cn/tjData/yearBulletin/201802/t20180227_52928.html，2018 - 12 - 20.
③ 甘肃省统计局、国家统计局甘肃调查总队：《甘肃省 2017 年国民经济和社会发展统计公报》，http://www.gstj.gov.cn/tjnj/2018/indexch.htm，2018 - 12 - 20.
④ 陕西省统计局、国家统计局陕西调查总队：《陕西省 2017 年国民经济和社会发展统计公报》，http://www.shaanxitj.gov.cn/upload/201802/zk/indexch.htm，2018 - 12 - 20.

值 3453.9 亿元，工业增加值 1580.53 亿元；① 新疆维吾尔自治区实现生产总值 10920.09 亿元，工业增加值 3229.09 亿元。② 通过横向对比，青海省经济发展情况在西北地区处于末位，属于典型的经济欠发达地区。循环经济发展离不开资金支持，地区经济发展水平不高，对循环经济的相关技术和设备支持就比较困难。

第二，循环经济相关技术水平较低，创新性不足。青海省矿产资源情况较为特殊，共生矿和伴生矿较多，对其分离技术要求高，而现实中缺乏来自研究机构的技术支持。整体而言，对矿产资源的利用率较低。企业在市场机制影响下，首先关注的是企业自身的经济效益。青海省大中型企业的经济实力不强，企业竞争力较弱。对循环经济的自主创新能力普遍不强，循环经济关键性技术以及设备多以引进方式进入省内，省内有自主知识产权的循环经济技术和设备较少。

第三，全社会循环经济理念不够深入。居民欠缺对垃圾分类的必要性认识，垃圾转运设备、垃圾分选中心等配套设施尚不完善，垃圾分类的资金支持不到位。在生活垃圾处理方面，青海省生活垃圾无害化处理率从 2012 年的 64.56% 提高到 2017 年的 85.31%，提升较为显著。但是，青海省垃圾处理方式仍是初级的填埋式，焚烧发电处理模式尚不成熟。填埋式垃圾处理的成本较高，当地政府的财政负担较重。

（二）青海省循环经济发展存在的主要问题

青海省循环经济发展有一定效果，但是基于经济发展水平、技术发展和创新水平等因素的影响，产业间关联程度低，产业链延伸不足。循环经济发展不仅要求企业清洁生产，更强调企业间形成生态经济链，并不断延伸产业链，减少末端污染物排放量，降低对环境的负面影响。

首先，青海省工业结构仍处于初级阶段，废弃物和副产品并没有得到有效利用。循环经济所依赖的环保产业发展滞后，初级产品比重较大，产品附

---

① 宁夏回族自治区统计局、国家统计局宁夏调查总队编：《宁夏回族自治区 2017 年国民经济和社会发展统计公报》，http：//www.nxtj.gov.cn/tjsj_ htr/tjgb_ htr/201810/t20181016_ 97405.html，2018－12－20.

② 新疆维吾尔自治区统计局、国家统计局新疆调查总队编：《新疆维吾尔自治区 2017 年国民经济和社会发展统计公报》，http：//www.xinjiang.cn/2018/04/02/148537.html，2018－12－20.

加值低。省内工业增长仍然依靠对产品的初级开发,产业间关联度较低。青海省盐湖锂资源储量占全国锂资源储量近50%,具有较好发展前景。目前,青海省盐湖化工产业已基本形成钾、钠、锂、镁、硼、溴等多元综合利用的产业体系,盐湖金属镁一体化项目目前已经建成,高纯电熔镁砂系列产品性能均被国内外市场认可。但是,盐湖相关技术专利转化率不高,盐湖开发过程中的污染仍然较为严重。

其次,在循环经济园区运营建设方面,工程性缺水情况严重。由于省内存在水资源分布差异较大的情况,柴达木地区较为干旱,水资源拥有量低于全省平均水平。而柴达木试验园区存在较多高耗水的企业,加之用水结构不合理,导致园区工程性缺水时常发生。

最后,专业人员流失的情况时有发生,领域内人才服务和专业素质水平、层级普遍不高。企业招揽人才困难,流失严重,素质不强。在盐湖资源开发过程中,由于专业人员素质不高,不合理开发,导致盐湖地下水被污染。而且,在制止矿产资源乱采滥伐方面执法队伍薄弱。

(三) 青海省发展循环经济的紧迫性

1. 青海省生态环境的脆弱性

区域循环经济发展离不开当地环境资源的供给,青海省属于典型的资源富集型地区,土地资源、水资源、矿产资源富足。但是,作为"三江之源",青海省肩负着保护生态环境的艰巨任务,大部分面积作为禁止开发区和限制开发区加以保护。近年来,青海省坚持"生态立省"的总体战略,具有较好的资源优势来充分发展循环经济。同时,青海大部分地区地处青藏高原,属于高原大陆性气候,具有气候寒冷恶劣、昼夜温差较大、光照时间长辐射强烈等特点,生态脆弱的现状同样不容忽视。截至2009年年底,我国荒漠化土地面积占我国国土面积的27.33%。其中,95.48%的荒漠化土地分布在新疆、内蒙古、西藏、甘肃、青海五个省区,青海省有19.14万平方公里的土地已经荒漠化。从广义的角度讲,整个西北地区均为生态脆弱地区。[①]青海省柴达木草场面积为960万公顷,实际可利用草场面积仅700万公顷,属于典型荒漠化草场。青海省独特的地理环境和气候条件,造就了生物资源多样

[①]　吕志祥:《西北生态法治专题研究》,北京:光明日报出版社,2018年版,第7-9页。

性，物种丰富，如虫草、党参、雪莲、红景天等高原特色药材，藏羚羊、藏狐、金钱豹等珍稀动物。但随着工业化程度加深，乱砍滥伐等人为因素，导致部分物种濒临灭绝，水土流失，祁连山由于气温上升发生冰雪融化现象等环境问题频繁发生。

表1－2　青海省2013－2018年环境和资源变化情况[①]

指标	单位	2013	2014	2015	2016	2017
水资源总量	亿立方米	645.60	788.09	589.30	612.70	785.70
森林面积	万公顷	441.23	441.23	452.51	452.21	452.21
森林覆盖率	%	6.1	6.1	6.3	6.3	6.3
湿地面积	万公顷	814.36	814.36	814.36	814.36	814.36
累计水土流失治理面积	千公顷	794.41	814.26	837.60	858.18	881.09
能源消耗总量	万吨标准煤	3820.4	4046.96	4134.11	4110.51	4202.6
能源生产总量	万吨标准煤	5068.33	4099.40	3298.88	3003.89	3305.78
原煤占比	%	48.05	33.47	18.17	18.72	18.19
原油占比	%	6.05	7.67	9.66	10.51	9.85
天然气占比	%	16.99	21.26	24.74	26.92	25.75
一次电力占比	%	28.91	37.60	47.43	43.84	46.21

根据青海省2013－2018年环境和资源变化情况可以看出，青海省水资源总量近五年保持并不平稳，2013年至2015年期间，呈现降低趋势，至2016年才有所回升。省内森林面积在退耕还林等政策影响下，有上涨的幅度，但涨幅较小。湿地面积近五年来保持不变，为814.36万公顷。能源生产总量在近五年呈下降趋势，但原煤占比在2015年至2017年间，并未降低，原油、天然气、一次电力占比都呈现上升趋势，说明青海省能源生产中资源利用率较低，循环经济发展效果并不显著。

近几年来，青海省重点打造"大美青海"品牌建设，依托地区独特的高原地理环境和自然资源优势，充分发展旅游业，为青海省经济发展带来了良好的机遇。例如夏都、三江源、环青海湖、可可西里、唐蕃古道等生态旅游品牌。但旅游业发展模式不规范和管理制度不完善，造成了生态环境的严重

---

① 青海省统计局、国家统计局青海调查总队编：《青海统计年鉴2014－2018》，http：//www.qhtjj.gov.cn/tjData/qhtjnj/.

破坏。茶卡盐湖景点由于近几年外来游客暴增，相关基础设施不健全，垃圾处理不及时，因游客过度踩踏导致湖体污染严重，出现盐湖黑泥，严重破坏盐湖生态。[①] 自 2015 年以来，为了恢复已破坏的环境而关园封湖治理，一年后才予以对外开放，2017 年 10 月再次关园实施二次建设。目前，针对盐湖资源开发的地方性法规及相关规范性文件包括：《青海省盐湖资源开发与保护条例》（2001 年，2010 年修改）、《青海省人民政府办公厅关于加强盐湖资源管理的紧急通知》（2000 年）等，但调整领域主要是盐湖矿产资源开发的管理和监督，很少涉及就盐湖旅游业的行为规范与监督管理。

2. 青海省资源开发的粗放性

改革开放以来，尤其是"七五"计划将我国划分为东、中、西三个地带以来，东西部地区发展差距成为影响我国经济和社会健康发展的难题。实现东西部地区协调发展，成为我国经济社会发展的重要战略方针。[②] 我国经济发展现已进入经济新常态，新常态下必须实现经济增长方式向集约型转变，形成低消耗、低排放、高效率的经济发展样态，实现经济效益、社会效益和环境效益最大化。

青海省在全国分工中长期处于产业链中低端，重化工产业占比较高，单纯依靠资源消耗刺激经济发展，产品附加值偏低。经过改革开放特别是西部大开发的高速发展后，自 2012 年起，青海省经济发展逐步从高速发展向中高速发展减速换挡，进入经济发展新常态。青海省应在"一带一路"倡议下，大力发展经济，但不能凭借自然资源优势，应意识到生态的脆弱性，不能走先污染后治理的老路。经济发展不能以牺牲环境为代价，而应该正确处理地区经济发展和环境保护二者的关系。

3. 青海省绿色发展的滞后性

习近平同志在十八届五中全会上中提出了绿色发展理念，与创新、协调、开放、共享理念共同形成了新型社会经济发展理念，用以指导社会经济发展方向。绿色发展理念是全面推进生态文明建设的必然选择和内在动力，其根

---

① 马芳：《茶卡盐湖旅游污染治理中存在的问题及法律对策研究》，《攀登》，2018 年第 1 期。
② 杜群：《生态保护法论——综合生态管理和生态补偿法律研究》，北京：高等教育出版社，2012 年版，第 243 页。

本立足点在于推动生产力发展。[①] 通过绿色低碳、环保、节约、科技等理念和方式改变过去粗放式的传统经济发展模式，与循环经济具有内在一致性。具体而言，循环经济强调产业链的资源综合利用，是绿色发展理念的现实选择和内在要求。

青海省绿色发展起步较早，但实际问题仍然有待解决。经济结构转型压力较大，经济发展仍呈现粗放型特征，并没有改变传统上依赖资源的粗放式经济发展方式。2008 年，全省规模以上工业综合能源消费量 2127.71 万吨标准煤，比上年增长了 0.8%，原煤消费量、电力消费量与上年相比，均有所增加。青海省经济发展任务艰巨，生态环境承载力较弱，企业社会责任感不足。绿色发展评价指标体系并不完善，绿色产业标准缺乏环保相关的指标，如：单位能耗、电耗，废弃物排放量等。

四、我国及西北地区循环经济制度及其不足

（一）我国循环经济法制建设历程

我国循环经济的发展大致分为三个阶段，第一阶段是 2002 年以前，为前期准备阶段；第二阶段是 2002 年—2005 年，为起步阶段；第三阶段是 2005 年至今，为大力发展阶段。由于立法本身的保守性、稳定性等特点，我国循环经济法制建设进程要滞后于经济发展的进程。但也大致可以分为三个阶段。

第一阶段为 2002 年以前，这一阶段可以视为我国循环经济立法的启蒙阶段。随着中国社会主义建设与经济的快速发展，环境污染日益严重。国务院总理周恩来在 1970 年左右曾多次指示国家有关部门和地区切实采取措施防治环境污染。1972 年 6 月，国务院批转了国家计划委员会、国家基本建设委员会关于官厅水库污染情况和解决意见的报告，建立了官厅水库水源保护领导小组，开始了中国第一个水域污染的治理。1972 年 6 月，中国派代表团出席了在斯德哥尔摩召开的联合国人类环境会议。在环境保护工作受到普遍重视的情况下，1973 年 1 月国务院决定筹备召开全国环境保护会议。此次会议制定了"全面规划、合理布局、综合利用、化害为利、依靠群众、大家动手、保护环境、造福人类"的环境保护工作方针，还通过了《关于保护和改善环

---

① 庄友刚：《准确把握绿色发展理念的科学规定性》，《中国特色社会主义研究》，2016 年第 1 期。

境的若干规定》文件，提出要做好全面规划、工业合理布局、逐步改善老城市布局、综合利用、除害兴利、加强土壤和植物的保护、保护森林等几点意见。1978 年修改后的《宪法》首次对环境保护做出了规定："国家应保护自然环境和资源，防止污染和公害"。1979 年《环境保护法》（试行）颁布。进入 20 世纪 80 年代后，在发展更加迅速的同时，各个领域的环境污染也日趋突出。在此背景下，环境立法也逐渐加快了步伐。《海洋环境保护法》《水污染防治法》《固体废弃物污染环境防治法》《大气污染防治法》《森林法》《草原法》等法律法规相继出台，基本形成了我国环境资源法律保护体系。这一时期的环境保护主要是为了同社会发展和经济发展相协调，且大多为末端处理模式，还未形成循环经济理念。

第二阶段为 2002 年至 2007 年，是循环经济立法的成长阶段。进入 21 世纪后，环境保护的思想受到更多的重视，同时由于之前的措施与整治并未使环境污染得到良好控制，所以，此时国家开始意识到末端治理方式的局限性，逐渐产生了源头治理的理念。2002 年 6 月，全国人大常委会通过了《中华人民共和国清洁生产促进法》。这是我国第一部以提高资源利用率、实行污染预防、规范企业清洁生产的法律法规。清洁生产促进法的出台与实施，"表明我国发展循环经济是以法制化的清洁生产为开端的，是可持续发展的历史进步。"①《清洁生产促进法》的制定与实施标志着我国环境治理方式的重大改变：即从末端治理道路转向源头预防道路，也标志着我国循环经济立法的前进方向。在这一阶段，循环经济概念被明确提出并开展大量实践活动，且循环经济的观念慢慢走向每个公民心中。这一时期的循环经济立法由以往的以经济建设为中心转向经济发展与环境保护相协调理念，由末端控制转向源头预防与全过程控制。而且，《清洁生产促进法》首次明确提出了循环经济概念，成为我国循环经济立法历程中的里程碑。

第三阶段为 2008 年至今。随着生产和发展的进一步扩大，仅仅针对生产领域做出调整的《清洁生产促进法》逐渐不能满足环境友好型社会的建设和可持续发展的要求。在此背景下，政府开始采用循环经济全过程控制理念。2005 年，胡锦涛同志在人口、资源、环境会议中提出"大力宣传循环经济理念，加快循环经济促进法"的要求。2008 年，全国人大常委会通过了《中华

---

① 冯之浚：《循环经济导论》，北京：人民出版社，2004 年版，第 390 页。

人民共和国循环经济促进法》，这是我国循环经济法制建设历程中的标志性立法。《循环经济促进法》从生产、流通、消费各个领域规定了国家的责任、基本管理制度、激励措施和法律责任等。自该法出台以来，有效地提高了社会各个层面的资源利用率，尽可能地实现资源的综合利用、循环利用；此外，通过该法中3R原则的有效实施，有效地减少废弃物的排放数量、降低污染程度，促进了环境的保护与改善；最后，该法的出台和实施还有助于我国最终实现社会、经济、环境的全面协调可持续发展战略。

总体来说，我国循环经济法制体系以《循环经济促进法》为基本法，由四个部分组成：

第一部分是法规中明确提出"循环经济"概念的法律，如2002年的《清洁生产促进法》、2004年的《固体废弃物污染环境防治法》、2005年的《促进产业结构调整暂行规定》等；第二部分是与资源、能源开发利用、废弃物回收等相关的法律法规，如《土地管理法》《可再生能源法》《节约能源法》等；第三部分是与循环经济发展相关的法律法规，如2005年的《钢铁产业发展政策》、2007年的《煤炭产业政策》等相关规定；第四部分包括各项循环经济专项立法及各地方政府有关循环经济的地方法规等，如2012年出台的《甘肃省循环经济促进条例》等。这四部分与《中华人民共和国循环经济促进法》一起构成了我国循环经济法制建设的完整体系。

（二）我国循环经济法制现状

对于一个独立的法律体系来说，必须具备逻辑性、完整性和活动性。这种逻辑性包括效力上和功能上的逻辑；而完整性则着重包括形式和功能两方面；活动性则要求一种法律制度可以根据社会发展的实际需要适时地做出相应变化。此外，必须说明的是这里我们所论述的循环经济法律体系，并不是指循环经济的某一部单一的法律，而是指与循环经济相关的所有法律、法规及规章制度。

基于这一点，要分析我国循环经济法的现状，必须依照金字塔的结构从顶端到下层逐层分析。第一，在我国2004年修订版的宪法中，虽然没有明确提出有关循环经济的相关规定，但是对自然环境的保护做出了一些基本性规定，如第九条中提到："国家保障自然资源的合理利用"；第十四条"国家厉行节约，反对浪费"；第二十六条"国家保护和改善生活环境和生态环境，防止污染和其他公害"等。第二,是循环经济专门的统领性法律,即 2009 年 1 月 1 日正式实施的《循环经济促进法》,该法明确以循环经济的基本特征 "3R"原则为制定依据、以保障循环经济的顺利实施为目的,是我国以法律形式保障循环经济顺利运行的基本法。第三,是与《循环经济促进法》有关的其他法律,如《清洁生产促进法》《固体废物污染环境防治法》《节约能源法》等。第四,是与循环经济相关的行政法规,虽然这些法规不是专门设立循环经济法规,但也涉及循环经济的重要内容,如《废弃电器电子产品回收处理管理条例》《水污染防治法实施细则》等。第五,是与循环经济相关的地方性法规。为了更加有效地将循环经济理念渗入和运用到生产和生活中,有些省、市根据当地的实际情况制定了相应的地方性法规。贵阳是我国第一个建立循环经济地方法规的城市,其在 2004 年公布了《贵阳市建设循环经济生态城市条例》。紧接着,深圳市于 2006 年通过了《深圳经济特区循环经济促进条例》。第六,是与循环经济相关的行政规章与文件。这些规章及文件相比于上述形式显得比较零散,但却能从更加具体和明确的方向对《循环经济促进法》及各相关法律和地方法规做出补充,更加符合各地的实际情况和需要,在我国循环经济法律体系中具有十分重要的意义。

总体来说,我国循环经济法律体系的建设起步较晚,但已初具规模,体系也较为完备,为我国循环经济的发展提供了重要的保障作用。

(三) 我国循环经济制度的不足

1. 缺乏宪法的根本指导

宪法是我国的根本大法,规定了国家的根本任务和根本制度,具有最高的法律效力。其他法律的制定必须以其为基础,不能与之相违背。就我国现在的循环经济法律体系而言,宪法只是在自然环境和资源保护的根本方向上做出了一些基础的原则性规定,但未明确提出循环经济理念,也未对循环经济的发展做出规定。这样导致的结果是循环经济的发展缺乏宪法的直接指导,不利于循环经济的健康发展。

2.《循环经济促进法》的缺陷

《循环经济促进法》的出台与实施为我国循环经济法制建设起到了促进与完善的作用。但是由于时代的进步或当时认识的局限性等种种原因,我国《循环经济促进法》并非完美无缺、毫无瑕疵,也有其自身固有的缺陷。这些缺陷主要表现在以下几点：

（1）存在人类中心主义倾向。长久以来，人类中心主义的思想在西方哲学史乃至于整个世界都占有重要的位置，产生了深远的影响。近代关于人类中心主义的思想主要表现在两个方面：一方面，把人从自然中分离出来，采用主客二分的思维方式。人与自然是以"主人—奴隶""征服—被征服"的关系存在的。另一方面是以自我为价值中心、利己主义的价值观。一切认知和实践都是以人类自身利益为出发点和归宿，认为自身利益高于一切，为了利益可以无条件无限制的征服和改造自然。自然只是为了人类需求而存在，其本身毫无价值可言。由此我们不难看出，这是一种极为不科学和不可持续的思想理念，它给人类及自然带来的直接的消极后果就是自然环境长期被忽视，出现"自然异化"现象，进而导致生态危机。

我国循环经济法制发展较晚，其各项规定和内容还在发展和完善过程中，仍然存在着难以走出人类中心主义的思想倾向。如《循环经济促进法》第一条规定，"为了促进循环经济发展，提高资源利用率，保护和改善环境，实现可持续发展，制定本法。"由此我们可以分析，从表面上看，这样的规定是为了"保护和改善环境"，但是不难看出，其实际的根本目的在于人类经济的持续发展，更加注重的是以提高资源利用率达到经济发展优先原则。其出发点和字里行间表达的都是自然环境对于人类经济发展的肯定价值，而未从自然环境本身的价值出发，这显然是渗透着人类中心主义的影响。因此，以功利和利己思想为特点的人类中心主义对于循环经济法制发展的缺陷是显而易见的，它对人与自然关系的理念和方式都是不符合自然本质和其自身规律的。同时，这也是我国循环经济法制发展过程中的一个根本性问题，是造成法制建设效果不理想的重要原因。因此，我们必须从理念上克服并走出人类中心主义的思想。

（2）过分强调了行政管理作用，行政色彩过于浓厚。在该法中的第二章为基本管理制度，凸显了其强烈的行政色彩。美国组织行为学学者史蒂芬·罗宾斯将管理（Management）定义为："同别人一起，或通过别人使活动完成的更有效的行为。而管理者发挥的职能或从事的主要活动包括计划、组织、领导和控制。"由管理定义的实质我们可以看出，管理涉及上下级关系，是上级对下级的指导命令以及下级对上级的无条件服从。行政管理（Administration Management）是运用国家权力对社会事务的一种管理活动。行政管理一切活动均与国家权力相联系，以国家权力为基础。并且在执行中能动的参与和影响了国家立法和政治决策。这种管理方式通常可以通过计划、组织、指挥、控制等手段实现国家预定政策的最优化实施。但是，法律讲求的是平等，即政府、企业、个人等主体在法律面前的行为应当具有公平性和一致性，任何一方主体的行为违反法律规定都必须对其后果负责。而"管理"一词的介入淡化了该法的平等性。此外，过多的行政管理还容易造成企业和个人主体的参与度降低，抑制了他们的能动作用和积极性。

（3）过于抽象、原则。我国大多数法律规范都存在着具体规定过于原则和抽象的问题，《循环经济促进法》也不例外。例如该法第十六条第三款规定，"重点用水单位的监督管理办法，由国务院循环经济发展综合管理部门会同国务院有关部门规定。"但是，"国务院循环经济发展综合管理部门"并未"会同国务院有关部门"制定相关办法，造成该款的落实成为不可能。一直到2016年，水利部才发布了《水利部关于加强重点监控用水单位监督管理工作的通知》。但通知过于简单，实际操作较为困难。类似的规定还有该法中第十七条的内容。①

3. 相关配套立法及地方立法明显不足

（1）循环经济配套法规不足、体系不完整。循环经济法应当是由若干单行法组成的完整的体系，仅靠一部法律或者单一方面的法律是远远不够的。根据较早发展循环经济的德、日等国的经验，在一部基本法或者上位法下设立多部与之配套的专门性法律是有利于循环经济法律体系构建和发展的。而就我国现在的循环经济法律体系的构成来看，一些领域的配套立法仍然是空白，使得循环经济在该领域无法可依的现象仍有存在。另外，现有的法规之间"缺乏统一系统的规划和内在的一致性，相关辅助性强制规定也不配套"。②

（2）技术、评价指标、信息化网络等支撑体系较为薄弱。我国由于经济

---

① 《中华人民共和国循环经济促进法》第17条规定："国家建立健全循环经济统计制度，加强资源消耗、综合利用和废物产生的统计管理，并将主要统计指标定期向社会公布。国务院标准化主管部门会同国务院循环经济发展综合管理和生态环境等有关主管部门建立健全循环经济标准体系，制定和完善节能、节水、节材和废物再利用、资源化等标准。国家建立健全能源效率标识等产品资源消耗标识制度。"

② 李玉基：《论构建我国循环经济法制体系》，《法学杂志》，2011年第4期。

发展水平、人口众多等因素的限制，关于发展循环经济的技术支撑水平还相
对比较落后。而《循环经济促进法》提出发展循环经济的基本前提就是科学
技术水平的进步。因此，技术水平的滞后对我国循环经济的进一步发展形成
了制约。另外，循环经济评价指标的不完善、统计核算体系的不健全也对我
国循环经济的有效实施和发展造成了困难。除此之外，信息化网络管理技术
也有待完善。"技术信息系统、废弃物数据库等基础资料的管理信息系统还
未建立，企业之间、行业之间及区域之间缺少信息的交流与合作。"①

（3）循环经济地方立法也存在一定的缺失。我国东西部经济水平和自然
环境的差异较大，各个区域或地方全面执行某法律，或许有一定的难度。所
以，循环经济地方立法显得尤为重要。各地因地制宜，制定出符合本地经济
发展、企业运营的循环经济法规，是有效的避免中央立法大而笼统带来的实
施不利的重要手段。但是，无论是从数量还是质量上来说，我国循环经济的
地方立法都还存在着明显的不足和缺陷。从数量上来说，我国还有部分省市
没有制定地方性循环经济法规；从质量角度分析，部分地方立法由于调查分
析片面、立法技术有限等各种因素，使得制定出来的法规并未很好地结合本
地实际，更有甚者只是将国家立法稍作修改、冠以地方之名，缺乏地方特色。

4. 对公民个人参与度与责任的忽略

社会、企业、个人三方对于循环经济法律制度的建立和发展是缺一不可
的。对三方均予以约束，能够更加有效地实现社会资源的循环及合理有效的
利用。但是从目前我国循环经济法律制度中无论是对公众参与还是对公民个
体责任的规定来看，都还存在着严重的不足。首先，就公众参与程度低来说，
这其中包含多方面的原因，如政府宣传力度不够、个人意识薄弱、缺乏相应
的认识等。其次，就个体责任分析，我国现在并没有将有关公民个体在循环
经济发展过程中的职责和义务列入其中。

纵观国外立法，循环经济发展较早且较为完善的国家对公民的责任和义
务都是有严格规定的。如日本大阪的地方立法，从三个方面明确规定了公民
的义务和责任。首先，引导公民正确购物，尽量做到环境友好型消费，防止
过量包装，以此减少废弃物的产生。其次，教育市民和单位通过购买干净的

① 孙佑海、丁敏：《循环经济促进法实施一年来的成就、问题和进路》，《环境保护与循环经
济》，2010 年第 2 期。

东西、饭菜适量、不剩不扔等行为，尽可能地减少垃圾。第三，强化重复利用意识，即要求公民和单位除非不得已绝不购买一次性易耗品。同时，对于旧家电、家具、衣服等生活耐用品尽可能地延长其寿命，当个人不再需要或淘汰时可以考虑送给别人，不能随便丢弃。法国循环经济法制对于公民则有更加具体的规定，譬如：每人每年必须回收四公斤电子垃圾。这些规定看起来甚至有些苛刻，但是对于循环经济的发展是有利的——只有当每个公民意识到自己对于循环经济发展的责任和义务，循环经济才能顺利发展。

（四）西北地区循环经济制度之不足——以青海省为例

1. 青海省循环经济地方立法缺失

目前，青海省虽制定了一些与循环经济相关的地方性法规和政策，对青海省循环经济发展和产业结构调整有一定促进作用。但是总体看来，与社会经济发展尚有一定差距，无法满足当下发展需要。加之青海省同时肩负着经济发展和生态保护的重任，需要借助立法政策保障循环经济得到有效全面发展，青海省的循环经济立法更显不足。

青海省现行地方立法中，强调资源综合利用、园区发展、废弃物处理的具体规范居多，针对农牧业、服务业以及绿色消费等领域循环发展的保障措施较少；[①] 对循环经济发展专项资金、项目认定、试验区科技创新等都做出了具体规定，但缺乏统领性的循环经济基本性法规。2016 年，青海省出台了《青海省生态文明建设促进条例》，要求建立促进绿色发展、循环发展、低碳发展的生态文明法规制度。提出要加快循环经济发展，扩大循环经济规模，构建以循环经济为主体的绿色产业体系。但是，该条例并不能作为循环经济基本性法规，规范青海省循环经济总体建设和发展。

2. 青海省循环经济相关机制之不足

2010 年，青海省召开循环经济发展大会，大会提出要建设高原区域性循环经济发展模式的总布局和总要求。2013 年，青海省制定了《青海省建设国家循环经济发展先行区行动方案》（以下简称《行动方案》）。《行动方案》指出，2020 年为青海省循环经济发展的关键之年，届时，青海省循环型发展

---

① 罗朝阳：《青海省发展工业循环经济研究》，西宁：青海人民出版社，2006 年版，第 176－180 页。

方式可以基本实现，工业、农业、服务业等产业间共生耦合取得一定成效，产业间物质流、资金流、产品链紧密结合的循环经济联合体基本建立。

为加快循环经济发展，针对柴达木循环经济试验区，2010年，先后出台了《关于加快推进柴达木循环经济试验区发展的若干意见》（以下简称《意见》），《柴达木循环经济试验区循环经济产业发展指南》。《意见》明确了基本原则和2015年、2020年的目标任务，强调以经济建设为中心，以保护生态为前提，要围绕盐湖资源构建具有青海地方特色的六大产业体系。分别为：以盐湖资源开发为龙头的化工循环产业体系；以盐湖资源综合利用为基础的金属产业体系；以配套盐湖资源开发为主导的油气化工循环产业体系；以特色资源开发为配套的煤炭和铁矿综合利用产业体系；以高原动植物开发利用为主的特色生物产业体系；以新能源产业为主的新兴产业体系。2010年，在《青海省柴达木循环经济试验区总体规划》（以下简称《总体规划》）出台后，为进一步细化《总体规划》，青海省组织编制并实施了《柴达木循环经济试验区主导产业体系规划》，并出台了《青海湖盐湖资源综合开发利用规划》，明确了2015年和2020年循环经济主体发展思路、产业链配套体系以及发展路径。

在循环经济资金管理、项目认定和费用方面，《青海省循环经济发展专项资金管理办法》《青海省增强循环经济试验区科技创新能力的若干政策措施》《青海省循环经济试验区循环经济项目认定管理办法》等一系列政策相继落地。针对不同项目给予不同比例的补助。其中，发展循环经济信息服务和能力建设项目补助最高，为总投资的30%，对污染防治类和节能节水资源综合利用类项目补助较低，为固定资产投资总额的10%。在资金监督管理方面，规定了项目单位有违法行为，由有关负责人应承担行政责任。《办法》主要对项目资金获取形式和使用方式违法，擅自改变建设内容和标准的行为进行监管，缺乏对建设项目节能环保相关行为进行监督管理，应当考虑增加建设项目排放污染物是否达标、资源利用率是否符合标准等情形。

在循环经济评价指标体系建设方面，2019年2月，青海省出台了《青海省循环经济发展评价指标体系分工方案》。该方案提出了十七项指标，分别由各个部门收集、计算、提交。主要包括以下指标：主要资源产出率、主要废弃物循环利用率、能源产出率、农作物秸秆综合利用率、规模以上工业企业重复用水率、城市建筑垃圾资源化处理率、城镇生活垃圾填埋处理量、重点污染物排放量等。但是，评价指标体系缺乏系统性，方案中提出的十七项指标没有根据一定标准划分为具体类别；具体类别可以考虑区分为：资源产出指标、资源消耗指标、资源综合利用率指标、废弃物排放指标等，以提高循环经济评价指标体系的系统性和完整性。

表 1-3　青海省现行有效循环经济规范性文件

时间	规范性文件
2004	关于加快推行清洁生产的意见
2004	关于开展资源节约活动的意见
2006	青海省柴达木循环经济试验区循环经济项目认定管理暂行办法
2006	青海省发展循环经济实施意见
2008	关于加强农村牧区环境保护工作的意见
2010	关于进一步加强地沟油整治和餐厨废弃物管理的实施意见
2010	青海省增强循环经济试验区科技创新能力的若干政策措施
2010	青海省循环经济发展专项资金管理办法
2011	关于加快推进生态畜牧业建设的意见
2012	关于加快推进全省现代农业示范区建设的实施意见
2012	青海省人民政府关于加强环境保护工作的意见
2012	青海省人民政府办公厅关于实行最严格水资源管理制度的意见
2013	青海省人民政府关于进一步加强全省城镇生活垃圾处理工作的意见
2013	青海省建设国家循环经济发展先行区行动方案
2014	关于三江源农牧区清洁工程的实施意见
2015	青海省人民政府办公厅关于加快推行青海省环境污染第三方治理的实施意见
2015	青海省生态文明促进条例
2018	青海省人民政府关于推动各类产业园区改革和创新发展的意见
2019	青海省循环经济发展评价指标体系分工方案

五、国内外循环经济制度之借鉴

（一）国外循环经济制度之借鉴

发达国家在工业化时期的经济高速发展从长远看并不健康，该时期的典型特点有：以市场为主导；忽视工业活动对生态环境的破坏，单纯追求经济增长等。长此以往，环境问题成为各个发达国家社会发展的瓶颈，受制于资源环境，经济不仅无法可持续发展，而且呈现逐渐减缓趋势。自 20 世纪 20

年代，可持续发展理念被世界各国接受后。德国、日本等发达国家相继发展循环经济，建立循环型社会，将其作为实现可持续发展的重要途径和必然要求。

发达国家的循环经济是在可持续发展理念的指引下，后工业化社会经济发展的自然战略转型。目前，循环经济已成为德国、日本、美国等发达国家的主要经济发展趋势，尽管各国立法现状和经济政策各不相同，但是都有明显的成效。

1. 德国循环经济立法

德国具有良好的环保传统和环保意识，早在 20 世纪 70、80 年代，德国的环保理念由单纯保护自然生态环境逐渐发展为经济社会和生态环境和谐发展。[①] 但是尽管如此，德国仍是典型工业化国家，同其他工业发达国家一样，出现了较为严重的环境问题，主要表现在：生物多样性急剧减少，莱茵河中鱼类数量由 200 多种到 70 年代减少为 70 多种；二氧化碳排放量每年达到 770 万吨；垃圾处理不及时，70 年代时 5 万多个垃圾场处于无人管理的状态。德国的循环经济以垃圾处理为典型，又称为"垃圾经济"。二战后，德国经济飞速发展的同时，产生了大量工业和生活废弃物，对废弃物的主要处理办法是填埋式和焚烧式，但废弃物数量逐年上涨，此种处理方式已经无法满足现实需要。在不断改进升级后，德国垃圾处理日臻完善，形成了"避免—再利用—处理"的管理模式，以避免为首要处理方式，尽可能减少垃圾产生。

在"垃圾经济"的基础上，德国形成了建立循环型社会的战略部署。与日本的政府强干预式不同，德国循环经济的发展建立在国家调节下的市场经济，采取了直接干预和间接干预的手段调节市场经济运行中的偏差。并且德国民众和企业都有较强的环保意识，在全社会推动下建立起了德国循环型社会。

德国循环经济立法不仅关注生态环境的保护，同时也强调经济和社会的发展，因为单纯强调环境保护而忽视社会经济发展是不切实际的。对废弃物的处理，德国先后颁布了多部法律加以规制，1972 年颁布了《废弃物处理法》，要求建立焚烧厂处理大量垃圾。1986 年，该法被修改为《废物限制及

---

① 闫敏：《循环经济国际比较研究》，北京：新华出版社，2006 年版，第 104 - 107 页。

废物处理法》，从简单的废弃物的末端处理升级为避免废弃物的产生。1996年通过了《循环经济与废弃物管理法》，并于1998年进行了修订。该法已成为德国循环经济的基本性法律，将物质闭路循环的理念从包装延伸到生产各个环节，建立起了生产者责任延伸制度。① 从1998年到2005年，德国共制定了与循环经济相关的20余部法律法规，形成了以《循环经济与废弃物管理法》为核心，以对废弃物、包装物处理条例和技术指南为主要内容的完整法律法规体系。

德国目前垃圾回收系统较为完备，以德国双元回收系统为典型，《包装以及包装废弃物管理条例》中企业需对产品包装全面负责的规定，促使了德国双元系统公司的成立。该公司是以回收销售包装废弃物为主要工作的非营利性组织，机构运作资金来源于向企业授予绿点标志时收取的注册费用。该系统运行以来，德国包装废弃物数量大大减少，同时激励企业朝着有利于环境保护方向来优化升级产品包装，降低对包装废弃物的处理成本。

2. 日本循环经济立法

日本地域范围狭小，受自然资源的限制，主要工业资源依赖进口，易受外来各种贸易壁垒等冲击。尤其自二战后，日本为在经济上追赶西方资本主义国家，采取了高消耗、高排放、高消费的经济发展方式，导致严重的环境问题，不仅对本土环境造成了严重影响，还成为世界公害大国。20世纪发生的世界八大污染事件，其中水俣病事件、痛痛病事件、四日市废气事件、米糠油事件都发生于日本。为缓解环境危机，日本在20世纪80年代末90年代初展开对循环经济的研究。提出环境立国、循环型社会等战略安排，建立环之国、ECO－TOWN等工程。1994年，相继颁布了《环境及基本计划》《日本21世纪议程行动计划》，提出建立以循环为基调的经济社会体制。1998年，制定了新千年计划，提出将循环经济作为21世纪日本经济社会发展的主要目标。

日本循环经济法的发展建立在政府自上而下的强有力的指导和干预下，政府相关部门对企业管理决策进行干预，在产业政策上扶持循环型产业。在一系列严格规范的法律法规的约束指导下，日本各地方政府也依据地区发展

---

① 黄海峰、徐明等：《德国发展循环经济的经验及其对我国的启示》，《北京工业大学学报》，2005年第2期。

实际情况，制定了相应计划。大多数企业积极采取有效措施，减少废弃物排放。目前，已获得 ISO14001 国际标准化环保认证的企业已有 5000 余家。同时，日本民众也形成了良好的环保意识。

日本注重从立法层面贯彻循环经济战略，目前是发达国家中循环经济法律体系最完备严密的国家。日本循环经济法律体系形成了基本法统领综合法和专项法的法律体系，以资源减量化为主要特征。在 1995 年至 2002 年期间，对容器包装物回收、家电再生利用、建筑材料循环、食品循环、汽车再生、绿色采购等具体领域制定法律加以规范，该系列被称为专项法。2000 年被确定为"循环型社会元年"，出台了《促进建立循环型社会基本法》，该法确立了循环经济的基本原则，即：通过促进物质能量循环，减轻环境负荷，实现社会可持续健康发展。"循环型社会"旨在通过降低产品转化为废物，促进产品适当循环，对于不可转化循环的资源予以绿色处理。该基本法还明确了企业在循环经济中的责任，工业垃圾的处理和再利用均由企业自行负责。综合法包括：《固体废弃物处理和公共清洁法》《资源有效利用法》等。日本循环经济法律体系的形成，标志着日本进入了建立循环型社会，推动循环经济发展的全新阶段。

3. 美国循环经济立法

循环经济的思想萌芽在美国，美国作为世界第一大经济体，其经济发展对全世界可持续发展有重要的影响。在循环经济理论研究上，关键性战略和具有转折性的观点均由美国学者最早提出，主要包括：将环境安全作为美国外交的重要内容；环境治理从末端治理向源头控制转变；管理方式从局部管理到全局管理转变等。

美国在市场经济的大背景下，循环经济主要依托于企业自治，缺少循环经济的基本法律和总体规划，是与我国循环经济发展路径的主要区别。美国在循环经济发展上充分发挥市场的主观能动性，虽然没有全国范围内的循环经济法律法规，但是各州都有立法权，大多数州均制定了循环经济相关立法。其次，美国环境立法中都体现了循环经济的理念。[1] 最能体现循环经济要求的法律为：1976 年出台的《资源保护和回收法》（1980 年修改），明确规定

---

① 孙佑海、张天柱：《循环经济立法框架研究》，北京：中国法制出版社，2008 年版，第 83 页。

了危险物管理制度；1990 年出台的《污染预防法》，规定了政府优先采购环保产品，该法标志着美国对环境污染的处理由末端治理转向源头预防和控制。

联邦政府还鼓励美国企业自行处理产品包装物，并要求制造商、零售商、分销商及消费者都承担产品和废弃物的环境责任。对再生类产品赋予生态标签，通过价格调整引导消费者消费方式向绿色低碳化转变。

（二）国内地方循环经济制度之借鉴

地方经济发展水平和科学技术进步水平，直接影响着循环经济的有效性。在区域循环经济发展中，各地方在资源储量、产业结构、技术开发等方面都有差异，经济发展水平不均衡，导致各地方循环经济发展情况也各不相同。由于历史因素和政策等因素影响，我国各地区经济发展不均衡情况严重。地方性立法最早的是贵州省贵阳市，贵阳市于 2004 年出台《贵阳市建设循环经济生态城市条例》。截至目前，已有 12 个省市制定了循环经济地方性法规，分别为：福建省厦门市、广东省深圳市、辽宁省大连市、陕西省、甘肃省、山西省、广东省、武汉市、江苏省、山东省、河南省鹤壁市、河北省等。

1. 贵州循环经济制度

贵州省在循环经济法制建设上走在了全国前列，在生态建设、项目试点、制度保障等方面进行了有益探索，提出借助循环经济模式建设生态城市，力求在经济效益、社会效益、生态效益共赢的框架内实现可持续发展。

2004 年，贵阳市出台了《贵阳市建设循环经济生态城市条例》，同年，被确定为全国循环经济生态城市首家试点城市。该条例是我国第一部建设循环经济地方性法规，具有重要的历史地位，为贵阳发展循环经济提供了有力的法制保障，对其他地方循环经立法有重要参考价值。2005 年，贵阳市委和市政府确立了建设大贵阳的目标，以发展循环经济为途径，建设生态经济市为目标，提出至 2020 年，初步形成"大贵阳"的雏形，在全省率先实现全面建设小康社会的目标。

2007 年，贵州省政府出台了《贵州省人民政府关于促进循环经济发展的若干意见》，意见明确了贵州省发展循环经济的总体要求、重点任务和主要政策措施。提出建立有利于循环经济加快发展的法规标准体系、政策支持体系、技术创新体系和激励约束机制，实行有利于循环经济发展的经济政策、环保政策、技术政策、环保政策，制定促进循环经济发展的保障措施，全面推进循环经济发展。针对循环经济园区和企业的申报、认定和评估事项，2013年，贵州省出台了《贵州省省级循环经济示范园区（基地）、企业认定暂行办法》，办法中明确了省级循环经济示范园区和企业应具备的条件。循环经济示范园区认定条件以通过横向耦合、纵向延伸、循环链接，实现物料闭路循环为主要条件，循环经济示范企业以废弃物能够有效循环利用，企业具有优秀的生产工艺、技术装备和较高资源利用率为主要参考条件。2016年贵阳市出台《贵阳市市级循环经济发展专项资金管理办法》，以加强贵阳市市级循环经济发展专项资金管理，更好地充分发挥其引导和推进循环经济发展的作用。

2. 山东循环经济制度

山东省始终在积极探索推进循环经济和生态省建设，将发展循环经济作为生态省建设的核心。经过不断的探索和实践，建立了具有山东省地方特色的"点、线、面"循环经济综合试点体系，"点、线、面"可分别对应微观、中观、宏观循环经济实践模式，是一个全方位、循序渐进、相互关联的有机整体，为我国循环经济区域发展提供了新的经济发展模式。

在循环经济法制建设方面，山东省先后出台了《山东省清洁生产促进条例》《山东省餐厨废弃物管理办法》等地方性法规规章，《关于建立促进资源节约和循环利用制度体系的工作方案》《山东省园区循环化改造推进工作方案》等相关规范性文件。2016年，出台了《山东省循环经济促进条例》，为山东省建设循环生态城市提供了根本保障。条例提出，发展循环经济应当遵循市场引导、政府推动、单位实施、公众参与的基本原则，建立健全循环经济工作机制和评价指标体系，定期发布循环经济产业发展指导目录和循环经济技术、工艺及设备导向目录，建立了产品过度包装不良记录公开制度，以提高循环经济发展水平。

2017年，山东省编制实施了《山东省循环经济"十三五"发展规划》。《规划》明确，力求从工业、农业、服务业、社会领域全面推进山东省循环经济发展，到2020年，循环型产业体系和循环型社会体系基本形成，循环经济制度体系较为完善，长效发展机制初步建立，循环经济总体发展水平位居全国前列。

六、马克思主义环境思想：循环经济发展机制之指导思想

（一）马克思主义环境思想的主要内容及特点

1. 马克思主义环境思想的概念

面对着人类与自然关系空前紧张、传统经济模式难以为继的现实压力，人类开始意识到传统的高消耗、高排放、重污染的经济发展模式将最终致使人类走向环境破坏、资源枯竭、河流污染的"无绿色坟墓"。继续任由这种传统的"肮脏的生产"方式破坏着我们的自然环境和人类生存环境？还是积极主动地改变生产方式，协调改善人与自然的关系？就在人们不断挣扎与探索的过程中，不少人将目光投向了"将自然观、社会观、历史观、认识论、价值论、辩证法和逻辑学等作为具有紧密联系的有机整体的"马克思主义环境思想。

关于马克思主义环境思想的概念，目前国内外对此仍然说法众多，具有多样性和模糊性。从广义上说，马克思主义环境思想不仅包含了马克思恩格斯的环境思想，也包括了不同民族、不同时期的马克思主义学者在马克思恩格斯环境思想基础上形成的新思想。但由于篇幅所限，此处所指的马克思主义环境思想仅指马克思及恩格斯有关环境思想的论述。众所周知，马克思关于环境思想的论述并没有形成专门的著作，而是散落在其各部著作中。马克思思想形成的过程中，恩格斯为其做出了卓越的贡献。正如我们所知，马克思的很多经典著作，都是由马克思和恩格斯合作完成的。因此，我们在讨论马克思环境思想时，无法将马克思与恩格斯的环境思想分开而论。

马克思恩格斯环境思想，系统而全面地研究了人与自然及人与社会间的环境问题，提出了"不变资本使用上的节约""物质变换和共生""对生产排泄物和消费排泄物的利用"等理念，为当代循环经济发展开创了思想的先河。

2. 马克思主义环境思想的主要内容

（1）人与自然的辩证统一。马克思关于人与自然辩证统一关系的理论是马克思主义环境思想的重要基石。他主要从三个层次分析了人与自然的关系：首先，人类是自然界的一部分、归属于自然界且是自然界长期发展的产物。

马克思说"人直接的是自然存在物"①；"自然界就它本身来说并不是人的身体语言，而是人的无机身体，人是靠自然界生活的。也就是说，自然是人为了不至死亡而必须与之形影不离的身体。自然同自己本身不可分离，因为人是自然界的一部分。"② 恩格斯指出："我们连同我们的肉、血和头脑都是属于自然界，存在于自然界的。"由此可以看出，自然界为人类的生存和发展提供了空气、水、阳光、资源等必不可少的养料作为其物质基础，人依赖于自然而存在。其次，自然界具有客观性和先在性。自然界的客观性和先在性决定了对人类行为和活动的限制性和制约性。马克思认为："作为自然的、有形体的、感性的、对象性的存在物，人和动物一样，是受动的、受制约的和受限制的存在物。"③ 自然界有其自身发展的规律和过程，是不依赖于人的纯客观性过程，并且自身具有一定的稳定性和抵御外界压力的能力。可以承受一定范围内和强度内对其的干扰，并且可以通过自身调节恢复其相对平衡。但是，当外来的干扰和破坏超出了自然本身能够承受的范围，这种平衡就会遭到破坏并且其自身无法调节恢复。最终会更加严重的阻碍人类的生产生活。因此，以自然界的客观性规律作为人类自身发展的前提，不盲目的只看到自身的发展和享受而忽略了自然环境，是马克思人与自然辩证关系的重要观点；再次，人对自然具有能动性和自觉性。人从自然中分化出来作为特殊的存在形式，通过特有的有直接意识的劳动又与自然界紧密相连。"通过实践创造对象世界，即改造无机界，证实了人是有意识的类存在物"④，同时马克思还说："如果动物不断地影响周围的环境，那么这也是无意识发生的，而且对于动物自身来说是偶然事件。但是人离开动物越远，他们对自然界的作用就带有更多经过思考的、计划的、向着一定的和事先知道的目标前进的特征。"⑤ 从马克思等人的这些观点我们可以清楚地认识到人对自然界的劳动具有能动作用。一方面，人是具有理性思维和创造能力的高等动物，屈服于自

① 马克思：《1844年经济学哲学手稿》，北京：人民出版社，1972年版，第120页。
② 马克思：《1844年经济学哲学手稿》，北京：人民出版社，1972年版，第49页。
③ 马克思：《1844年经济学哲学手稿》，北京：人民出版社，1972年版，第120页。
④ 马克思、恩格斯：《马克思恩格斯全集》（第23卷），北京：人民出版社，1982年版，第364页。
⑤ 马克思、恩格斯：《马克思恩格斯全集》（第23卷），北京：人民出版社，1982年版，第347页。

然的程度要远远低于其他生物种类。人类可以通过实践和劳动改造自己居住的环境，创造自身需要的物质和条件；另一方面，人类在生产和发展自身的过程中，在最初萌发的欲望和需求下，还必须形成符合自然客观性的价值体系，在这个价值体系下自觉地选择实践活动的准则和范围。

因此，在马克思人与自然辩证统一的思想下，尊重自然环境、善待自然环境，在确定人类主体定位、发挥人类主体能动性的同时，更要正确认识自然，合理利用和改造自然，将人类利益与自然利益紧密联系，是这一思想的核心要义。

（2）物质变换思想。研究马克思主义环境思想，必须高度重视的就是马克思的物质变换思想。美国学者福斯特认为物质变换思想是贯穿了整个马克思主义的根本观点，也是对马克思主义环境思想全面理解的关键。物质变换，德文中为"Stoffwechsel"，最初用于生物学、医学等领域，本意指生物体内循环新陈代谢的过程。近代德国农业化学家李比希（Justus von Liebig）结合农业化学和生理学给予"物质变换"新的概念。而马克思选择性的借鉴吸收了李比希的思想，将物质变换概念从自然领域拓展到社会领域，创造出与其环境思想紧密相连的新的物质变换概念。

根据马克思物质变换思想的阐述，其主要表现在两个方面：首先，表现在自然界中。在人类不参与的自然界中，物质自身就存在着各种各样的变换。例如无机物自身物质变换的过程：钢铁生锈、木头腐朽、食物变质等。这些物质变换的过程不以人的意志为转移，是自然界的客观规律。而人类要做的就是研究、认识以及尊重这些规律，并适时适度加以利用。如果违背规律，必然导致这种变换关系的紊乱。其次，表现在人与自然界的关系中。人是具备主体能动性的物种，在主体能动性的发挥下，人与自然之间的物质变换主要体现在以人类劳动为中介，进行物质资料生产的过程中。而人类所从事的劳动及行为无时无刻都会受到客观规律的限制和制约，要想达到自身的生产资料和生存资料的满足，就必须不断的认识自然界存在的客观规律，并严格遵守。但同时，人类所进行的劳动还具有创造性，为了能不断满足自身日益增长的需求，会按自身意愿创造性的改变周围的环境，因此导致自然界也存在被动性的一面，但是，人类要想长期从自然界中获取足够的资源和能源，在改变自然的同时必须以尊重自然为前提，处理好人与自然之间的物质变换关系。但令人遗憾的是，现在人类进行物质资料的生产过程中，大多数把这些自然规律抛在了脑后，破坏了人与自然之间物质变换的客观性，同时也破坏了自然界。而从理性的分析，为了人类自身长远的发展，必须深刻认识并严格遵循客观的物质变换规律。但同时，要认识这个规律，又必须通过劳动，因为只有通过在劳动过程中的体会与摸索，人类才能对其规律达到慢慢了解、逐渐掌握的状态，也只有这样人类才能在物质资料的生产过程中进行合理的调节和有效的控制，进而合理的调节物质变换过程。

（3）环境伦理思想。提到伦理概念，大多数人可能随之想到的是与之相近的法律、习俗、习惯等概念。一般我们所说的习俗是指"为维系共同体的存在自发产生的由共同体成员无意识的共同具有的习惯"，而法律和伦理就是被规范化了的习惯。但不同的是，伦理侧重的是靠自身的道德意识进行约束，而法律则是制度化并且强制执行的习惯。所以，一般提到伦理概念，我们是从维系共同体存在的习惯和对自身行为进行自律规范这两方面考虑的。但是，马克思主义环境思想中提出的环境伦理并不是单纯从这两方面入手的，而是指人与自然环境发生关系时的一种新伦理学，即当人类活动危害到自然环境并带来破坏时，从伦理方面给予保护环境的理论根据。

马克思环境伦理思想主要是以人的自然本质与自然界人的本质相统一为原则。马克思很久以前就提出了"人是类存在物"的重要命题，从而进一步揭示了人与自然物之间原生的共同存在即同一性的现实。自然界的生命体（无论是人或是其他生物）都是靠无机界生存，且从生命本质的角度看，自然界是人"表现和确证他的本质力量所不可缺少的、重要的对象"。因此，从这一层面上说，人对自然界的发展也具有重要的意义。除此之外，人与自然和谐发展是环境伦理思想的价值取向。从扩展的"价值"与"权利"概念的尝试角度认为，动物以及所有生命体都有其"固有价值"和"权利"。因此，在这一共同体中人的福利与自然万物的福利皆应得到满足；人与自然皆为发展的平等体；人与自然皆应获得平等发展、同时发展、多样性发展；人与自然万物皆具有独立存在的价值和权利。这些是人与自然共同体平等及演进的基本条件。总体来说，马克思的环境伦理思想肯定了人的自然本质和自然中人的本质的相统一性，肯定了人对自然的正面意义以及自然对人生存和发展的作用，同时还承认了自然界本身的价值和发展的权利。根据这些理论我们可以认识到：人类要想实现自然界的人道主义，必须以人的自然主义为前提，只有做到人类尊重自然规律，对自然界做到"物道"，自然界才会还以人类"人道"。因此，人类唯有按照环境伦理标准严格控制自己的行为和发展途径，确实将人的福利和自然界的福利、人的发展和自然界的发展相联系，才能最终实现人与自然的平等、相互促进、协同的发展模式。

（4）废物再利用思想。马克思在当时关于废物再利用的思想已经达到了比较先进的水平，他认识到了废弃物的治理不仅仅是要事后处理，更重要的在于源头预防以及过程中的循环利用。关于反复利用的思想，马克思说："所谓的废料，几乎在每一种产业中都起着重要的作用。"我们常说的"只有放错位置的资源，没有真正的废物"以及"变废物为宝贝"也正是体现了这一思想。这种过程性手段我们称之为"再利用（Reuse）"原则，其目的在于尽可能地延长产品使用周期，多次、重复、多种方式的利用，防止产品过早成为废弃物。根据马克思的分析论述，我们指的生产排泄物，即一个部门的生产废料在转化为同类产业部门或另一类产业部门新的生产原料；这是一个过程，通过这个过程，这些所谓的废弃物就能重新循环。

在马克思看来，生产或生活的排泄物在客观技术及主观意识等条件的作用下，是可以更高效的实现资源化的。这一思想在我们当下的生产和消费领域中也得到了很好的验证：在生产领域，尽可能采取同一产品类型的不同生产者均统一零部件的标准尺寸进行设计、生产。使产品在更新换代或损坏时，只需更换零部件，而不必更换整个产品的方式。在生活中，人们将产品废弃之前，应该想一想该产品对家中其他产品、单位、他人是否还有利用价值。这样不仅能使物资得到循环利用，还能有效减少各方开支，由此真正实现全过程中的循环与节约。除此之外，关于资源再循环，马克思也有自己的观点。马克思说："循环的性质中包含着这样的情况：每一点同时表现为起点和终点，并且只有它表现为终点的时候，才能表现为起点。"[1] 这是输出端废弃物再循环利用的思想理念。他举例道："化学工业提供了废物利用最显著的例子，它不仅发现新的方法来利用本工业的废料，而且还利用其他工业的各种各样的废料，例如，把以前几乎毫无用处的煤焦油，变为苯胺染料，茜红染料（也称茜素），近来甚至把它变为药品。"[2] 根据马克思的分析我们可以看

---

[1]　马克思、恩格斯：《马克思恩格斯全集》（第47卷），北京：人民出版社，1995年版，第152页。

[2]　马克思：《资本论》（第3卷），北京：人民出版社，1976年版，第117页。

出现代循环经济制度中"再循环（Reuse）"原则的先声，即人们将已经放弃的物品，通过加工使其转变为再生资源再次进入生产和流通领域进行利用，最大限度地减少废弃物的排放量。要实现这一原则，科学技术的作用就变得尤为重要。只有当技术水平发展到一定程度时，才能将原来不能分解或合成的资源通过技术手段再次创造其价值，实现更多材料或废弃物的再次利用。马克思所说："机器的改良，使那些在原有形式上本来不能利用的物质，获得一种在新的生产中可以利用的形式"①，也印证了这一思想。现代生产中，在这一理念的指导下，不仅控制和减少了新资源的开采和使用量，同时还能减少废弃物的处理量和末端处理给经济带来的附加成本及给环境带来的压力。但与此同时，由于认知或技术水平等主观条件及物质性等客观条件的限制，人类必须明白在循环利用废料的范围和数量程度上都是有限制性的。例如我们一般讲的原级再循环和次级再循环的不同程度。原级再循环即将废弃物经过加工处理转变为再生资源用于同类产品的生产。如废弃报纸和易拉罐的回收利用，这种循环方式可以减少 20% ~ 90% 的原生材料的使用量；而将退出使用领域的物品经过加工处理转变为再生资源用于与原产品不同的其他产品的生产的次级再循环对原生材料的使用量的减少最高只可达到 25%。通过提高技术水平从而提高资源利用率是我们努力的途径，但切莫为达目的而违反客观规律。正如蔡守秋先生所言："在废弃物的再循环过程中存在一些现有科学技术还无法确定的危险性。因此，废弃物的再生利用应该运用现有科技做安全性评估，不能只顾经济利益和眼前利益。"②

3. 马克思主义环境思想的特点

马克思主义环境思想是对当时整个经济和社会发展规律的概括和研究，具有很强的实践性和十分鲜明的特点。

首先，马克思主义环境思想坚持自然界的客观性和优先性原则。马克思一直秉持物质第一性、意识第二性的唯物主义观点。在这一观点下，就环境与人的关系问题上，马克思认为，人对自然的能动性再大，也要承认自然的客观性、接受自然的约束，这体现了马克思唯物史观的基本思想。费尔巴哈是这一思想

---

① 马克思：《资本论》（第3卷），北京：人民出版社，1976年版，第118页。
② 蔡守秋等：《循环经济立法研究——模式选择与范围限制》，《中国人口·资源与环境》，2004年第6期。

的杰出代表。他在批判宗教思想时还原了自然界和人的本质，让自然界的作用取代了虚无缥缈的上帝的作用，他认为唯心主义从精神推出自然的错误认识是荒谬可笑的，就像"用语言呼风唤雨"①，同时费尔巴哈还指出"一切科学必须以自然为基础"，并十分重视以自然为研究对象的自然科学对于人类认识和改造世界的作用。但是，由于各方面因素的限制，费尔巴哈没有将人与自然的关系建立在实践基础上。因此，也没有从本质上解决人与自然的和谐统一问题。马克思恩格斯认为，从自然环境的第一性出发，就自然的先在性和人类的能动性而言，"任何历史记载都应当从这些自然基础以及他们在历史进程中由于人们的活动而发生的变更出发"②，这是一种相互作用。人的能动性是第二性的存在，无论能动性多大，都应建立在尊重自然界和善待自然界的基础上进行。马克思这一思想特点既充分体现了辩证唯物主义的思想，又体现了历史唯物主义的思想。

其次，马克思主义环境思想体现了人与环境相互依赖相互作用的辩证思想。正如马克思所说："人创造环境，同样，环境也创造人。"③ 早期的一些旧唯物主义者，如法国唯物主义者，他们认识到：人以及人的理性思想是自然环境的客观产物。这种观念在一定程度上体现了历史唯物主义的观点，具有一定的先进性，但是当时由于认知的限制，缺乏辩证思想的融入，导致他们认识到的人与自然的关系是单方面的对立的一种僵硬关系，而未认识到它们之间的辩证统一关系。根据马克思的辩证观和唯物史观的思想，自然界的任何事物从本质上说都是其长期发展的产物，都是其内在的一部分。而人类为了自身发展不断通过劳动和实践改变周围的环境和事物，与自然是既对立又相互依赖的辩证关系。一方面，人类以特有的劳动为中介，通过自身的活动调整和控制人与自然界之间的物质变换，在满足自身需求的同时也为自然做出贡献。这一点是其他生物种类做不到的，正如恩格斯所说："一切动物的一切有计划的行动，都不能在地球上打下自己意志的印记。这一点只有人

---

① 北京大学哲学系外国哲学教研室编译：《十八世纪末—十九世纪初德国哲学》，北京：商务印书馆，1975 年版，第636 页。
② 马克思、恩格斯：《马克思恩格斯选集》（第 1 卷），北京：人民出版社，1995 年版，第81 页。
③ 马克思、恩格斯：《马克思恩格斯选集》（第 1 卷），北京：人民出版社，1995 年版，第92页。

才能做到。"① 另一方面，马克思认为，人的理性再强大、意志再高贵，也不能超越自然界或是以主宰的身份领导自然。奥地利哲学家维特根斯坦曾经说："人的身体乃是世界的一部分……凡是认识到这一点的人都不会要求赋予他的身体或人体一种优越的地位。他会质朴的把人和动物看作类似的或同属的事物。"② 因此，马克思这一辩证的思想特点启迪我们要从整体把握人类的发展与自然规律之间的平衡，将一切人类的实践活动、价值体系都与自然环境联系起来，最终实现人与自然的对立统一、和谐发展。

最后，马克思主义环境思想并不是一个缥缈的、不切实际的纯理论。除了在整体方向和理念的把握外，马克思主义环境思想还有一个突出的特点，就是结合了当时实际的经济发展，以利益为出发点，以科学为动力。马克思在剖析当时出现的诸多环境问题的时候，提出了原料的减量化和废弃物的再利用。但这并不是单纯针对当时的环境问题而提出的，而是通过对资本主义生产过程的观察总结出来的。所以说，马克思主义环境思想具有以经济利益为出发点的特征。除此之外，马克思主义环境思想还有一个显著特征就是注重以科学技术为推动力。马克思在其《资本论》中多次提到科学技术的重要作用。科学技术的进步可以大幅度减少因技术落后而在工业生产过程中对原材料不必要的浪费。同时，科学技术的发展还能促进机器设备的更新，进而提高生产效率，减少资源排放量。因此，马克思认为，科学技术的进步可以推动和提高整个生产过程的改造，减少资源、成本投入，从而推动产业进步和经济发展。

（二）马克思主义环境思想对循环经济发展机制的启示

1. 遵循马克思环境伦理思想

马克思环境伦理思想是马克思主义环境思想中的重要内容，旨在从伦理道德角度规范人类对自然的态度和行为。综合马克思的论述，可以将环境伦理思想概括如下：

（1）"两个尺度"。马克思提出了"人的尺度"与"物的尺度"两个概

---

① 马克思、恩格斯：《马克思恩格斯选集》（第4卷），北京：人民出版社，1995年版，第383页。

② 涂纪亮：《维特根斯坦全集》（第1卷），石家庄：河北教育出版社，2003年版，第168页。

念。以人类利益为出发点进行选择的活动称为"人的尺度"；以自然规律及其他物种为角度进行的行为活动称为"物的尺度"。马克思在环境伦理思想中承认人对自然利用的必要性，但同时也强调和肯定了其他物种生存的权利。世间所有物种都有其自身固有的内在价值，也就是存在和发展的必然性。对于自然和万物本身固有的价值，我们应立足于多重角度和不同维度中对其进行客观评价。长期以来，人类判断自然和万物的价值时，都是从"利我"的角度出发判断其利益价值和工具价值，而很少从自然与万物本质出发认识其本身固有的内在价值。马克思在他的各部著作中对自然及各物种内在价值的肯定主要体现在以下几个方面：首先，他肯定了自然界是人类的"无机身体"和"生存的基础"；其次，马克思认为，自然界不仅是构成商品使用价值的"场所"，更是一切人类劳动进行的物质基础。如果没有自然界，人类的一切劳动都会不复存在；最后，人类的生产和生活不仅仅是社会生产力作用的结果，这其中还包含了自然生产力的效用。重视自然生产力是建立和谐生产方式的重要前提。由此可见马克思对自然及万物内在价值的肯定与重视。但是在很多时候，在人类的主观能动性的作用下，为了能够更好地实现自身的生存和发展，不得不改变周围环境或者侵害甚至损害其他物种的权益安全和生命安全。有人认为，这是人利用自然"本能"的境界。作为自然界主体的人类，利用一切有利资源以谋求自身的生存和进步、努力创造人类文明的确无可厚非，但是这也绝不意味着可以没有道德限制、为所欲为。马克思说"不以伟大的自然规律为前提的人类计划，只会带来灾难"①，依照自然及万物的内在价值及规律进行有序的生产和发展，是实现"人的尺度"和"物的尺度"和谐统一的表现，否则，不仅无法实现人类利益，还会带来人类与自然的双重异化与毁灭。

（2）"两个和解"。马克思关于环境伦理思想中"两个和解"内容的阐释，即指人与自然之间以及人与人之间关系的和谐与联合。在马克思和恩格斯看来，人与自然关系的异化及矛盾的激发根源在于人与人之间的冲突和关系的狭隘。就马克思当时所处的资本主义生产关系来说，资本所有者们占有多数生产资料和社会财富，他们雇佣劳动力为自己创造剩余价值。在这一关

---

① 马克思、恩格斯：《马克思恩格斯全集》（第 31 卷），北京：人民出版社，1972 年版，第 251 页。

系中，不同的资本所有者在对待各个雇佣劳工时具有相同的利益，但对他们自身分析，却又分属于不同的利益集团。在各自利益的驱动下，不择手段的竞争"有限土地资源"和环境资源成为一种常态，也因此加剧了人类对自然环境的破坏，最终形成人与自然的矛盾。反过来讲，人与自然之间的矛盾与冲突又会反向形成人与人之间关系的分离和破坏。因此，马克思认为，人与自然关系的矛盾和人与人关系的矛盾互为因果、是作用与反作用的关系。由此可见，要想彻底解决人与自然之间的矛盾就必须从人与人之间的关系与矛盾入手，人与自然关系的和解依赖于人与人关系的和解。对此，马克思认为变革社会生产关系、努力建立人与人之间平等、友好互助、博爱的关系是实现两个和解的根本途径，也是人类利用自然应有的伦理道德尺度。

2. 重视人与自然的辩证关系

一种理论满足当时时代需求的程度，取决于这个理论对即时问题的解决性。马克思关于人与自然辩证统一的思想虽然没有形成在工业文明与自然矛盾日渐尖锐的今天，其思想也许并不完全适用于当下的情况，但其思想在很大程度已经超越了时代的局限。重新审视并重视马克思的人与自然的辩证思想，对于我国走可持续发展道路、健全循环经济制度都有着极为重要的启示和作用。

马克思认为，只有当社会中每个个体成员可以得到自由且全面的发展时才可以说这是人类的全面发展。同时，他还在人与自然辩证关系中强调了人与自然的协调发展，这为人的全面发展提供了物质基础和重要保障。马克思指出"任何历史记载都应该从这些自然基础和他们历史进程中由于人们的活动而发展的变更出发"，换句话说，人类是否能与自然和谐相处会直接影响自身的生存和发展趋势：既可以呈现推动作用，也可以形成阻碍作用。具体来说，当人类愿意与自然和谐相处，自觉以自然的客观规律作为自身活动准则、尊重自然、爱护自然时，自然便会"以诚相待"，提供适合人类生存和发展的"人化自然"条件；相反，当人类总以自我为中心，奴役自然、漠视自然、甚至蓄意破坏时，所带来的结果只能是生态结构严重失衡而引起的自然界对人类无情的报复。因此，只有在人类深刻认识到人与自然的辩证关系并能做到和谐相处的前提下，人的全面发展才有可能实现。另外，在阐述这一点时，马克思并没有从单一角度分析，他结合了人对自然的关系和人与社会及人与人的多个方面的关系，并以此为出发点进行研究和考察。人类的生存和发展离不开自然环境和社会人文环境，自然界和社会环境的相互作用，构成了人类生存和发展必不可少的物质基础。同时，如果人与人之间不以一定的方式结合起来互相扶持互相关心，就无法与自然界发生平等的交换关系，更无法开展具有人类意义的生产活动。因此，从马克思所论述的人与自然的辩证关系来看，离开上述观点空洞的谈人类的全面发展是没有任何意义的。只有利用人们先进的意识和共同创造的科学技术来发展循环经济、建设良好的自然环境、保持生态平衡，才是促进我国社会全面发展的基础和保证。

我国正处在快速发展时期，在这个过程中，要想不让客观自然环境成为发展的制约因素，使经济、社会、环境之间协调发展，就必须尊重自然规律，按自然规律办事。长期以来，社会各阶层普遍对发展的认识存在严重偏差，认为单纯的经济增长就是发展，以至于出现了片面追求经济增长率的严重问题。改革开放以来，我国国民经济持续高速增长，人民生活水平也在不断提高，各方面取得了巨大的成就。这些进步和发展可以说是世界奇迹。但同时，在经济高速发展的过程中也出现了诸多突出问题，过去，我们更多的做法是过分重视经济发展而忽略这些问题。哲学中讲"量变引起质变"，这些问题从程度分析可能还处于量的积累阶段，但是，一旦达到某种程度，必将引起质的变化，以一定的形式爆发出来。这些年我们亲眼看到国内频频发生的自然灾害，这些表面看是天灾，但其后确有很多人为因素，特别是掠夺式的资源开发力度和传统粗放型经济发展模式超出了自然环境自身的承载能力，使得空气、土壤和水等环境要素受到严重破坏，生态系统各方面功能也遭到不可逆转的退化与破坏，资源支撑力明显下降。近几年来，虽然政府开始逐渐重视对生态环境的建设，特别是从改革开放到现阶段，先后启动了退耕还林、退田还湖、植树造林、水土保持和防沙治沙等工程建设，并且取得了一定的成就。但是，总体来看，自然环境恶化的局面并没有得到根本性的转变，自然灾害事件仍然在不断上演，自然环境问题面临更加复杂的局面。在此背景下，从马克思主义环境思想中人与自然辩证关系的认识和启示出发，整个人类社会的发展在考虑经济增长的同时，应当注重考虑人与自然的和谐以及环境效益的提高。如果片面的将环境牺牲作为经济增长的代价，技术的进步不考虑其过多的负面效应，最终会使我们所取得的成就被环境代价所抵消。近几年来，我国在经济建设方面取得了巨大成就，与此同时也逐渐开始对环境建设给予重视。我国是发展中国家，循环经济及其法制建设开始较晚，这种情况下我们可以依据发达国家的前车之鉴，吸取发达工业国家在工业化进程中因破坏环境而付出沉痛代价的经验教训。提早认识到这种行为在暂时得到经济利益之后却不得不花费巨资对环境污染进行治理的严重后果。对于我国来说，不能等经济发展了，环境污染了之后再进行治理。而是要将环境保护与循环经济理念渗入到各项工作中，走出一条经济发展、环境保护、社会效益相结合、共和谐的具有中国特色的道路。

（三）遵循马克思主义环境思想，改进循环经济发展机制

1. 以马克思环境伦理思想为指导，完善相关法律规范

如前所述，马克思环境伦理思想是其环境思想中的重要内容，旨在从伦理道德角度规范人类对自然的态度和行为。但是，正如我们所知，道德伦理的约束与法律的约束无论是从背景还是效力来说都是有明显区别的，主要表现在：首先，产生的社会条件不同。道德与人类社会的形成同步，法律是私有制、阶级和国家出现后才有的。第二，表现形式不同。法律不论是成文法还是判例法都以文字形式表现出来，道德的内容主要存在于人们的道德意识中，表现在人们的言行上。第三，体系结构不同。法律是国家意志的统一体现，有严密的逻辑体系和效力。但道德不具有法律那样的严谨的结构体系。第四，推行的力量不同。法律主要靠国家强制力来推行；道德则主要靠人们内心的道德信念和修养来维护。第五，制裁的方式不同。对于违反法律的行为后果是有明确规定的，是一种"硬约束"；不道德行为的后果，是自我谴责和舆论压力，是一种"软约束"。由此可知，要想彻底的、高效的将循环经济理念运用于我国的经济和社会发展，仅仅依靠伦理道德的约束是不够的。而应以马克思环境伦理思想中"两个尺度"和"两个和解"作为基础与指导，制定、完善与循环经济相关的各项法律法规。

（1）完善宪法中循环经济的相关规定。健全循环经济制度是对马克思主义环境思想的深化与夯实，是我国绿色发展和生态文明建设的重要举措，也是建设资源节约型社会和环境友好型社会的必经之路，更是从根本上打破发展中的资源瓶颈和缓解资源压力、维护人与自然和谐稳定的重要保证。为了更好地保障和体现发展循环经济在国家经济运行中的重要战略地位，越来越多的学者认为在我国宪法中应该明确提出对发展循环经济的详细法律规则。

一则是为了着重体现国家经济转型的策略及方向；二则是为了给予我国循环经济及循环经济制度更好的指导与保障。

（2）完善《循环经济促进法》。从循环经济概念进入我们的视野，到国家开始尝试实践循环经济，再到《循环经济促进法》的颁布与实施，我国总共经历了不到十年的时间。《循环经济促进法》的颁布与实施，标志着我国循环经济制度的初步形成。但是，正如前文所述，我国循环经济制度由于起步较晚且缺乏成熟的理念和经验的指导，还存在着许多缺陷。我们应该对这些缺陷进行研究、补充与完善，使之在循环经济的发展中和环境问题的解决中发挥更大的作用。具体分析：例如，摒弃将行政色彩带入法律规定中。这里并不是说完全否定行政手段在法律中的意义，在循环经济法律制度中有一些内容需要用行政手段进行调整，但这绝不意味着将法律定位于行政管理，这两者之间是截然不同的。必要的行政手段是法律在处理问题时的方式，而将法律定义为行政管理则是对它的定性，定性会直接导致手段的差异。同时，完善法律制度体系，细化相关制度也非常重要。一个完备的法律体系应有一套相互衔接、相互呼应、相互补充的法律规范。所有的法律必须同宪法一致，不同法律间也要协调一致，不能相互矛盾或抵触。此外，循环经济法律制度应该细化及渗入至市场经济活动的每一个领域和每一个部门中，使细则与总体规划共同筑成一个完整有序、平衡协调的体系。

（3）完善相关配套法律法规。我们知道，要想全方位切实稳固的发展循环经济模式，单纯依靠宪法或《循环经济促进法》是远远不够的，加强配套立法也是落实基本立法中各项规定及制度的重要措施。例如，我们首先要加强资源的节约和循环使用，具体到节约用水、用地以及绿色农业和维护生物多样性等方方面面，那么，就要依据实际情况出台相应领域内的具体法规。此外，资源的物权化也与循环经济有着高度的契合。即在尊重自然资源的自然属性和经济规律的基础上，通过国内立法赋予自然资源的所有人或使用人享受其利益并排除他人干涉的特定民事权利。物权不论对于个人、家庭、还是社会团体及单位甚至整个国家，都是基础性的权利。其他法律上的权利，会直接或间接的受其影响。坚持和完善《物权法》，确认产权、平等保护产权，对维护国家基本经济制度，维护市场经济秩序、促进物尽其用均有重大的意义和作用。另外，由于我国幅员辽阔、人口众多，各地发展条件和水平都不均衡，所以各地根据《循环经济促进法》的根本原则制定相应的细则是十分必要的。这样，对于国家循环经济立法的空白区域进行有效填补，也能为国家循环经济立法的完善提供有益的经验。但是，这种地方性立法在结合本区域特点和实际情况外，还必须建立在国家立法框架内，不能与国家其他法律政策相矛盾。

2. 以人与自然辩证关系为基础，更新社会发展机制

马克思主义环境思想中关于人与自然的辩证关系集中反映在人与自然的能动作用中。首先，自然界先于人类而客观存在，且是人类物质实践活动的基础和场所。其次，人与自然不可分离、互相作用。最后，也是最重要的一点，马克思认为，人类会通过对象的需求性来表现自身的本质。即人需要由人构成的社会，以此来确认自身的社会本质或社会性。同样，人类也需要自然作为他所需要的对象，由此确认自身的自然本质或自然性。因此，根据马克思恩格斯人与自然的辩证关系理论，考虑到人类自然性同社会性并存的特点，尊重自然、爱护自然，并以此为基础制定和变更社会发展机制，对我国发展循环经济、最终实现自然与社会发展的和谐统一有着重要意义。具体措施如下：

（1）推动经济的转型与升级。经济转型又可称为经济接轨，是指一种经济运行状态向另一种经济运行状态的动态转变，即资源配置和经济发展方式的转变。自改革开放以来，我国经济进入快速发展时期。同时，以资源的高投入、高消耗为途径；以高速度、高享受为目的的"资源—产品—废弃物"单向线性发展模式逐渐占领主导地位。但是，这种模式完全没有根据马克思恩格斯人与自然辩证关系的思想考虑到经济发展与自然的和谐性，也因此付出了沉重的代价。现在，我国面临着诸多环境问题：土地荒漠化、自然资源匮乏、物种锐减、河流污染以及现在备受争议的城市雾霾等。因此，我们首先要改变的就是产业结构，彻底地将这种单向线性发展模式转变为"资源—产品—再生资源—再生产品"的闭路循环发展模式。

由于资源的不可再生性决定了以大量资源为基础的经济发展必将使国家、城市及企业走向"兴起—稳定—衰退"的周期性过程，其社会效益、经济效益和环境效益都不可避免的呈现出递减趋势，随着资源的枯竭而逐渐消亡，最终影响社会的和谐与稳定。因此，推动经济的转型与升级是我国解决这些问题的唯一出路。从国际经验看，不论是发达国家还是新型工业化国家，无

一不是在经济转型与升级中实现持续快速发展的。而笔者认为，我国进行经济转型的根本就是要从大方向上推动产业转型与升级，从小方向上推动企业结构的调整。

如上所述，资源的不可再生性决定了资源型产业的不可持久性。因此，创新发展新兴产业就具有异常重要的作用。根据各个产业的特点及优劣势，通过合理布局，培育新的增长点，创造新的市场需求。当然，在这个过程中政府的大力扶持和政策倾向也是必不可少的因素。同时值得注意的是：产业的调整和升级又是一个不断演进的过程，因此要注重决策、因地制宜、因时制宜。其次，推动企业结构的调整在经济转型与升级中扮演着同样重要的角色。目前我国企业结构的总体状况是：规模小、布局散、产品质量差、技术含量低。基于这些特点，我国企业的调整重点应放在产品结构和企业组织结构的调整优化方面。提高产品的附加值和科技含量、根据不同行业的特点，形成科学合理的企业组织结构。

（2）完善绿色 GDP 核算机制。GDP（Gross Domestic Product），即国内生产总值，是指在一定时期内（一个季度或一年），一个国家或地区的经济活动中所生产出的全部最终产品和劳务的价值。自西方经济学者凯恩斯提出这个概念后，这种计量方式常被公认为是测量和监控国家经济状况的最佳指标，并被采用了很多年。但随着工业化社会进程的加速和生产、消费结构的转变，传统 GDP 核算制度开始逐渐暴露出其自身的局限性和缺陷：首先，无法反应经济增长量与自然资源耗损量之间的关系。传统 GDP 是以市场交易的货币总价值作为测量的主要依据，而没有通过市场交易或参与劳动成本的事物则不被计入。自然环境及资源作为天然物，没有明确的作为商品参与劳动和交易过程，所以不会被核算在内。但众所周知，作为社会发展和经济增长的原动力，自然资源存在其固有价值，并且随着现代生产过程中对资源的随意消耗，很多能源资源已经出现严重短缺现象，威胁与制约了人类社会的进一步发展。因此将资源的损耗作为无偿行为是不科学的。其次，没有反映经济增长对自然环境的破坏程度。人类所进行的任何经济活动都是作为自然界主体的人类以劳动为中介作用于自然环境这个客体的活动。在这个活动的过程中，人类要进行生产和消费就必然会对自然环境造成一定程度的破坏，进而造成直接或间接的经济损失。而这些损失却没有被纳入传统 GDP 的核算范围内。最后，没有在经济增长总值中扣除自然资源损耗成本和环境治理成本。正如我们所知，为了防止人类活动对环境的破坏，我国每年用于环境治理和资源保护的经济支出并不是一笔小数目。而这笔费用的支出仅仅是一种福利性支出，并不会带来直接的经济效益。因此，不将资源损耗成本和环境治理成本从GDP增长总值中扣除，那么这种经济增长只是一种表面的、虚伪的增长。在此背景下，许多经济学家和社会各界学者开始尝试将自然环境的破坏成本和自然资源的损耗成本纳入GDP核算体系中，形成一种新型核算体制，即绿色GDP制度。绿色GDP又称为绿色国民经济核算体系，指用以衡量各国扣除自然资产损失后新创造的真实国民财富的总量核算指标。绿色GDP最本质的特征是将环境破坏成本和资源消耗成本计入总成本中，并在计算经济增长值时扣除，用公式表示为：绿色GDP = GDP – 环境成本，也有人称之为"真实的GDP"。

绿色GDP核算制度的建立充分体现了马克思恩格斯的环境思想，体现了应该遵循的自然环境与人类发展的协调与统一性，同时也为我国循环经济及制度的推行提供了重要的环境考量依据。如上所述，绿色GDP的核算比较于传统GDP核算的重要更新在于对经济活动进行投入与产出核算的同时，将环境和资源成本因素也纳入其中。以此可以更全面反应自然环境和能源资源对经济发展贡献的比重和效用。绿色GDP的应用是国家在日常经济活动中对经济增长、资源利用和环境保护三者之间的一个综合、全面的指标。指导社会经济发展不光要重视眼前利益，更要侧重于长远利益的导向，绿色GDP是国家衡量经济发展和政府政绩不可或缺的技术性指标。因此，要想使经济增长与环境保护和谐统一，就要加强对绿色GDP制度的创新与研究力量，将环境成本计入总成本中并在核算时扣除，形成衡量循环经济发展的硬性指标。此外，通过对绿色GDP核算制度的完善，可以让相关工作人员更加清晰和全面地把控哪些地区和部门是环境污染和资源消耗的严重地方，以便于在总体衡量的基础上因地制宜地制定环境税收政策、环境补偿政策以及环境保护产业政策等与循环经济发展密切相关的政策法规。总而言之，绿色GDP可以作为衡量一个国家或地区经济发展水平的重要指标，完善绿色GDP核算机制，对我国推动循环经济与法制，实现经济与环境协调发展有着重要作用。

（3）提高公民素质，形成低碳、可持续性消费环境。马克思指出，在近代工业社会里，自然界对人类来说不过是有用物和人类活动的对象。忽视自然界自身的强大力量，而仅仅是服从于人类的需要，成为人类生产活动和消费活动的对象。在这种观念的支配下，自然界变成了隶属于人类的"纯粹的价值客体"，伟大的自然力也被沦为"无偿的生产力"。资本所有者通过对自然环境和资源的野蛮征服与掠夺，推行滥采滥用的无节制消费。马克思指出："在社会的以及由生活的自然规律决定的物质变换过程中造成了一个无法弥补的裂缝，于是就造成了物力的浪费，并且这种浪费通过商业而远及国外。"[①] 因此，在循环经济及其制度的发展过程中，除了需要推进传统经济发展模式的转型与升级，还要注意与之相适应的消费模式及观念的转变。例如，我们现在倡导的低碳消费、适度消费等理念。

我国是一个极度依赖煤炭发展的国家，70%依靠能源发展的产业都是重点依靠煤炭的，再加上现代工业的超速发展和汽车的普及，大气中的二氧化碳气体含量急剧增加。导致气候变暖及雾霾严重等问题。在此背景下，提出了低碳消费的理念，即在经济高速发展的前提下，保持能源消耗和二氧化碳排放处于低水平，并以此作为选择消费的标准。在追求舒适生活的同时，注重环保，节约资源和能源。从这一层面上说，大到国家，小到公民，在消费时都应尽力遵循这一原则，做到低碳消费，这对我国循环经济的发展具有非常重要的作用。其次，适度消费也是伴随着循环经济发展而大力提倡的消费模式。即同经济发展水平与个人收入水平相一致的合理的消费水平。由于改革开放后中国人民的生活水平大幅提升，一时间形成了大量生产、大量消费、大量废弃的恶性循环。将适度消费作为健康的、大力提倡的消费观，有利于减轻资源压力及社会的健康平稳发展。但是，我们这里说的变革消费观念并不意味着少消费甚至不消费，而是要求从深层次上提高消费品的利用率、尽可能地延长使用周期，从而提高对资源和能源的利用效率。此外，随着社会进一步的发展，人们越来越重视精神文化生活。可以在保证基础物质消费的同时，适度倡导和提高精神消费，这样不仅可以提高人们的修养，提高人民幸福感，并且还能较少消耗有限的能源和资源。

除此之外，千方百计提高公民素质，加强公民对环境保护的认知也是一个需要完善的重要措施。我国自古便是一个倡导勤俭节约的民族，但随着工业社会的发展和生活水平的提高，以铺张浪费为特点的消费结构逐渐显露。

---

① 马克思、恩格斯：《马克思恩格斯全集》（第 25 卷），北京：人民出版社，1972 年版，第 95 页。

因此，我们应当借鉴发达国家的相关经验，在公民中大力弘扬和倡导循环型的生活方式，如尽可能地使用节能、节水、节材和有利于保护环境的产品及再生产品，减少废物的产生量和排放量。譬如，养成环保习惯，改变家庭生活中与节能减排不相适应的观念和行为方式；尽量使用公共交通工具、自行车或步行；注意随手关灯，使用高效节能灯泡；使用节水型抽水马桶，安装节水龙头；购买洗衣机、电视机或其他电器时，选择可靠的低耗节能产品；尽量不用一次性制品等等。不管从法律角度还是道德角度，都要自觉地从自己做起，以利于绿色发展。

七、西北地区循环经济制度完善之路径

（一）国家层面循环经济制度之完善

1. 正确处理《循环经济促进法》和其他部门法的关系

在社会主义市场经济条件下，完备的循环经济法律体系无疑是发展循环经济的必然要求。建立起体系完备、实施有效的循环经济法律体系不是一蹴而就的，需要长期的努力。日本循环经济立法经验值得借鉴，日本在长期发展下，形成了围绕基本法，以系列相关法为支撑的循环经济法律体系。

虽然我国已经颁布了《节约能源法》《清洁生产促进法》《循环经济促进法》等相关法规，但从各个循环经济产业来看，循环经济产业在实施上仍存在不足。如缺乏循环经济重点产业的指引，宏观规划过于笼统，不能适应行业快速发展的要求。因此，应构建具有指导性的各区域、产业的具体实施细则，制定相关发展循环经济的专项法规、标准规范及相关制度的法律法规体系，针对废弃物处理、包装物回收等制定专项法律。完善循环经济管理的制度体系，严格界定企业、政府、消费者在循环经济中的权利与义务，以此规范各主体行为。

2. 完善政府绿色采购制度

资源再生回收利用是发展循环经济的必要手段，通过资源再生和回收利用体系，减少产业末端资源的浪费和资源消耗。"变废为宝"使得资源利用率提高，废物排放量减小。而经过循环系统的再生产品则需要广大的市场空间，以激励生产者扩大再生产品的生产规模，有助于企业绿色化转型和产业结构向低碳化调整。

一般情况下，再生产品技术含量较高，导致成本高定价高，理性消费者通常不会在同等质量下购买。因此，政府采购绿色再生产品是发展循环经济的重要宏观调控手段。借助政府绿色采购，一方面，引导消费者消费模式向绿色消费转变，购买对环境污染小和资源消耗小的产品，形成良好的消费模式和消费理念。另一方面，将巨额公共资金注入市场，激励生产商和供应商大规模生产并提供再生环保产品，进一步影响市场再生产品供给和需求情况，对于再生产品产业化规模化有重要推动作用。目前，我国政府绿色采购制度存在结构性、功能性欠缺、缺乏可操作性、法律导向性差、导向性不够等现实问题。①

在这一方面，日本绿色采购制度可以为我国制度建设提供借鉴。日本政府绿色采购法的正式名称为《促进再循环产品采购法》，该法从政府层面积极倡导循环经济，规定了国家和地方行政机关有优先采购绿色产品的义务，为绿色产品提供了大量市场需求。我国可以考虑在已有《政府采购法》和《政府采购法实施条例》的基础上，制定政府绿色采购法，对采购主体、范围、标准作出明确规定，规定产品选择、供应商选择、循环利用等具体环节的行为规范。其次，应当将企业排污情况及产品设计等纳入政府绿色采购考虑范围，要求国家重大建设项目及使用政府资金的采购活动，都应当优先购买绿色环保产品。最后，完善政府绿色采购的法律监督机制，明确政府绿色采购过程中的监督主体和责任承担主体，以保障政府绿色采购有效实施。

3. 建立完善的生产者责任延伸制度

从经济学角度分析循环经济问题，即企业向环境排放未处理的废弃物造成的负外部性未得到有效解决。企业计算产品成本时，没有考虑工业排放污染物对生态环境的负面影响，最终导致成本计算结果比实际成本低。② 如果企业考虑到生态效益，随着产品成本的提高定价随之提高，反而失去了市场竞争力而被淘汰。因此，单靠市场机制无法解决该问题，需要政府干预加以调节；建立完善的生产者责任延伸制度，能够解决循环经济中的负外部性问题。

生产者责任延伸制度，是政府用强制性手段要求生产企业承担治理成本和费用，并建立废弃产品的回收渠道，组织加工、处理、回收利用。我国可

① 柯坚：《我国绿色政府采购法的立法构想》，《四川师范大学学报》，2006 年第 3 期。
② ［美］曼昆：《经济学原理》，北京：北京大学出版社，2015 年版，第 13 页。

以借鉴国外较为成熟的体制，如德国双元回收系统，在国家层面设立特定废弃物管理制度，由环保部门在管理实务中指定特别废弃物，并建立专项回收利用系统，由相关企业加工处理。

在已有《循环经济促进法》《废弃电器电子产品处理目录》《废弃电器电子产品回收处理管理条例》的制度框架内，扩大强制回收名录范围，制定不同类别产品回收处理条例，形成以基本法为指导，多个单项法彼此配合的生产者责任延伸法律制度体系。[①] 其次，各地方可以根据本地实际情况和发展特点，制定废弃物回收处理相关规定，进一步细化生产者责任延伸制度，使生产者责任延伸制度具有较强可操作性。再次，完善生产者责任延伸制度实施的监管机制，从政府监管、行业监管、公众外部监督等多角度入手，以保障生产者责任延伸制度的良好运行。

（二）循环经济的制度性激励机制——物权法视角

1. 物权法：发展循环经济的基础

（1）循环经济的发展需借助于物权的激励功能。2007年3月，在十届全国人大五次会议上，《中华人民共和国物权法》（以下简称为《物权法》）高票获得通过。《物权法》的颁布，是我国法制建设史上最为重大的事件。因为，物权不论是对于单一的个人家庭，还是对于社会团体、企事业单位甚至整个国家，都是基础性的权利，其他法律上的权利，都会直接或者间接地受到这些权利的影响。《物权法》的作用在于通过确认产权和平等保护产权，维护国家基本经济制度，维护市场经济秩序，促进物尽其用。毫无疑问，《物权法》的出台，可以极大地调动自然人和法人的积极性，为国民财富的大量涌流，为国民智慧的大量涌流，提供了坚实的保障。[②]

正是基于物权的激励功能，《物权法》的颁布也为循环经济的发展奠定了坚实的基础。所谓物权的激励功能，实际上是指明晰的物权在社会关系和经济运行中所显示出来的有利的作用，即明晰的物权能提供稳定的预期，对主体产生激发鼓励并进而促使公平的实现和效率的提高。物权关系归根到底

---

① 钟宏昆：《循环经济下的生产者责任延伸法律制度探究》，《湖北警官学院学报》，2013年第8期。

② 孙宪忠：《国民财富大量涌流的坚实保障》，《南方周末》，2007 - 03 - 22。

是一种物质利益关系，任何一个主体有了属于他的物权，不仅意味着他有权做什么，而且界定出他得到了相应的利益，或者有了获取相应利益的稳定的依据或条件。这样，其行为就有利益刺激或激励，激励也就是动力。有效的激励就会充分调动主体的积极性，使其行为的收益或收益预期与其活动的数量和质量相一致。这样，资源的权利人就会自主地选择资源—产品—再生资源的物质流动方式，尽量做到低开采、高利用和低排放以合理利用资源、降低环境负债。而且在物权界定清晰的情况下，理性的权利人（追求自身利益最大化是理性权利人的本能）会在利益刺激下进行技术创新，设计开发易再循环利用的产品，延长产品生命周期，以实现最合理生产、消费和废物资源化利用的循环经济模式。著名经济学家诺斯认为，技术创新的前提是制度创新，"闲暇时好奇和实践会产生我们在人类历史上所见的某些变化，但是，就像我们在现代世界所见，改进技术的持续努力只有通过提高私人收益率才会出现"，① 正所谓"有恒产，始有恒心"。

（2）循环经济的发展需发挥物权的约束功能。充分发挥物权的激励功能，是否会导致人们乱采滥用资源、破坏生态环境等与循环经济理念背道而驰的恶果呢？我们以为不会。因为，物权除具有激励功能外，还有约束功能和外部性内部化功能。物权的基本属性之一就是有限性，即对任何物的物权，无论其多少或大小，都是有限的。其权能或作用空间有界区，利益有限度，可计量。基于这种有限性，物权也就同时具有了对物权主体的约束功能。权利人知道自己的权利仅仅是合理的利用界限确定的自然资源而并非去"征服"大自然或破坏大自然，权利主体必须面对成本与收益的挂钩，从而产生谨慎行使权利的约束。所谓外部性是指一个主体的活动给他主体带来了无偿的收益或不必要的损失。外部性的存在会使权利的激励和约束机制失效，为了克服由此带来的资源配置的效率损失，必须将外部性内部化。具体说，就是让带来外部收益的人尽可能享有其收益，或得到足够的补偿，从而使个人收益尽量接近社会收益；让带来外部成本的人尽可能承担其成本，使其私人成本接近社会成本，以恢复收益激励与成本约束机制。其实，物权的制度设置及权利安排正是克服外部性、使外部性内部化的重要手段，通过清晰的权利界限，来调整利害关系人的利益，使收益与成本各得其所。要知道，乱采

---

① ［美］诺斯：《经济史中的结构与变迁》，上海：上海三联书店，1994 年版。

滥挖资源、破坏生态环境等导致的外部性也会增加企业的开支，减少利润。因此，在物权界定清晰的情况下，即使企业主唯利是图，也仍然关心资源的可持续利用和生态安全等问题。

2. 资源物权制度：循环经济的制度性激励机制

已如前文所言，《物权法》是循环经济的基础，资源物权制度的完善对西北地区循环经济的发展至关重要。但是，我国的自然资源物权制度还很不完善，《物权法》对资源物权也只是做了原则性的规定，缺乏可操作性。譬如，《物权法》第46条规定："矿藏、水流、海域属于国家所有"；第48条规定："森林、山岭、草原、荒地、滩涂等自然资源，属于国家所有，但法律规定属于集体所有的除外"；第118条规定："国家所有或者国家所有由集体使用以及法律规定属于集体所有的自然资源，单位、个人依法可以占有、使用和收益"；第123条规定："依法取得的探矿权、采矿权、取水权和使用水域、滩涂从事养殖、捕捞的权利受法律保护"。所以，以《物权法》为指针，完善资源物权制度，以推动循环经济的发展，实乃当务之急。

（1）完善自然资源物权体系。随着人类对自然资源的认识提高到生态系统的高度，各种自然资源之间的相互关联性以及整个自然界的有机统一性被人类逐渐认识并体现为自然资源法的体系化发展，而我国的各种自然资源物权仍处于非常零乱的状态。鉴于大多数自然资源都作为土地的附属资源而存在，因而应当在土地物权的基础上分化出水权、林权、矿权、渔权等各种资源物权，再在各种资源物权的基础上产生各种专项的资源利用权，然后规定各种专项资源物权与各种资源管理的关系，由此建立完整的资源物权体系。①建立完整的自然资源物权体系，还要求资源物权的制度设计应当符合可持续开发利用的原则，相关资源物权在行使时必须承担相应的环境保护义务；应注意各单项自然资源法之间立法的关联性，以减少资源利用方面的纠纷。

（2）明晰自然资源所有权。我国是社会主义国家，这一性质决定了我国的自然资源只能属于公有。第一，关于国家所有。法律规定，国家所有权"由国务院代表国家行使"之；而在实际运作中，我国自然资源的"国家所有权"是由各级政府分别享有并行使的，但其权利边界模糊甚至造成主体虚

---

① 蔡守秋：《环境资源法学教程》，武汉：武汉大学出版社，2000年版，第307页。

位之现象。所以，应该按照国家所有权实为各级政府所享有的客观事实以及国际惯例，明确规定自然资源由各级政府分别享有所有权。第二，关于集体所有。法律对集体所有权的行使主体没有明确的规定，考虑到"集体"一般指村民委员会，加之《民法总则》已经赋予村民委员会法人资格，[①] 所以，法律应该明确"集体所有"就是村民委员会所有，以解决集体所有权"虚位"的问题。同时，应将集体与成员之间的关系股份化，使成员对集体享有真正的民法上的权利义务关系，而集体真正享有法律上的所有权。[②]

（3）健全自然资源用益物权。在坚持自然资源公有的前提下，要实现自然资源的物权化，就要树立以利用为中心的物权观念、充分发挥用益物权的作用。要健全用益物权制度，首先要健全其体系，使其包括土地使用权、矿业权、林权、草业权、渔业权、水权、野生动植物权、海域使用权等；其次要明晰其主体，使自然人、法人（包括国家）和其他经济组织（包括联产承包经营户）均能成为自然资源用益物权的主体；最后要规范其取得，自然资源用益物权可以以行政许可"确权"取得，可以以行政划拨、人民法院判决等方式取得，还可以以债的形式取得，但不能以善意取得方式取得。

（4）改进自然资源的物权登记制度。大多数自然资源属于不动产范畴，故对于资源物权的变动应当进行登记，以保证交易安全，这已为众多学者所认同。我国自然资源立法简单地规定了所有权、国有土地使用权、采矿权、草原承包经营权等有关资源物权的登记制度，但不足之处非常明显。2016年11月，中央深改组审议并通过了《自然资源统一确权登记办法（试行）》，会议强调，要坚持资源公有、物权法定和统一确权登记的原则，对水流、森林、山岭、草原、荒地、滩涂以及探明储量的矿产资源等自然资源的所有权统一进行确权登记，形成归属清晰、权责明确、监管有效的自然资源资产产权制度。从自然资源部获悉，经过一年多的探索，我国自然资源统一确权登记试点已取得积极进展。[③]

（5）构建自然资源物权的流转制度。自然资源的价值是在交易中实现

---

① 《中华人民共和国民法总则》第101条规定："居民委员会、村民委员会具有基层群众性自治组织法人资格，可以从事为履行职能所需要的民事活动。"
② 孙宪忠：《论物权法》，北京：法律出版社，2001年版，第493页。
③ 张雷：《我国自然资源统一确权登记试点取得积极进展》，央视新闻客户端，2018-10-30。

的，"所有的产权都是一个所有权与其他所有者之间的转移，在通常被认为公正的条件下进行自愿交换。否则所有者将没有动机在期望利用时间之外保持资源，对资源的未来产生的兴趣将会减少。"① 新形势下的自然资源物权设置，须将其激励功能转向利用人身上，使资源产品能够依其主体意志而自由流转，这样，资源权利人就有了稳定的收益预期，进而产生激励。考虑到我国的国情，可以把我国的自然资源市场划分为资源一级市场和资源二级市场，以此来构建我国自然资源物权的流转制度。资源一级市场是指自然资源所有权人出让资源用益物权的市场；资源二级市场是指各项资源用益物权在不同主体之间的转让市场。

（6）完善自然资源物权的保护机制。权利的保护是非常重要的，物权激励功能的发挥，还要看自然资源物权保护的程度。无保护之权利为"裸体权利""零权利"。缺乏保护的资源物权，即使具有再高的价值，也难以提供有效的激励。因为无论多高的收益也会由于人人都能"搭便车"分享而变得微不足道。所以，法律应明确规定，自然资源物权人在其权利遭不法侵害时，有权采取自力救济之方式或公力救济之方式以保护其利益。应该强调的是，对于不同所有制性质的自然资源应当"一体保护"；国家因公共利益需要对自然资源物权人权利的侵害，应当给予补偿。

（三）西北地方循环经济发展机制之完善——以青海省为例

1. 制定《青海省循环经济促进条例》

目前，青海省尚未颁布循环经济地方性法规，2017 年底青海省就《青海省循环经济促进条例》进行调研，将其列入青海省人大常委会 2018–2022 年立法规划，但至今并未出台。因此，应尽快制定青海省循环经济地方性法规，完善青海省循环经济制度，确保经济转型、产业结构调整等重大变革有法可依。

制定青海省发展循环经济基本性法规，为循环经济发展提供良好的法制环境，对青海省循环经济健康发展具有重要意义。根据《循环经济促进法》，结合青海省的循环经济发展实际和资源生态优势，在总结青海省循环经济试

---

① 经济合作与发展组织：《发展中国家环境管理的经济手段》，北京：中国环境科学出版社，1996 年版，第 72 页。

验园区发展经验的基础上，以资源综合利用为核心，制定《青海省循环经济促进条例》。主要内容包括：制定青海省循环经济发展规划；明确不同政府部门在循环经济发展中的权责，防止部门推诿等情况出现；细化工业、农牧业、服务业以及社会层面的资源减量化和资源综合利用；明确生产者、经营者以及消费者在发展循环经济过程中应承担的义务。循环经济制度是青海省循环经济发展建设的内在要求和必然选择。《青海省循环经济促进条例》的及时出台，将为循环经济发展提供一个良好的法制环境。

2. 完善差别化的区域产业政策

地方立法保障不足以完全支撑循环经济的健康发展，还需要一系列配套政策具体指引循环经济发展方向。将循环经济配套政策与生态红线相融合，将更有效果地引导循环经济实践和发展。

青海省区域产业结构不合理。在发展初期，依靠各类自然资源发展工业，污染严重。工业发展主要特征为低水平、粗加工、原材料生产等；资源型重工业所占比重较大，初级产品居多；循环型旅游业、物流业起步晚且发展缓慢。青海省内地区社会经济发展差异明显，西宁市依托地理、发展等各项优势，发展迅速，而省内其他区域特别是青南农牧业地区经济发展缓慢。因此，针对各区域产业优势不同及发展差异，应制定不同的产业政策，支持青海省循环经济有效全面发展。

在工业方面，针对不同工业类型应规定不同监管制度。对于冶金、石化、建材等废弃物产生较多的产业，应重点监督其排污设备是否开启，废弃物处理是否无害化以及资源是否循环利用、再生利用等；对于机电、轻纺、包装行业的产品，应加大回收力度，促进产品回收利用；对于电力、化工、造纸、纺织等高耗水产业，应实现水资源的梯级利用，对水资源实行限额管理，并推行再生水回用。

在农业方面，以政策支持为引导，推广农业循环经济典型模式，建设循环经济农业发展示范村和示范县，带动农业循环经济发展。第一，减少水资源损耗，在种植业密集的村镇全面推广节水灌溉技术，采取喷灌、滴灌的方式代替传统大水漫灌方式。对节水灌溉设备实行政府补贴，以使节水灌溉技术在村镇更大范围推广普及。第二，建立农村生产和生活垃圾分类收集处理系统，降低农村垃圾排放量。例如，厨房垃圾通过家庭散养牲畜或者养殖集中工厂消化处理，实现废物资源化、无害化目的。第三，根据市场需求调整农户种植结构，保证农民收益随着社会经济发展逐步增加。第四，减少化肥用量，禁止使用高残留的农药。在柴达木枸杞集中种植区，加强行业监管，减少农药用量，打造高品质的柴达木枸杞品牌。第五，加强农业示范园区建设，农业园区是调整农业产业结构、提高农业经济效益、提升农业科技水平的重要方式。青海省农业园区应当以农业科技园区为主导，立足高原地方特色，推进现代农业发展。在现有设施基础上，加快特色农业景观区建设，例如：采摘农业园、休闲农业园、观光农业园等方式。以城市居民为主要消费群体，开展富有农业特色的各种休闲活动，不仅丰富了城市居民日常生活，同时提高了农业经济收益，为农民带来可观收入。

在畜牧业方面，建立专业合作社，推动草场、牲畜等生产资料有序流转和规模化经营，降低分散式个体对环境造成的损害。对重要的循环型材料产品，例如在发酵过程经常使用的发酵菌粉，给予适当的政府补贴，降低牧民在循环畜牧业上的自身支出。通过划区轮牧、以草定畜、分群饲养等方式，减轻牧区草场载畜压力，降低草场退化率。鼓励农牧民使用太阳能等可再生能源，引导农牧民自觉参与到循环经济中，在环境可承载范围内，充分利用各种资源，充分发展循环型畜牧业。

3. 加大对循环经济的资金支持力度

循环经济发展离不开大量资金投入。循环经济建设项目需要大量资金支持，并且建设周期长，仅依靠中央和省级财政的投入，难以支撑循环经济的发展。目前，青海省通过省外专场推介洽谈活动、青洽会等方式为循环经济发展招商引资，但资金仍不足以支撑青海循环经济产业建设。为改善现有循环经济投融资体制缺陷，应建立市场经济和政府调控相结合的适应循环经济发展的金融支持体系。结合投资体制改革，调整投资政策，制定有利于企业建立循环经济的经济扶持政策。

第一，鼓励商业银行、政策性银行发展绿色信贷业务。明确信贷支持重点，针对油气、煤炭、有色金属、盐湖化工等领域，放宽能源开发项目的相关金融贷款，优先贷款并执行优惠利率，重点支持龙头企业、重点企业、骨干企业以及重点项目建设。通过差别利率体现扶优限劣政策，对符合循环经济要求、清洁生产、排污量达到标准的企业给予适当优惠利率。对不符合循环经济要求，排污超标的企业提高贷款利率，通过差别利率间接引导企业向清洁生产、循环发展转型。

第二，充分利用资本市场扩大循环经济的融资渠道。青海省太阳能、风能、水能等可再生能源发展前景广阔，基础条件较好。可再生能源不仅能保证城乡居民有良好的生活居住条件，对青海省可持续发展和生态保护也有重要作用。因此，政府对太阳能、风能、水能等清洁能源应加大投资支持力度，采用直接投资、资金补助、贷款贴息等方式，在财政、信贷、税收、价格、补贴等方面应给予政策支持。广泛聚集和引导社会资金投入可再生资源开发，支撑可再生能源发展。在符合监管要求的前提下，鼓励可再生能源上市公司以发行债券、中短期票据进行融资，以保障可再生资源在青海得到充足发展和利用。

第三，加强循环经济园区基础设施资金投入。提高循环经济试验园区的资源利用率，需要加强园区公共基础设施建设，比如：信息处理系统、道路交通、垃圾处理系统等。园区基础配套设施的完善，才能有效提高园区承载能力。园区的基础设施建设需要政府投融资支持，政府投资模式主要包括PPP（Public－Private－Partnerships）、BOT（Build－Operate－Transfer）、BT（Build Transfer）等模式，其中银行贷款、股权投资、产业基金等较为成熟。应综合考虑各种投融资的优缺点，选择适合园区发展的投融资模式。

4. 加大对循环经济的技术支持力度

技术支撑是循环经济的建设和发展的必然要求。缺乏相关科学技术的支持，循环经济发展只是理论空谈，减少废物排放量、提高资源综合利用率等根本目的将难以实现。而青海省科技发展水平远落后于东部发达地区，科学技术是青海省发展循环经济的主要瓶颈。加大对循环经济的技术支持力度，完善循环经济技术支撑体系是青海省发展循环经济的现实选择。

第一，建立多形式的科技研发创新体系。构建以企业为主体，高校和科研机构共同参与的科技开发主体（产学研合作），以生态工业园区、产业基地、产业集群为载体。凭借高等院校、科研机构、相关重点工程实验室的研究所等科研力量，加强对循环经济过程中关键性和共性技术的研究和开发，例如清洁生产技术、排污技术、新材料、新能源开发技术等，建设省级清洁生产重点实验室。在企业内部，改良组织机构和组织模式，将技术变革方案和产品绿色化升级相结合。在企业之间，鼓励企业之间信息共享和技术交流，形成循环经济技术网络。循环经济的一大特性即不对称性，企业之间如果没有长期有效的沟通机制，建立生态产业链也就无从说起，通过建立循环经济信息交流平台，可连接政府和企业间、企业和企业间的沟通渠道。青海省也可参考天津泰达循环经济促进中心的实践经验，依托青海大学等科研院所建设青海省循环经济促进中心。

第二，充分运用市场机制提升循环经济科技研发能力和水平，发挥社会主义市场经济对科技资源的配置作用。以企业自主创新为依托，推进资源再生等关键性技术的开发，提高产品附加值，深加工产品替代初级产品，实现资源型产业结构转型，实现工业经济从原料输出型向深加工型转变。

第三，重点提高循环经济试验区科技研发水平。柴达木循环经济试验区、西宁经济技术开发区，作为青海省循环经济发展的有效支柱，应重点提高园区内科学技术水平和科技成果转化效率，从而带动全省循环经济建设和发展。在园区内设立与资源综合利用、特色生物产业、新材料和新能源等相关的科研技术机构，为园区提供技术咨询、技术推广等系列配套服务，提高园区循环经济技术开发水准。

5. 构建青海省循环经济评价指标体系

循环经济评价指标体系是评判区域循环经济发展情况的基本根据，建立符合青海省情的循环经济评价指标体系非常重要。指标能够体现绿色发展理念和经济、社会、环境协调发展的目标，指标选择应当综合考量各种因素，例如：可量化、获取便捷、反映实际情况等。体系中主要包含科技创新水平、社会公平程度、政府管理、环境影响程度等若干一、二、三级指标的绿色发展考核指标体系。科学合理设定评价内容，逐级建立评价指标。在《青海省循环经济发展评价指标体系分工方案》的基础上，青海省各地区应根据地区实际情况进一步细化循环经济发展评价指标体系。根据实际发展情况和现实需要，对循环经济发展评价指标体系及时进行调整和优化。

完善领导干部考核制度，转变政府官员片面追求 GDP 的政绩观，把循环经济发展评价指标纳入各级领导干部政绩考核体系，将领导干部落实循环经济发展的评估结果和工作责任考核作为定量考核及评估政绩的主要依据。此外，应当逐渐扩大取消 GDP 考核范围。自 2013 年起，海南、海北州和海东市不再将 GDP 作为考核重点，西宁市和海西州的部分县也应当结合地方实际发展情况，取消以 GDP 为主要考核的模式，而是以绿色发展、循环发展、居民收入水平等综合指标作为考核主要内容。

专题二 西北地区再生水回用制度研究

一、西北地区水资源现状及水危机应对

（一）西北地区水资源现状

1. 地球水资源

据统计，地球上的水资源大约为14亿立方千米，其中，海洋总储水量约为13.38亿立方千米，约占地球总水量的96.54%；南北极和高山冰雪储水量约为0.24亿立方千米，约占地球总水量的1.74%；地下水约为0.23亿立方千米，约占地球总水量的1.69%；沼泽、湖泊、河流等地表水体约为50.6万立方千米，约占地球总水量的0.037%。地球上的淡水约占其总水量的2.53%，而且77.2%的淡水分布在南北极，22.4%的淡水分布在难以开发之地下深处；可供人类维持生命的淡水只有0.4%。[①]

淡水资源在地球的分布非常不平衡。据统计，巴西、俄罗斯、加拿大、中国、印度尼西亚等9个国家拥有世界淡水资源的60%；还有80个国家约15亿人口的淡水资源不足，26个国家约3亿人的淡水资源严重不足。专家预测，再过十年，将会有30亿人面临缺水，40多个国家极度缺水。2006年，《联合国世界水资源开发报告》指出，世界各地为人类提供淡水资源的主要河流正在逐渐走向干涸，这种干涸的趋势不被一般人所察觉但却真实存在。河流干涸与全球气候变暖有密切联系，但也与人类的掠夺式开发紧密相关。迄今为止，自然资源"取之不尽，用之不竭"的观念仍未得到完全改变，河流污染非常严重，世界500条主要河流中的200多条已严重枯竭或被污染。

《世界水资源发展报告》（2012）指出，近50年来，地下水抽取量猛增

---

① UN. Water development and management ［C］//Proceeding of UNWater Conference 1977，part 4. Oxford：Program on Press，1978.

的同时，地下水资源被严重污染。更可怕的是，这一切正在形成连锁反应，工业发展造成全球暖化，受气候变化影响，冰川融化、土壤湿度、降水模式等等都将发生变化，地下水资源随之也会发生变化。根据专家研究，到 2030 年，气候变化将对亚洲、非洲的粮食生产造成严重的影响；到 2070 年，气候变化将造成欧洲中南部的水资源短缺，数千万人饮水困难。

2012 年，联合国教科文组织还发布了名为《不稳定及风险情况下的水资源管理》的报告。报告认为，气候变化、城市化及需求的快速增长，给世界水资源供应造成了非常大的压力，各国政府应当尽快调整水资源管理的理念，以更好的应对复杂的形势。报告认为，到 2015 年，发展中国家和地区 86% 的人口可以享有相对安全的饮用水，但是仍然有近 10 亿人口难以获得安全饮用水之保障。报告认为，在近 50 年里，人们对地下水的抽取量增速过快，导致部分储水层的地下水难以适时更新，那里的地下水已达危险之临界水平。

2015 年《世界水资源开发报告》预测，到 2025 年，生活在水资源绝对稀缺状态的人口数量将高达 18 亿。而且，随着全球气候变化和世界人口的持续增长，水资源的供给将更为短缺和不足。2020 ~ 2050 年，为应对全球气温上升约 2℃ 所造成的影响，人类需要每年额外支付 700 亿 ~ 1000 亿美元，金额非常惊人。报告的撰写人之一里克·康奈指出，到 2050 年，随着人口数量的持续增长，世界粮食需求将会增加 70%，农业用水随之增加 19%；世界能源消耗量将增长一倍，能源生产用水自然也会随之增加。因此，目前的状况还不是最糟糕的，还有更严重的水资源问题将会到来。在通往可持续发展的道路上，人类将遭遇更多挑战，而所有挑战都与水资源密切相关。在可持续发展的道路上，水资源或者是推动因素，或者是制约因素。显然，高效利用并有效管理我们仅有的一点水资源，显得非常重要且日益紧迫。

2. 中国水资源现状

中国境内湿地、湖泊、河流广布，水资源总量还算丰富。中国水利部完成的《2014 年中国水资源公报》显示，中国水资源总量约为 27266.9 亿立方米，但地下水与地表水资源不重复量仅为 1003.0 亿立方米——中国 87.1% 的地下水资源量与地表水资源量重复。而且，我国人口基数非常大，我国人均水资源量有些捉襟见肘，仅为 2240 立方米。根据世界银行统计，我国人均水资源量在 153 个被统计的国家和地区中排名 88 位，属于后列。实际上，我国 16 个省（自治区、直辖市）的人均水资源量严重不足，宁夏、河北、山东、河南、山西、江苏等六省、区的人均水资源量甚至低于 500 立方米，形势非常严峻。[①]

另外，我国的水资源在空间分布和时间分布上都呈现不均衡状态。在空间分布上，我国水资源表现出"南多、北少"，"东南多、西北少"之特质，且在总量上相差悬殊。在时间分布上，由于我国地处东南亚季风区，各地的降水均多较为集中在夏季，其他季节降水较少，有春旱夏涝的说法。而降水量的年际剧烈变化，使得江河出现汛期洪水和非汛期枯水现象，甚至是连年洪灾和连年旱灾。

目前，我国水资源的开采已趋饱和状态，水资源供需矛盾较为突出，水污染问题非常严重。2013 年，我国的地表水总体说处于轻度污染状态，部分河段的污染比较严重。我国长江、黄河、淮河等十大流域的国控断面中，Ⅳ－Ⅴ类、劣Ⅴ类水质断面分别占 19.3%、9.0%，合计为 28.3%；湖泊（水库）轻度污染、中度污染、重度污染的国控重点湖泊（水库）分别占 26.2%、1.6%、11.5%，合计为 39.3%；在 4778 个地下水环境质量检测点中，水质较差、极差的监测点分别占 43.9%、15.7%，合计为 59.6%；[②] 在 118 个大中城市中，地下水为轻度污染、较重度污染的分别占 33%、64%，合计为 97%。[③]

我国的地下水开采量也在逐年增加，20 世纪末为 1058 亿吨/日，而且每年以 25 亿吨/日的速度递增。全国 600 多个城市中的 400 多个均以地下水为主要饮用水源，甘肃、新疆、陕西等地区的地下水都处于超采状态。2008年，我国因地下水超采而形成的地下水降落漏斗高达 200 多个，遍布于华北和华东地区。仅仅华北平原上的地下漏斗已达 3 万～5 万平方千米，成为全世界最大的区域性漏斗分布区。[④] 而且，我国的缺水状态出现恶化趋势，对

① 《世界和中国水资源现状》，http：//kp. taojiang. gov. cn/art/2016/5/31/art_ 14741_ 146396. html。

② 环境保护部：《2013 年中国环境状况公报》，http：//www. cqbnhb. gov. cn/Html/1/zwgk/zcwj/ 2014－06－16/1072. html.

③ 环境保护部：《全国地下水污染防治规划》（2008－2020 年）。

④ 王熹、王湛：《中国水资源现状及其未来发展方向展望》，《环境工程》，2014 年第 7 期。

生态环境、食品安全、人体健康形成严重威胁。[①]

有学者总结了 1956 年至 2010 年我国水资源变化。我国北方的水资源明显减少，譬如海河区、黄河区近 20 年减少的幅度竟达 19% 和 17%；我国南方和西北地区的水资源有所增加，譬如西北诸河区近 20 年的增幅达 10%。[②]即近 50 多年以来，我国各地区水资源总量都存在变化，大致为北方地区水资源减少，南方地区和西北地区水资源呈现出了增长的趋势，但由于西北地区干旱和半干旱的气候条件，虽然水资源总量稍有增加，但却无法改变其干旱气候的总体格局，水资源在西北地区仍处于稀缺状态，且是当地人民生活以及经济发展的限制因素。就全国水资源状况而言，水资源的总量变化反而加剧了目前水资源供需紧张的局面。

3. 西北地区水资源及水环境现状

（1）西北地区水资源概况。我国西北地区东起陕西省与山西省的交界——黄河，西至新疆帕米尔高原国境线，南起长江与黄河的分水岭，北至我国与蒙古国的国境线；具体包括陕西、甘肃、青海、宁夏、新疆等五省区。我国西北地区总面积 308 万平方千米，占全国总面积的 32.1%，耕地面积 140 万平方千米，占全国的 12%。[③]

西北地区气候类型复杂，干旱和变率大，降水集中在夏季，多暴雨，其水平分布在东南向西北逐渐递减，梯度很大；降水变率自东南向西北逐渐增加，年降水量遵从正态分布，月降水量不遵从正态分布。西北地区年平均降水量约为 241mm，仅为全国平均年降水量的 38%，世界陆地年降水量的 29%。[④]

西北地区的水资源总量约为 2338 亿立方米，占全国水资源总量的 7.9%。西北属于干旱地区，其年均降水量和单位面积径流量在我国几大区域中的排名均在后列。西北主要的河流包括黄河、渭河、塔里木河、疏勒河、

① 王熹、王湛：《中国水资源现状及其未来发展方向展望》，《环境工程》，2014 年第 7 期。
② 李原园、曹建廷等：《1956 - 2010 年中国可更新水资源量的变化》，《中国科学：地球科学》，2014 年第 9 期。
③ 王芳、吴普特等：《西北地区水资源状况与合理配置问题研究》，《农机化研究》，2007 年第 5 期。
④ 王玉玺：《我国西北气候状况及气候变化与生态环境建设的对策研究》，《陕西气象》，2000 年第 5 期。

黑河、石羊河、格尔木河等；湖泊主要包括青海湖、扎陵湖、鄂陵湖、托素湖、博斯腾湖、艾比湖等，总体数量比较少。另外，因西北地区水资源分布不均，人口增长等因素，使得西北地区处于不同程度的缺水状态。国际公认的水资源紧张警戒线是 1700 立方米/人，以此标准来衡量，西北地区人均占有量极低，西北五省区均为缺水地区。宁夏人均水资源占有量约为 177 立方米，陕西关中地区约为 446 立方米，陕北约为 888 立方米；应当说，陕西等地为中度缺水区，宁夏为极度缺水区。[①]

西北地区可开发利用的水资源更少。比如，水量较为丰富的长江上游山区及澜沧江源头区 710 亿立方米的水资源中，可利用部分极少；西北内陆河水资源量约为 1108 亿立方米，比较丰富，但其中青藏高原高寒地带约 140 亿立方米的水资源难以利用；此外，国际河流的水资源也不能全部支配。因此，西北内陆河流域的水资源可利用量尚不足 887 亿立方米，属于黄河流域的水资源量为 521 亿立方米，西北各省可支配的水量不足 200 亿立方米。综合而论，西北地区可利用水资源总量仅有 1070 亿立方米左右。[②]

从数据中可以看出，西北地区水资源呈现资源总量少，时间和空间上分布不均，不能完全开发利用但又存在超过水资源承载能力的开发现象，使得西北五省区不同程度的处于缺水状态。再加上工业用水、农业用水及生态用水，水资源甚至处于匮乏状态。必须明确的是，环境问题的后果及其特征是处于动态的，即不仅是一石惊起千层浪，其净化能力已不能承载目前的污染，水体污染不治理就会扩大，并且水资源问题还会引发一系列其他的生态问题，例如，土地沙漠化、地面植被覆盖率降低、河流断流甚至因环境恶化进而导致物种灭绝。如此种种，简单的开源节流已经无法去填补越来越大的水资源需求，再也不能对水污染放任不管。

（2）西北地区水资源利用情况——以西岔镇为例[③]。西岔镇是甘肃省皋兰县的一个乡镇，位于西北干旱地区的内陆腹地，地处东经 103°32′ 至 104°

---

① 王得祥、杨改河：《西北地区林草植被及其生态环境建设策略》，《西北林学院学报》，2003 年第 1 期。

② 魏明孔、黄英伟：《西北干旱地区水资源现状与利用》，北京：中国社会科学出版社，2012 年版，第 45～47 页。

③ 魏明孔、黄英伟：《西北干旱地区水资源现状与利用》，北京：中国社会科学出版社，2012 年版，第 45～47 页。

22′，北纬 36°05′至 36°50′，镇域东西宽约 17 千米，南北长约 32 千米，总面积 382 平方千米，是我国最缺水的乡镇之一。在西北地区，像西岔镇这样的地方有很多，以西岔镇为例分析西北地区缺水现状，具有一定的代表性。

西岔镇地形多半为半山区的黄土梁峁沟谷和山间川地，总体呈北高南低，自北向南倾斜，海拔高度由 2034 米逐渐下降为 1475 米，平均地面坡度为 1/110，灌区主要沿拱坝川较为开阔的沟谷川地和河谷阶地分布；由于黄土梁峁状地山丘陵的隆起和分割，灌区呈树枝状分布，被分割的各部分自成长带形，土地连片，拱坝川末端进入秦王川，土地平整。

西岔镇区域内地质土壤处于昆仑—秦岭地槽褶皱系的黄土丘陵区，主要为第四系冲洪积层，川地和沟谷表面都有 1~6 米的亚砂土层，梁峁丘陵为黄土覆盖，厚度在 30~150 米，灌耕土类为普通灰钙类、砂土类、胶土类，是皋兰县干旱地区的代表性土地，土地主要特征是松散多孔，垂直节理发育，湿陷性严重。土质优良，无有害成分，便于改良利用。

西北地区主要产业是农业，西岔镇也是如此。农业是全镇居民的主要生活收入来源，因此农业灌溉用水是西岔镇主要的用水途径，目前农业灌溉的形势依然是传统落后的大水漫灌，水利用率不高。西岔镇目前的农业用水现状为，全镇有灌溉面积 7.2 万亩，每亩灌溉耕地大约需水 120 立方米，每年浇水 3~5 次，则年需水量为 3456 万立方米左右（按每年浇 4 次计）。除了普通农田以外，西岔镇还在大力发展需水量较大的日光温室、高架大棚等设施农业，目前有近千亩，每亩地大约每次浇水需 30 立方米，每年浇 10 次左右，则设施农业年需水量为 30 万立方米。西岔镇有大牲畜 1 万多头，每头家畜日均用水量约为 7 升，则年用水量大约为 8 万立方米。西岔镇农业年用水量总计为 3500 万立方米左右。

工业用水方面，西岔镇全镇共有企业 50 多家，其中有金属冶炼企业 17 家，这些企业是主要的工业用水户，平均而言工业生产日平均用水量大约 230 立方米，全年用水量约 400 万立方米。

生活用水方面，西岔镇是皋兰县中拥有村社最多的乡镇，下辖 15 个行政村，46 个村民小组。西岔镇全镇现有人口 3.9 万人，人均日用水量大约为 20 升，因此西岔镇年生活用水量大约是 28.5 万立方米，人均年用水量 7.3 立方米。需要明确的是，根据国家对城市及农村的供水标准，农村生活用水为 30 公斤/人天，城镇生活用水为 60 公斤/人天，西岔镇的用水量显著低于全国标准。

除以上用水之外，西岔镇还有第三产业用水、农业企业用水和景观用水。将农业用水、工业用水、生活用水和其他用水综合计算，则西岔镇全年用水量大约为4000万立方米。

西岔镇水资源供给有三个主要途径，即：西电灌区、引大灌区和机井水。西电灌区引黄河水经过八级提灌到达西岔镇最北部，是西岔镇的主要用水来源；引大灌区引大通河水，经自流到西岔镇的西北部，除灌溉外引大灌区还是西岔镇居民的主要饮用水源；机井水是灌溉区水不足时的有效补充水源，水量较少。地下水资源在全镇分布不均，仅有少数几个村有。

西岔镇农田水利建设管理和用水管理过程中出现过管理"缺位"和"错位"等现象，造成农田水利排灌设施老化甚至破损，加剧了用水的无序和浪费。为了解决这些问题，西岔镇在2005年成立了农民用水户协会。农民用水户协会是农民自己的组织，自己管理，自己服务。协会有自主安排灌溉用水的调度权、工程维护与改造的决策权、灌区规划与建设的参与权，多年运行的实践表明，协会在用水的管理、水费收缴、渠系维护等方面发挥了重要的作用，显著减少了水资源的浪费，节约了用水量。

但是，灌区目前依然面临很多问题，有些问题已经制约当地的用水安全，譬如：工程设施老化、泵站老化、配套资金不到位、工程负债严重、交叉灌区用水矛盾突出等等。调查发现，西岔镇在节水方面也存在很多问题：第一，节约意识不足，农户的生活用水很少有节约，因为对农户来说节约用水仅意味着节省几块钱的费用，对很多人来说无关紧要。第二，节水投入不足，目前西岔镇并没有相应的节水投入、现代节水灌溉措施等。第三，节水机制不健全，目前的节水工作并没有建立一套有效的市场机制。第四，法制不健全，相关的法律制度缺如。

另外，在水资源缺乏的背景下，水资源污染问题也相当严重，西岔镇所提取的黄河水污染比较严重。随着黄河流域的经济发展，废水污水排放量从20世纪70年代的 18.5×10^8 吨，增加到80年代初的 21.7×10^8 吨，到90年代甚至达到了 32.6×10^8 吨。废水污水排入黄河量的增加造成了该流域地表水和地下水的水质恶化。根据国家地表水环境质量评价标准，20世纪90年代初，黄河干支流12550千米河段长度中，水质满足Ⅲ类标准以上的河段竟不足总河长的1/3。按可比评价河长与80年代初相比，Ⅲ、Ⅳ、Ⅴ类水质的河长分别上升了 7.2%、24.7% 和 10.9%[①]。处于黄河流域的西岔镇地区的水污染已不容忽视，应该引起有关部门的高度重视。

另外，由于西岔镇的经济相对落后，南方一些被淘汰的小化工厂向这里转移，造成了水污染的加剧，村民对此反应比较强烈。

（3）对西北地区水资源及利用情况的进一步分析。以甘肃省皋兰县西岔镇为调研案例的水资源现状分析表明，西北地区处于水资源供应不足以满足日益增加的水资源需求的状态，供求关系矛盾越来越突出。水资源的不均匀分布使得能够被开发利用的部分水资源已处于过度开发状态，水资源污染也因工业的繁荣而加重。虽然我国 2015 年施行的《环境保护法》明确了关于水污染治理的各种硬性规定与处罚条款，但其环保意识只是推及企业排污方面，对于农村环保意识等问题，目前还没有得到很好的重视。水资源是人类生命的源泉，也是农民生存和农业生产的必需品，干旱会让农民颗粒无收甚至没有足够的水饮用，污染会让农作物也受到污染，不再能保证食品健康和饮用水的安全。总之，西北地区已出现水危机，主要表现为水短缺和水污染。

（二）西北地区的水危机

1. 西北地区水开发利用

我国经过 30 多年的高速经济增长，资源环境面临巨大压力。高速经济增长对世界资源的大量需求不断引发世界"谁来养活中国"的担忧，甚至美国放言必须遏制中国的发展。虽然我国主动调整进入中高速经济增长新常态，对资源环境的压力有所减轻，但我国仍需要解决实现中高速经济增长的资源环境问题。[②] "大量生产、大量消费、大量废弃"的粗放式发展模式，使得我国的单位资源产出过低，是美国的 1/10、日本的 1/20。工业万元产值耗水量为 103 吨，相当于发达国家的 10～20 倍；吨钢耗水量为 20～40 吨，相当于发达国家的 3～7 倍。不仅如此，我国的环境污染也非常严重，单位 GDP 二氧化硫和氮氧化物排放量都很高，相当于发达国家的 8～9 倍。[③]

---

① 郑红星：《GIS 支持下黄河流域水循环时空演化规律研究》，中国科学院学位论文，2001 年。

② 张培莉、王晓霞等：《我国水资源能够支撑中高速经济增长吗》，《经济学动态》，2015 年第 5 期。

③ 沈旭顺：《二十一世纪中国面临的挑战——论水资源与环境》，《黑龙江科技信息》，2003 年第 4 期。

相应的，水资源的不合理开发利用已成为普遍现象，西北地区的水资源开发已出现严重问题，具体表现为区域地下水位持续下降，譬如，新疆的吐哈盆地，青海的平安县等地，甘肃的河西走廊诸盆地，宁夏的银川等地，陕西的关中地区等。1990~2000 年的 10 年间，新疆维吾尔自治区奇台县的地下水位下降了 1.99 米，下降漏斗区面积达 1197 平方千米，其漏斗中心区的水位下降幅度更大，竟达 13.28 米①。陕西省关中地区地下水超采也很严重，面积达 2590 平方千米。西安市因开采井群过于集中和过量开采地下水，导致区域地下水水位持续下降，地下水含水层与其上下储水层之间平衡状态被破坏，地面沉降非常严重，已影响到西安地区可持续发展。② 甘肃省石羊河流域下游民勤县自 20 世纪 70 年代以来，每年开采地下水 6.5 亿立方米，其中超采 3.8 亿立方米，生态用水被严重挤占，导致沙进人退的困局。近年来，甘肃省河西走廊绿洲边缘沙漠植被出现大量枯萎现象，造成固定沙丘重新活化。沙化土地和潜在沙化土地面积高达 4656 平方千米、2036 平方千米，而且沙化土地面积年均增加 400~500 平方千米。民勤县的部分绿洲已沦为沙漠，沙丘正以 3~4 米/年的速度向县城逼近，民众的生存和社会的发展受到严重威胁。③

同时，黄河流域工农业用水量的增加以及只重视经济利益的黄河水资源开发模式，导致黄河河道生态用水量日渐减少，汛期不协调的水沙关系有恶化趋势。黄河下游河道的水流量不足，长期的小流量过程，导致黄河主河槽淤积严重、日渐萎缩；2001 年，黄河主河槽的过流能力锐减为 1800 立方米每秒。④

西北地区的社会发展不能没有水资源，但目前不科学的开发利用现状致使水资源无法承受传统的粗放式的开发利用模式，转变水资源利用观念，制定水资源利用科学合理的分配方式，发展节水型用水技术，构建再生水体系，才能将西北地区的水危机转化为科技进步与保护水资源的动力，进而使水资

① 陈冰：《新疆维吾尔自治区地下水资源评价》，新疆维吾尔自治区国土资源厅网页，2002 - 3 - 7。

② 汪珊、孙继朝等：《论中国西北地区地下水质量与环境》，《全国地下水资源与环境学术研讨会论文集》，2005 年。

③ 王得祥、杨改河：《西北地区林草植被及其生态环境建设策略》，《西北林学院学报》，2003 年第 1 期。

④ 李国英：《西北地区水资源状况及南水北调西线工程》，《中国水利》，2006 年第 6 期。

源更好地成为西北经济社会发展的支柱。

2. 西北地区的水污染

在自然界水体循环过程中，人类活动产生的各种无机、有机化学物进入自然水体，无法被自然分解，超过了水体自身的净化能力，无法恢复之前的状态，导致无法供人饮用或使用，此种情况称之为水污染。水循环过程中，自然循环与社会循环都会有污染物进入水体，但水的社会循环在水污染中要处于主要责任。工业排污、生活排污、农业排污等的持续造成水体污染，并呈现扩大化的趋势。

水污染物包括物理污染物、化学污染物和生物污染物等，对污染物进行归类时可参考其在水质中所表现出的物理、化学和生物特征，如污染物的物理状态是悬浮颗粒还是可溶性物质，是否含营养性物质等，不同的污染物对于受污染水体的功能影响也大不相同。

按照《地表水环境质量标准》（GB3838–2002）的界定，我国地面水可分五类：（1）Ⅰ类，水质良好，只需简易处理、消毒即可饮用，主要适用于江河源头水、国家自然保护区。（2）Ⅱ类，水质受轻度污染，经常规净化处理即可饮用，主要适用于地表水源地一级保护区、集中式生活饮用水、珍稀水生生物栖息地等。（3）Ⅲ类，主要适用于地表水源地二级保护区、水产养殖区等。（4）Ⅳ类，主要适用于一般工业用水区、人体非直接接触之娱乐用水区。（5）Ⅴ类，适用于农业用水区、一般景观用水区。超过以上五类标准的水体几乎没有使用功能。分类标准如表2–1所示。

按照受污染水体的存在形式，下文将水污染分为地面径流污染与地下水污染进行数据总结与分析。

（1）地面径流污染。西北地区地面径流主要有黄河、渭河、塔里木河、黑河等。以黄河为例，20世纪90年代，排入黄河的废水、污水高达20多亿吨，比80年代翻了一番，水质恶化趋势明显。[①] 根据1998年的水质监测数据，黄河干流及其主要支流重点河段的7247千米水域中，36.9%的河段为Ⅳ类水质，33.8%的河段为Ⅴ类和劣Ⅴ类水质，污染非常严重。[②]

[①]　田秋生：《入世后的西部大开发》，北京：中国社会出版社，2002年版，第37页。

[②]　王兆华、李立科等：《西北地区水资源利用的问题与对策》，《安徽农业科学》，2008年第10期。

表 2 - 1　五大类水分类标准

编号	标准值　分类 参数		I	II	III	IV	V
1	pH 值（无量纲）		6～9				
2	溶解氧	≥	（饱和率） 90%	6	5	3	2
3	高锰酸盐指数	≤	2	4	6	10	15
4	化学需氧量	≤	15	15	20	30	40
5	五日生化需氧量	≤	3	3	4	6	10
6	氨氮（NH - N）	≤	0.15	0.5	1.0	1.5	2.0
7	总磷（以 P 计）	≤	0.02（湖、 库 0.01）	0.1（湖、 库 0.025）	0.2（湖、 库 0.05）	0.3（湖、 库 0.1）	0.4（湖、 库 0.2）
8	总氮（湖、库以 N 计）	≤	0.2	0.5	1.0	1.5	2.0
9	铜	≤	0.01	1.0	1.0	1.0	1.0
10	锌	≤	0.05	1.0	1.0	2.0	2.0
11	氟化物（以 F 计）	≤	1.0	1.0	1.0	1.5	1.5
12	硒	≤	0.01	0.01	0.01	0.02	0.02
13	砷	≤	0.05	0.05	0.05	0.1	0.1
14	汞	≤	0.00005	0.00005	0.0001	0.001	0.001
15	镉	≤	0.001	0.005	0.005	0.005	0.01
16	铬（六价）	≤	0.01	0.05	0.05	0.05	0.1
17	铅	≤	0.01	0.01	0.05	0.05	0.1
18	氰化物	≤	0.005	0.05	0.2	0.2	0.2
19	挥发酚	≤	0.002	0.002	0.005	0.01	0.1
20	石油类	≤	0.05	0.05	0.05	0.5	1.0
21	阴离子表面活性剂	≤	0.2	0.2	0.2	0.3	0.3
22	硫化物	≤	0.05	0.1	0.2	0.5	1.0
23	粪大肠菌群	≤	200	2000	10000	20000	40000

　　再以兰州市为例，兰州市地表径流的主要污染物包括悬浮物、有机物以及富营养化物质，其水质指标值大约为：SS = 127 ~ 1516mg/l，CODcr = 10.08 ~ 932.92mg/l，T - P = 0.18 ~ 2.72mg/l，T - N = 2.12 ~ 13.29mg/l。我们发现，兰州河水之 SS、COD 和 T - N 等的平均浓度均高于《污水综合排放标准》1 级标准，T - P 的平均浓度接近《污水综合排放标准》1 级标准。根据专家估算，兰州市 2005 年的径流污染负荷为：SS：屋面 982.69 吨，街道

895.51 吨，小区 273.82 吨；COD：屋面 79.72 吨，街道 607.95 吨，小区 68.02 吨。兰州市区目前的污水处理率也只有 43.36%，部分生活污水甚至直接排入黄河，母亲河不堪重负。[①] 兰州城区的污水处理率也只有 60% 左右，且因人口密集，目前每年有接近 1 亿吨生活污水未经处理直排黄河；工业发展使得污染物排放量逐年加大，大小排污口超 70 个，且绝大多数所排废水未达标。而且，甘肃省是欠发达省份，治污资金不足，短期内提高治污率的可能性不大。

工业污水排放是地面径流污染的主要原因之一，工业污水的生产者是以盈利为目的的企业，其经营者往往只考虑经济利益，当超标排污的违法成本低于严格排污的净化成本时，让企业自觉承担环境责任、治理污水，是不具有可期待性的。在环境法出台之前，排污一片乱象，想怎么排就怎么排；旧"环保法"出台，虽然在一定程度上规范了企业排污的方式与标准，但惩治力度不严，违法乱排现象仍旧普遍；新"环保法"出台，对违法排污行为的处罚力度上升到了一个新的高度，并且授予行政主管部门部分行政处罚权——有相应的行政处罚措施对《环境保护法》的实施保驾护航，因此我们期待新"环保法"带来水资源治理的新景象。

城市化的发展也给地面径流带来了新的污染源。随着城市化的发展，非透水性地面越来越多，地下排水系统随之增加且日益复杂，加速地表径流形成的同时，较大程度上降低了受纳水体的水质。[②] 城市土地利用方式多以硬化地面为主，土地无法自行渗水而使得城市需要发达的地下排水系统，土地自身对水的过滤作用被硬化的地表隔绝，降水会冲刷城市表面的灰尘、病菌、油脂、垃圾等其他污染物，变成污水后通过地下排水系统汇入其他自然水体中，使得受纳水体的水质受到严重污染。

（2）地下水污染。根据中国地质环境检测院公布的数据，我国的地下水污染非常严重。从 195 个城市的检测结果来看，我国 97% 的城市地下水已被不同程度的污染，其中 40% 的城市地下水污染比较严重或非常严重。[③] 在地

---

① 张媛：《兰州市区地表径流污染初探》，兰州大学学位论文，2006 年。
② Schueler T R. The importance of imperviousness ［J］. Watrshed Protection Techniques，1994（1）。
③ 罗兰：《我国地下水污染现状与防治对策研究》，《中国地质大学学报》（社科版），2008 年第 2 期。

表径流不足的情况下，地下水往往就成为主要用水来源，所以，我国很多城市特别是北方城市的地下水超采现象也很突出。而地下水超采与地下水污染会相互影响，极易导致恶性循环，进而引发地下水环境较大的改变；地面污水向地下倒灌，加上地面污水渗透，最终加重地下水污染程度，而水污染严重也会加剧对纯净水源的开采，如此反复，已造成相当严重的后果。

西北地区虽然地广人稀，但多数城市以地下水为主要供水水源，随着城市和工业的迅速发展，城镇排污量增加、农药化肥施用量的提高以及机井增多，地下水（尤其是潜水）污染或水质劣化问题有加重的趋势。西北地下水受污染的城市主要有西安、铜川、韩城、兰州、金昌、石嘴山、银川。地下水污染多发生在主要城市、工矿企业的周边，目前污染主要为点状、线状分布，主要超标组分为溶解固体量、总硬度、硝酸盐、亚硝酸盐、硫酸盐、氯化物和氟化物（见表 2 – 2）。[①]

表 2 – 2　西北地下水主要超标组分

省、区	市	超标项目	污染程度
陕西	渭南	NH_4^+、细菌总数、Cl	轻度
	华阴	挥发性酚	轻度
	韩城	细菌总数、大肠菌群、F	轻度
	宝鸡	NH_4^+、NO_3^-、F、Hg	轻度
	铜川	NH_4^+、挥发性酚、Cr^{6+}	中度
	西安	总硬度、Cr^{6+}、溶解性总固体、F	重度
甘肃	天水	Cr^{6+}、As	中度
	金昌	As、Hg、Cr^{6+}、Ni、Cu	重度
	兰州	矿物油、Cr^{6+}、Zn、Fe^{2+}、F、NO_3^-	重度
宁夏	银川	溶解性总固体、总硬度、NH_4^+、NO_2、Fe、Mn	中度
	石嘴山	挥发性酚、三氮、CN^-、Hg	中度
新疆	乌鲁木齐	总硬度、溶解性总固体、SO_4^{2-}、NO_3^-、NO_2、Cl、	中度
	喀什	NO_2	轻度

3. 西北地区的水危机

水危机是指在人类社会发展某个阶段，由于人类活动加上自然的水文循

[①] 汪珊、孙继朝等：《论中国西北地区地下水质量与环境》，《全国地下水资源与环境学术研讨会论文集》，2005 年。

环波动，对水循环平衡不合理的改变，使水的经济社会价值不能满足当时经济社会和生态环境发展要求的状态。具体表现为水量或水质不能满足经济社会发展取水用水的需求，不能维持生态环境良性循环甚至使生态环境恶化。[①]

就中国目前水资源现状而言，在经历了三十多年的以工业经济为主力的经济高速增长时期，以破坏环境为代价的经济发展模式所带来的弊端已完全显现出来。在水资源的开发利用上，水资源的不合理与过度使用，是造成水危机的原因之一，并加剧了水污染的严重程度。然而问题是，经济发展仍在路上，水资源的利用仍存在大量问题，目前的水资源现状已不能够承受以往粗放的发展模式，一个三十年让水危机严重到如此程度，水资源却再不能承受另外一个三十年。就目前水危机的成因或影响因素，以下几个方面较为突出：

（1）人口增长过快。1900 年，世界人口为 16 亿，目前已达 70 多亿，人口增长非常快。目前，中国大陆总人口已达 13 亿多，数字非常庞大。人口增长首先使得饮用水需求增加，其次，人的生产活动的水需求量随之增加。显然，水资源需求量不断增加的重要原因是人口在不断增长，而水资源供不应求恰是水危机的重要表现。

（2）科技进步带来的负效应。人类发展从以农业为主的自给自足、靠天吃饭，到以工业为主的剩余价值产生、资本主义萌发，科技进步扮演了重要角色。科技的发展推动社会的发展与改革，但也为水资源利用带来了前所未有的压力——机械降温、化学反应、副产物处理等都需要大量的水资源供应得以实现，而污染物的直接排放也是水危机中水污染如此严重的重要原因。科技是把双刃剑，要在为人类带来利益的同时充分考虑其对环境尤其是水资源的污染与破坏，在科技发展的同时解决污染问题，使科技进步也进入可持续发展、绿色发展的行列中来。

（3）全球变暖的影响。学界对于全球变暖已形成统一的观点，即 21 世纪全球气候将进一步趋向暖化和干化，而且在未来的几十年里，人为产生的增暖率每十年将增加 $0.1 \sim 0.2\ ℃$。科学界建立的全球气候模型（GCM）表明，未来的气候变化会导致原本干旱的地区更加干旱，全球极端干旱面积可能会增加 10% ~ 30%，今后每 100 年出现极端干旱事件频率和数量将会增加

---

① 水利部：《全国水资源综合规划》，2010 年。

20%甚至更多。①

除了人类日常生活用水，以及科技发展所消耗的水资源，自然环境的异常变化也将严重影响到人类的生产生活，干旱、洪灾一旦发生，会造成的不仅是经济损失和人员伤亡，灾难给人类带来的创伤远比我们表面上能看到的要多。全球变暖会增加水极端事件的发生概率，甚至加剧水资源缺乏的严重程度。另外，水循环作为气候大系统的组成部分，随着气候变暖而持续加速的全球水循环，对全球和区域性水资源均有非常大的影响，可能会导致洪水和干旱等水极端事件频繁发生，将给全球水资源的管理带来更大的挑战。②

（4）环保意识淡薄。意识能够指导人类活动，意识的能动作用有两个方面：一是意识能够反映客观事物，让人类接收到事物的外部现象，从而发现事物的本质和规律，但这种意识的正确程度取决于人类的视域，有一定的局限性。二是意识能反作用于客观事物，这种反作用可能是积极的，也可能是消极的，取决于人接收到客观现象后的判断与决定。环保意识的重要就体现在意识的重要上，在经济高速发展时期，国家政策的制定者们看到的只是经济发展带来的效益与人民生活日益富裕，没有意识到受严重污染的水资源。因此在决策时，是以牺牲水资源与生态环境为代价的，或者，决策者们意识到了要以一定的水污染作为代价，但没有意识到水污染的严重程度，才造成现在的状况。更甚者，决策者们意识到污染的严重性，相较而言，经济发展才是主要任务，因此才忽略对水污染的预防与治理。总而言之，后果已经出现，曾经的"经济发展为主要目标"之功过暂且不论，目前国家推行的是"必须坚持节约资源和保护环境的基本国策，坚持可持续发展，坚定走生产发展、生活富裕、生态良好的文明发展道路"，决策者们已经意识到了环境污染、水污染的严重性，并且制定了相应的国家政策来付诸行动，这就更加明确地体现了意识的能动性以及环保意识的重要性。

对于国家政策而言，环保意识将会改变我们以后社会发展的大方向；对于公民个人而言，环保意识同样重要，节约用水、合理用水、关注水资源动

---

① ANAGNOSTOPOULOSA G G, KOUTSOYIANNISA D, CHRISTOFIDESA A. A Comparison of Local and Aggregated Climate Model Outputs with Observed Data ［J］. Hydrological Science Journal, 2010, 55 (7): 1094 – 1110.

② 付恒阳、潘红霞：《世界水危机及对策探讨》，《长江科学院院报》，2013 年第 5 期。

态、监督环保部门行政作为等等，都是对水资源保护的一分力量，将对公民个人家庭生活产生深远影响，也体现了公民个人的社会责任。

（5）其他问题。首先，水资源作为公共资源，原来的取得方式是无偿的，这使得取水用水处于极度乱取滥用的混乱现象。政府意识到水资源有限性后，就采取了收费制度，但就我国目前水价而言，水资源多的省份水价较低，水资源少的省份水价较高，且差距较大，这使得原本滥用水资源的问题在没有得到解决的情况下，又出现了新的水资源问题。比如：水资源由全体公民共同享有的，在水价上却得不到公平对待。其次，排污标准的制定并不是根据水资源及其他自然环境的自身净化能力来制定的，而是以污染物环境基准为基础所作出的标准要求，是以不足以损害人体为目的的，这与对环境造成损害显然不是一个标准，事实证明标准内排污对环境治理是没有积极意义的。况且，以经济发展为主的社会发展模式造就企业肆意排污的同时，法律对于这些对经济发展做出"突出贡献"的企业并没有较为严厉的处罚，这使得其违法成本大大低于"违法所得"。新《环境保护法》按日处罚制度实施以来就有显著成效，说明增大违法成本也是遏制水污染进一步扩大的有效措施之一。

值得一提的是，新《环境保护法》第14条新增了政策环评："国务院有关部门和省、自治区、直辖市人民政府组织制定经济、技术政策，应当充分考虑对环境的影响，听取有关方面和专家的意见。"新"环保法"树立了经济发展与环境保护相协调的理念，将环保纳入国民经济与社会发展规划的范畴，将涉及环境问题的经济分析列入行政机关的政策决策过程中，确保其政策决议的出发点就是绿色的、环保的，预防原则在政策环评中得到了最好的体现。

《环境保护法》的进步意义重大，但水资源问题突出的形势依旧严峻，政府有关部门的环保职责没有得到有效落实，其违法的行政作为或不作为没有较为完善的监督机制，以经济发展程度作为主要政绩考核标准，为其实施环保职责也造成了一定的压力。最后，对于已污染水源的治理程序不能有效运行，排污费、排污税等专款专用不到位，相关的技术以及具备专业知识的人员不足，治理成本过高等等都成为治理污染的阻碍，已经造成的污染仍旧在靠着环境的自净能力对污染物分解、稀释，这也是目前我们必须认清的事实。

（三） 应对水危机的对策

1. 法律措施——水权制度的建构

水权不清是除水资源"取之不尽，用之不竭"等落后观念外，另一造成目前中国水危机现状的重要问题。科学技术发展的"副作用"是造成水危机的表象，更为深层次的原因则是由于预防及限制水资源盲目使用的相关法律制度的欠缺及不健全。为应对水危机提供司法层面的路径探索，健全水资源制度则需要明确以下几个问题：

（1）水资源作为权利客体的属性问题。水资源作为人类共享的自然资源，有学者将其比作与空气一样，无法承载人类的权利，不能作为所有权的客体而存在；水属于公用物，即生存在地球上的人类根据自然法则共同享有，不属于任何个人所有的物品。但在现实生活中，对水资源的利用及人类生存而必需的水饮用使得水资源在一定条件下也具有私人物品的属性，譬如一瓶矿泉水。显然，水资源表现出私人物品和公共物品的双重属性。在理论上对其进行清晰的分析和界定，是研究水资源制度的逻辑前提。

（2）水资源权利属性问题。目前学界对于水资源权利属性争议焦点在于：水资源是否能作为所有权的客体。所有权是物权的一种，物权具有对世性，也就是说其客体应为特定的物，且这种物原则上只能是独立的物和有体物。如果要成为所有权客体，物必须符合特定性的要求，即所有权客体特定性的原则。[1] 同意方的观点认为："自然力"不属于有形的客体，但人类可以控制的"自然力"则应当属于法律意义上权利的客体。[2] 且现代物权客体已不仅限于有体物，无体物中的电、光、热等自然力上都可以设立物权，因此，水资源是符合所有权客体特定性原则的。反对方的观点则认为：水资源具有流动性、非特定性的特征，物权需要对物进行直接支配，水资源的特性不能支持物权权利的行使，因此不能作为物权载体。

（3）水资源权利归属问题。水资源权利的归属问题是一个非常重要的问题，它是水资源分配及利用的基础。我国现行宪法第 9 条和《水法》第 3 条

---

[1] 单平基：《水资源危机的私法应对：以水权取得及转让制度研究为中心》，北京：法律出版社，2012 年版，第 65 页。

[2] ［德］卡尔·拉伦茨：《德国民法通论》（上册），王晓晔等译，北京：法律出版社，2003 年版，第 381 页。

明确规定，水资源所有权属于国家，即国家所有（亦称全民所有）；我国的《物权法》第 123 条将公民的水权纳入了用益物权的范围。可见，在我国现行法律框架下，水资源属于国家所有，但公民享有水资源的使用权即用益物权。

（4）水权的取得问题。企业及个人依法取得的是水的用益物权，在水权取得制度不尽完善的情况下，不仅水资源会因为低代价的取得而被利用过度，甚至会引发或加剧用水人之间的用水利益冲突。取水、用水必须依据相应的规则来认定其行为是否合法，以及确定取水、用水的先后顺序。譬如，虽然我国还处于经济建设的高峰期，但饮用水安全及保障应当排在经济发展用水的前面，不可逾越。

（5）水权的转让问题。水权转让的司法构造与具体程序设计是目前水权转让的焦点问题。再生水作为水资源的一种，尤其需要水权转让的相关法律法规支撑。毕竟在实际的生产生活中，再生水的处理是不可能由排污企业自行完成的，需要一定的技术与设备支持，因此在实践中更多的是由专门的再生水处理企业进行统一处理。但是如果水权转让理论不够完善，那么这类企业的利益将无法保障，也就难以激励相关环保行为，不利于我国经济社会的可持续发展。

（6）水价问题。基于水资源作为权利客体，其自身属性的模糊导致水是否是商品，其价格的制定等问题一直得不到有效的解决。基于水资源地理分布不均的原因，各地水价也不尽相同，甚至出现水资源多的地方水价相对较低，水资源少的地方反而水价相对较高。另外，就目前中国水危机现状而言，水价并没有有效的反映出水的稀缺状态，用水需求的大幅度增长以及洁净水的净化成本都没有得到体现，对资源配置没有考虑市场经济的影响。单从企业用水方面来看，技术水平严重影响水利用效率，但低水价使得低效率并没有导致低收益的出现，使那些浪费水资源的企业并未被市场淘汰。未充分发挥市场机制的作用，也是水资源浪费现象得不到改善的重要原因之一。

2. 实践措施——再生水回用

（1）再生水是一种十分宝贵的水资源。美国环保局（USEPA）制定的《污水再生利用指南》将再生水（Reclaimed Water）定义为，再生水是指

"经过一系列技术处理后的市政污水满足特定的水标准，可以被有益利用的水。"① 我国的《城市污水再生利用工业用水水质》（GB 19923 - 2005）和《污水再生利用工程设计规范》（GB50335 - 2002）明确，"再生水是指污水经各种处理工艺后，水质达到特定的标准，能够满足某种使用要求，可以进行有益使用的水。污水再生利用是污水回收、再生和利用的统称，包括污水净化再用，实现水循环的全过程。"

无论怎么界定，再生水是一种十分宝贵的水资源，其具有水量大、水量稳定、输水距离短、制水成本低以及受季节和气候影响变化小等特点。再生水的这些特点决定了其用途，根据处理后的水质状况可直接或间接用于地下水回灌用水（水质状况要求高），农田灌溉、园林绿化（校园、公园、高速路绿化带等）、工业、市政杂用（消防、冲厕）等。

（2）再生水回用。再生水回用，是将经过深度技术处理，去除杂质、有毒有害物质、重金属离子，进而消菌灭毒，达到国家、地方规定的特定用途水质标准的各种废水，广泛应用于农业灌溉、企业生产、居民生活、市政杂用等方面。

1920 年，美国亚利桑那州建立了世界上第一个分质供水系统以缓解该州降水量少、淡水缺乏等难题。世界上一些著名城市如伦敦、巴黎、波士顿等也在较早的时候就出台了再生水法案。在这些国家或地区，再生水是水资源的一种，在缓解水资源危机中已经充当了重要角色。西方发达国家早就意识到了再生水的重要价值，在总结实践的基础上立法确立了使用再生水的合法性，并规定了相应的再生水利用规范标准及政策机制，且根据不同地区的特点，出台了有差异性的再生水法规。

美国再生水主要用于农业、工业、地下水回灌和娱乐等方面，并且实行双管供水，区分饮用水系统与再生水系统。日本在再生水水费的设定和征收方面综合考虑了再生水的成本及用户对象，其成本构成因素包括再生水的生产、管道设施建设及维护费用两大块，用户对象则区分用水公益性成分比重，比如景观用水和冲厕用水这类公益性较高的用水方式，设定和征收水费的对象为普通民众或具有公共职能的机构，水费会相对较低。这对再生水的推广

---

① 美国环保局（USEPR）:《污水再生利用指南》（Guidelines for Water Reuse），胡洪营、魏东斌等译，北京：化学工业出版社，2008 年版，第 1 ~ 3 页。

及利用有着很好的促进与鼓励的作用。以色列再生水利用程度在世界都居于前列，生活污水与市政污水的处理回用均达到 70% 以上，这取决于以色列几乎全国实施了双管供水系统。在制度层面，以色列将水源分为天然淡水、淡化海水、地下咸水、再生水、拦截雨水等，并确定了不同的水价。以色列将全国按自然流域划分区域，根据污水排放制定处理回用指标，对农用水质确定了严格的标准，以规范再生水在农业方面的使用，可以有效地规避再生水使用中对人体健康可能的危害。

为应对我国已出现的水危机，主流观点是要实现水资源的可持续利用。面对目前严重的水短缺、污水乱排、水资源浪费等现象，统筹规划是长远大计，再生水回用是最高效的措施。相较而言，国家政策与立法方面应当先对再生水回用给予法律规制与政策鼓励，使得水危机得以暂时缓解，并且给未来水资源统筹规划可持续发展道路提供更多的时间与经验。水危机已经迫在眉睫，水安全问题也已经危及广大民众的健康，再生水回用是目前破解这一危机最直接有效的措施。

二、再生水的特征及价值综论

（一）再生水的特征及分类

1. 再生水及其特征

（1）再生水的概念。查阅《现代汉语词典》，再生水是"经过处理的生活污水、工业废水、雨水等，其水质介于清洁水和污水之间，可以用来灌溉田地、冲洗厕所、回补地下水等"。简言之，再生水包括了三层含义，第一，再生水源于生活污水、工业废水、雨水等；第二，再生水的水质介于清洁水与污水之间；第三，再生水的用途包括灌溉、冲洗厕所、补充地下水等。我国相关规范性文件对再生水的定义则各有不同，譬如：

《城市污水再生水利用技术政策》将"再生水"定义为："再生水是经过城市污水再生处理技术处理系统充分可靠的净化处理，满足特定用水途径的水质标准或水质要求的净化处理水。"此概念强调了三点，第一，再生水源于城市污水；第二，达到相应之水质标准与水质要求；第三，能满足特定的用途。

《西安市城市污水处理和再生水利用条例》对"再生水"的定义为："再生水是城市雨水、污水等经收集处理后，达到国家或地方性规定的相关水质标准，在一定范围内使用的净化处理水。"此概念强调的是，第一，水源是城市雨水、污水；第二，水质要达到国家或地方规定的水质标准；第三，在一定范围内使用。

《银川市再生水利用管理办法》将"再生水"定义为：再生水"是指城市污水和废水经过净化处理，水质改善后达到国家城市污水再生利用标准，可在一定范围内使用的非饮用水。"

《山东省节约用水办法》则对"再生水"和"中水"进行了区分。"再生水，是指污水和废水经过处理，水质得到改善，回收后可在一定范围内使用的非饮用水。""中水，是指污水和废水经过净化处理后，达到国家《生活杂用水水质标准》或者《工业用水水质标准》，可在一定范围内重复使用的再生水。"

综合以上我们发现，我国的规范性文件对再生水的界定并不相同，但都对其水源、水质和使用范围等进行了界定，相似处也非常明显。《山东省节约用水办法》明确指明中水是可在一定范围内重复使用的再生水，这表明中水包含于再生水之中，是一种再生水。

（2）再生水的特征。再生水具有水量大、水量稳定、输水距离短，制水成本低以及受季节和气候影响变化小等特点。

第一，水量大。据统计，截至 2009 年第一季度，我国已建成并投入运营的污水处理厂共有 1590 座，设计日处理规模已达 $9 \times 10^7 m^3$，日实际处理量近 $7 \times 10^7 m^3$，年处理污水量达 $2.5 \times 10^{10} m^3$，约占我国城市供水总量的一半。

第二，水量稳定。再生水的水源一般为生活污水和工业废水等，在日常生产生活中，每天都会有大量的污水、废水产生，这就保证了再生水产生的水源。同时，污水处理厂就是再生水的水源地，这使得城市再生水用户在使用时更加便利。而且，再生水的水源稳定，几乎不受季节和气候变化的影响。从理论上讲，随着科技的进步，任何污水、废水都可以通过一定的工艺加以处理，进而达到相应的水质标准，满足某种需求。通常而言，二级出水经过消毒处理之后，即能达到有关规定的水质标准，可以用作生活杂用水、农业用水和景观用水等；在此基础上，经过三级处理的再生水，可以用作工业循环冷却水、地下水回灌补充等。

第三，输水距离短，制水成本低。再生水与跨流域调水、海水淡化都是增加水资源总量的方法，由于污水处理厂是再生水的水源地，城市的污水排出后，经过水处理厂的处理，水质达标后，可以回用于再生水用户。再生水相对于跨流域调水等，成本更低，产生水量大，具有输水距离短、制水成本低的特点。

2. 再生水与中水概念辨析

（1）中水的定义。中水（Reclaimed Water）一词于20世纪80年代起源于日本。主要是指城市内一个小区或确定的大型建筑物系统内的污水经处理后达到一定的水质标准，可在一定范围内重复使用的非饮用水。它以处理后达到的水质标准为依据，水质位于生活自来水（上水）与排水管道内污水（下水）之间，故名为"中水"。"中水"这一术语有着多种称谓：譬如在污水工程方面，"中水"被称为"再生水"；在工厂、企业方面，"中水"被称为"循环水"或"回用水"。[①]

我国相关规范性文件对中水的定义也略有不同，譬如：

《建筑中水设计规范》（GB50336-2002）将"中水"定义为："各种排水经处理后，达到规定的水质标准，可在生活、市政、环境等范围内杂用的非饮用水"。

建设部《城市中水设施管理暂行办法》将"中水"定义为："部分生活优质杂排水经处理净化后达到《生活杂用水指标》（CJ25.1-89），可在一定范围内重复使用的非饮用水。"[②]

《海南经济特区水条例》（2004）将"中水"定义为："中水，是指污水经处理达到一定的水质标准，可以在一定范围内重复使用的非饮用水。"

从这些规范性文件对于"中水"的定义中，可以明确看出再生水和中水概念并不一样。第一，中水的水源主要是生活污水，再生水的水源则更为广泛；第二，中水是再生水的一种，是再生水中水质较高的部分；第三，再生水的用途比中水更为广泛。

（2）再生水与中水概念的进一步辨析。从以上规范性文件对再生水的表述可以看出，再生水的概念无论在内涵还是外延方面，均和中水的概念不能等同，中水的概念实际上包含在再生水的概念之中。下面从污水工程和规范性文件两方面对再生水与中水做进一步辨析。

---

① 贺颉：《中水的定义》，《建设科技》，2006年第8期。
② 贺颉：《中水的定义》，《建设科技》，2006年第8期。

第一，污水工程方面。"中水"主要是指生活污水经过处理后达到规定的水质标准，可在一定范围内重复使用的非饮用水①。中水的水质标准低于饮用水水质标准，但高于一般再生水水质标准，故称"中水"。一般而言，再生水处理可分为预处理、一级处理、二级处理和三级处理等，处理的程度不同，水质状况不同。再生水在二级处理的基础上增加三级处理，处理后的水质状况更好，用途更广。在某些情况下，经过二级处理的水质标准达标，能够满足使用需求而且已经回用的，这些二级处理水也属于再生水。显然，中水的水质要求比再生水高。

第二，现有规范性文件对"再生水"的界定并不统一。《西安市城市污水处理和再生水利用条例》中提及的"再生水"主要指"城市再生水"，意为对城市的污水、废水、雨水等收集处理，水质达到国家相关规定的标准，在一定范围内使用的非饮用水。《银川市再生水利用管理办法》中提及的再生水即"城市再生水"，而且，《办法》中的"中水"与"城市再生水"的范畴相同。此处，"中水"的水质指标低于饮用水水质指标，高于污水允许排入地面水体的标准。②《山东省节约用水办法》对于中水与再生水的定义分别作了规定，在这个定义中，再生水与中水相互联系、又相互区别，再生水的范围更为宽泛，中水包含于再生水之中，即中水是再生水中的一种。

综上所述我们认为，再生水不能笼统的与中水等同，再生水的范围比中水更加广泛，中水是一种再生水，是再生水中水质较高的部分。

3. 再生水的水源分类

可用于生产再生水的水资源一般来自城镇生活污水和企业生产废水两部分，经过污水处理设备的再生水处理后，可以满足一定的使用需求。污水再生处理一般可分为预处理、一级处理、二级处理和三级处理（也称高级处理或深度处理）。

（1）生活污水。生活污水就是广大民众日常生活过程中从住宅、饭店、单位等排出的水及从工厂的厨房餐厅、卫生间、洗衣房等生活设施中排出的水。《建筑中水设计规范》中将生活污水中污染较小的泳池排水、沐浴排水、洗衣排水等作为优质杂排水，这些水污染程度低、排水量大，是较为理想的

---

① 房鸿雁：《浅谈中水回用之现状》，《中州建设》，2005 年第 5 期。

② 黄理辉：《区域再生水资源循环利用》，济南：山东大学出版社，2014 年版，第 12 ～ 13 页。

中水水源。

生活污水的再生处理主要有三种途径，常用的是采取传统的二级处理，去除掉有机污染物和部分氮、磷等，再将处理后的水排入环境。第二种途径是在传统二级处理的基础上，增加三级处理工艺，进行深度处理，处理后水质状况更好，可以直接用于绿化、道路喷洒等。第三种是小城镇的污水处理厂由于受到污水水质状况、污水处理厂自身情况的限制，只能进行筛滤、除砂等预处理。

（2）企业污水。依据水在企业生产过程中水质的变化程度，将企业污水分为生产废水和生产污水两大类。生产废水是在企业生产过程中未被原料或废料污染，只是其物理性质有所改变的水，如企业生产过程中产生的温度有所上升的水；生产污水则是指在企业生产过程中直接参与了生产工艺的水，其水质较生产废水更为复杂。

企业生产的废水出水水质较为简单，污染较小，经过废水再生处理后，可直接排入环境之中，成为再生水来源之一。但企业污水水质较为复杂，污染严重的企业出水经处理后，排入城市污水处理厂或工业园区的污水处理厂。

（3）其他。除了生活污水与企业污水，还有一些分散的污水，其中有一部分没有经过任何处理直接排入环境之中，但随着环保执法力度不断加强，这部分污水越来越少。[①]

（二）再生水的用途

再生水的用途相当广泛，由于再生水水源的不同，再生水的用途亦有不同。根据《建筑中水设计标准》（GB50336 - 2002）之界定，再生水的重要用途在于其可回用于农业、工业、市政杂用、城市景观和补给地下水等方面。

1. 再生水回用于农业

再生水回用于农业的范围较广，包括农田灌溉、造林育苗、水产养殖等。[②] 具体而言，再生水可回用于农业领域的种子与育种，粮食、饲料作物和经济作物的生产，观赏性植物和苗圃、苗木的灌溉，家禽家畜的饲养以及

---

① 黄理辉：《区域再生水资源循环利用》，济南：山东大学出版社，2014 年版，第 12 ~ 13 页。
② 高旭阔：《城市再生水资源价值评价》，北京：化学工业出版社，2014 年版，第 13 页。

淡水养殖等。[1]

（1）再生水回用于农业的现实需要。经济社会的发展以及人口数量的增多使社会的需水量增加，但是水资源开发也越来越艰难，这就加剧了水资源的供需矛盾。我国是一个典型的农业大国，农业灌溉在一定程度上直接影响我国农业的生产与发展，农业灌溉是我国农业生产发展的必要条件。农业灌溉需要充足的水源，根据 2015 年"中国年鉴"统计数据，2014 年我国供水总量为 6094.9 亿立方米，其中农业总用水量为 3869.0 亿立方米，约占 63.5%。[2] 毫无疑问，随着农业的发展，其灌溉用水还会增加。同时，我们的工业用水和居民用水也会随着社会的发展而增加。但水资源的总量是确定的，增加农业用水的回旋余地并不大，将再生水回用于农业就有了紧迫而现实的需求。

（2）再生水回用于农业的优势。再生水回用于农业有明显的优势，这些优势主要包括：第一，保障农业用水，缓和用水矛盾。农业用水每年约占总用水量的 2/3，将再生水用于农业，可以将大部分的水资源节约留存，为生活用水提供更大的空间。第二，减少污灌，保障生态安全。长期以来，为解决农业灌溉缺水问题，我国一些地区用污水进行农业灌溉。表面上看节约了水资源，实现零成本灌溉，但实际付出的是环境与生态的代价。污灌导致土地富营养化，农作物食用安全性降低，污水下渗后对地下水也造成严重的污染。而再生水都具有一定的水质标准，使用再生水灌溉可以保障生态与环境的安全。第三，节约成本，利于增收。再生水基本上是介于自来水与污水之间的。从农业发展的角度讲，再生水较之其他两种水资源具有经济性。用污水灌溉虽然是零成本，但造成的生态破坏、环境污染的代价不可估量、不可逆转，长远来看，不利于农民可持续耕种土地，不具有经济性。用自来水（或井水）灌溉，往往需要支付较高的"浇地费"（这是农民选择污灌的原因之一）。再生水回用于农业，其费用相对低廉了很多——再生水水价一般不会超过 0.2 元/m³，[3] 可达到农业增收和生态环保的双重功效。

（3）我国再生水回用于农业的现状及问题。自 20 世纪 80 年代起，我国

---

① 高旭阔：《城市再生水资源价值评价》，北京：化学工业出版社，2014 年版，第 13 页。

② 国家统计局：《中国统计年鉴》，北京：中国统计出版社，2014 年版。

③ 王伟、沃飞：《再生水用于农业回灌的规范化思考》，《给水排水》，2009 年第 12 期。

开始启动并发展城市污水再生利用技术。但我国城市污水中的近一半为工业废水，"品质"不高，处理难度大，处理费用高。所以，当时的"再生水"比较有限，用于农业灌溉的也不常见，更未达到再生水灌溉的多元化应用。①进入21世纪以来，我国多地开始推广再生水灌溉，北京、天津等地已经取得了良好的效果。截至2009年5月，我国已建成并投入运营的城市污水处理厂有1500多座，其设计处理能力约为 $1 \times 10^8 \mathrm{m}^3/$ 天，占我国城市供水量的一半，但由于多种因素的影响，多数处理厂的处理量并未达到其设计能力。②所以，我国的再生水生产技术和再生水生产能力都还不足，再生水农用才刚刚起步，再生水利用率偏低。作为一个水资源较为稀缺的国家而言，发展并推广再生水任重道远。③

那么，为什么我国的再生水农用率偏低？我们认为有以下一些原因：第一，再生水法律法规有明显的缺失和不足。我们正在全面依法治国，再生水农用当然也需要法律的支持。但我国的相关法律诸如《水法》《水污染防治法》《循环经济法》等关于再生水回用农业的规定少之又少，现有的一些条文也仅为鼓励性、原则性的，对实际操作指导意义不大。第二，技术相对落后，配套设施不完备。我国再生水处理技术起步较晚，对再生水的投入也相对不足，不仅导致我国的再生水处理技术落后于西方国家，也造成我国再生水管道的设计与相应设备都较为落后，这就使得没有系统的管道与农业灌溉水渠相衔接，也没有先进的设备、仪器进行再生水的相应达标处理。第三，再生水专业人才不足。再生水的处理和农用均为技术性工作，需要相关专业人士的全程指导、检测和参与。但是再生水回用技术相对专业、相对新兴，我国环保、农业等的再生水专业人才显著不足。

（4）推进我国再生水农用之建议。我国再生水农用率远低于发达国家（美国的农业灌溉用再生水占到了六成多④），其重要原因是相关制度建设滞后。目前，我国再生水回用农业缺少法律、政策的指引和规范，进而不能吸引相应的资金投入，导致相关领域难以有突飞猛进的进展，人才的培养也很

①　金建华、孙书洪等：《再生水灌溉的研究进展》，《节水灌溉》，2009年第5期。
②　裴亮、刘慧明等：《农业再生水灌溉现状及发展对策研究分析》，《生态经济》，2012年第1期。
③　杨益：《我国再生水利用潜力巨大》，《经济》，2010年第4期。
④　张钡：《我国再生水农业利用的前景展望》，《河北农业大学学报》，2003年第4期。

难跟得上，这些因素串联并相互作用最终导致了一个不尽如人意的结果。因此，再生水回用农业不能仅依靠市场的调节作用，而应该首先发挥政府的推动功能，让"有形之手"与"无形之手"共同发挥作用。

2. 再生水回用于工业

考察国内外再生水推广使用情况，我们不难发现，决定再生水利用的主要因素有两个：一是从再生水厂到用户的距离远近，二是用户对再生水需求的稳定性。一般而言，农业灌溉、景观水体补水等都与气候紧密相关，因此，这些用户的再生水需求量相对不稳定，而工业用水用户对再生水的需求量相对稳定。工业生产过程中需要大量的水，譬如循环冷却水、锅炉补给水以及各种工艺过程用水等等，而且这些工业用水都可以使用再生水。[①] 当然，再生水回用于工业之循环冷却水、锅炉补给水等，其水质要满足相应的水质标准；回用于各种工艺过程时由于工艺不同，水质要求差别也很大，一般是在生化预处理的基础上通过石灰软化、膜处理工艺等使水质达到要求。[②]

（1）我国再生水工业利用现状。较早的时候，我国就开始了再生水回用于工业的尝试，但和发达国家相比仍有不足。第一，再生水工业利用率比较低。截至 2000 年，我国工业用水的循环利用率达到了 65%～75%，看似较高，但美国的循环利用率已超过 90%，差距明显。[③] 由此可见，我国再生水工业回用率较低。究其原因，一是由于行业领域不同，所产生的废水以及废水处理的工序存在差别导致处理的成本不一，程度不一。二是再生水配套设施需要前期相对较大的资金投入，如果投入与产出不成正比，一些企业就会少用或不用再生水。另外，一般情况下大企业对再生水的需求量大，中小企业由于技术、资金等的限制导致使用再生水存在一定的难度。可见，再生水回用于工业的比率偏低，其原因也是多方面的。第二，污水处理厂处理较为粗糙。依据国家有关要求，污水处理厂应根据再生水用途的不同对污水进行不同处理；但实际上污水处理厂只对污水进行相同的所谓二级处理后就直接排放，这一方面造成了浪费，另一方面造成二次污染，不符合再生水利用的

---

① 高旭阔：《城市再生水资源价值评价》，北京：化学工业出版社，2014 年版，第 14 页。

② 高旭阔：《城市再生水资源价值评价》，北京：化学工业出版社，2014 年版，第 14 页。

③ 田雄超、甄丽娟：《再生水工业回用的水质保障问题研究》，《环境与生活》，2014 年第 10 期。

初衷。第三，再生水回用于工业缺乏监督管理。严格意义上讲，再生水的回用涉及安全问题，再生水必须达到相应的水质标准后方可进入再生水市场。现实情况是虽然我国再生水的利用及研究已历经数十载，但是相对完善的制度规范以及实际应用过程中的管理体系并没有建立起来。一旦缺乏监管或者管理不到位，就会出现安全事故，从而由好事变成坏事，带来不可估量的损失。

（2）再生水回用工业的水质标准问题[①]。我国对回用于工业的再生水水质标准有明确的规定，譬如《城市污水再生利用的分类》（GB T18919 - 2002）、《工业用水水质》（GB T19923 - 2005）等规范中就确定了"刚性"的标准。从中我们不难看出工业用水的水质标准要比其他用水的水质标准多且较为复杂。以表 2 - 3 中的直流冷却水和洗涤用水水质标准为例，我们发现，对于污水处理中的 BODS、色度、粪大肠菌群这些常规指标的要求并不高，再生水水质达到《城镇污水处理厂污染物排放标准》（GB18918 - 2002）一级 A 排放标准即可；但对于污水处理中氯离子、溶解性总固体等未列入污水处理和再生水水质指标的元素却有严格的要求，甚而至于要达到《生活饮用水卫生标准》（GB5749 - 2006）。同时，《城镇污水处理厂污染物排放标准》（GB18918 - 2002）对于水的总碱度、二氧化硅的浓度等亦有明确要求，但饮用水对此并无要求。由此可见，工业用水对再生水水质还有特殊要求。

通过下表我们发现，再生水在工业生产中主要用来做直流冷却水、循环冷却水、洗涤用水、锅炉用水、工艺与产品用水等。其中冷却水和洗涤水所需要达到的水质要求只要与表 2 - 3 相符即可，但是其他几种用水却并非如此。根据《工业锅炉水质》（GB1576 - 2001）的规定，锅炉用水须经锅外化学水处理、水质净化处理和水质稳定处理，否则不可使用。显然，表 2 - 3 中的"锅炉用水"并未达到锅炉用水之水质要求。而工艺与产品用水因其工艺和产品的不同也会有不同的要求，所以要对再生水做不同的化学处理。对再生水进行化学处理的过程中，我们也可发现水质参数与水的腐蚀、结垢息息相关。

---

① 田雄超、甄丽娟：《再生水工业回用的水质保障问题研究》，《环境与生活》，2014 年第 10 期。

表2-3　再生水工业回用的水质标准

检测项目	直流冷却水	敞开式循环冷却水系统补充水	洗涤用水	锅炉用水	工艺与产品用水
pH 值	6.5-9.0	6.5-8.5	6.5-9.0	6.5-8.5	6.5-8.5
ρ (SS) / (mg+L^{-1})	30		3		
浊度/NTU		5		5	5
色度/度	30	30	30	30	30
ρ (BOD5) / (mg+L^{-1})	30	10	30	10	10
ρ (CODcr) / (mg+L^{-1})		60		60	60
ρ (铁) / (mg+L^{-1})		0.3	0.3	0.3	0.3
ρ (锰) / (mg+L^{-1})		0.1	0.1	0.1	0.1
ρ (氯离子) / (mg+L^{-1})	250	250	250	250	250
ρ (二氧化硅) / (mg+L^{-1})	50	50		30	30
总硬度 (以 CaCO3 计) / (mg+L^{-1})	450	450	450	450	450
总碱度 (以 CaCO3 计) / (mg+L^{-1})	350	350	350	350	350
ρ (硫酸盐) / (mg+L^{-1})	600	250	250	250	250
ρ (氨氮) (以 N 计) / (mg+L^{-1})		10		10	10
ρ (总磷) (以 P 计) / (mg+L^{-1})		1		1	1
ρ (溶解性总固体) / (mg+L^{-1})	1000	1000	1000	1000	1000
ρ (石油类) / (mg+L^{-1})		1		1	1
ρ (阴离子表面活性剂) / (mg+L^{-1})		0.5		0.5	0.5
ρ (余氯) / (mg+L^{-1})	0.05	0.05	0.05	0.05	0.05
粪大肠杆菌/ (个+L^{-1})	2000	2000	2000	2000	2000

3. 再生水回用于市政杂用

（1）再生水市政杂用的内容及标准。在城市建设和发展过程中，再生水市政杂用的范围较为广泛，因此我国很多城市在再生水市政杂用方面经验相对丰富。一般而言，再生水市政杂用主要包括绿化灌溉、道路冲洗、消防用水、冲洗车辆等等。绿化灌溉主要指对公共绿地或树木的浇灌冲洗以及住宅小区的绿地灌溉等，道路冲洗主要是指对道路的清理以及局部气候的调节喷洒用水，消防用水主要指消火栓、喷淋等用水，冲洗车辆是指对各类车辆的冲洗。再生水回用于市政杂用，对其水质要求并不很高，但也不尽相同。对于在使用过程中可能直接接触人体的，还是要依据标准严格控制各项指标。当然，要达到《城市污水再利用—城市杂用水》（GB/T18920 - 2002）的相关要求，在对再生水的深度处理中，只需进一步降低水中的相关指标即可满足使用条件（参见下表）。

表 2 - 4　**再生水回用于市政杂用的选择性标准**（单位：mg/L）

序号	基本控制项目	冲厕	道路清扫消防	城市绿化	冲洗车辆	建筑施工
1	溶解氧≥	1.0	1.0	1.0	1.0	1.0
2	悬浮物（ss）≤	10	5	10	5	5
3	生化需氧量（BOD_5）≤	10	15	20	10	15
4	阴离子表面活性剂（LAS）≤	1.0	1.0	1.0	0.5	1.0
5	溶解性总固体≤	1500	1500	1500	1000	1500
6	铁≤	0.3	0.3	0.3	0.3	0.3
7	锰≤	0.1	0.1	0.1	0.1	0.1

（2）各类市政杂用需水量分析，根据具体用途分析如下：

第一，冲厕用水需求量分析。为维持正常的生活状态，民众的日常需水量还是比较大的，其中冲厕用水（尤其是办公楼和教学楼的冲厕用水）占有较大的比重（参见表1~3）。冲厕用水完全可以用再生水，当然也可以用于浇花、打扫卫生等日常活动。我们可以设想，随着人们用水观念的转变，再生水在人们的日常生活用水中将占到一半甚至更多。

表 2 - 5　**我国各类建筑物的分项给水百分率**[①]

类别	住宅	宾馆饭店	办公教学楼	公共浴室	餐厅餐饮业
冲厕	21.3 - 21	10 - 14	60 - 66	2 - 5	6.7 - 5
厨房	20 - 19	12.5 - 14			93.3 - 95
淋浴	29.3 - 32	50 - 40		98 - 95	
盥洗	6.7 - 6.0	12.5 - 14	40 - 34		
洗衣	22.7 - 22	15 - 18			
总计	100	100	100	100	100

----

① 《城市居民生活用水量标准》（GB/T 50331 - 2002）。

第二，汽车冲洗需水量分析。随着社会的进步和人民生活水平的提高，不仅公共交通工具日臻完善，而且汽车也走进了越来越多的家庭，汽车的增加会导致汽车冲洗量的增加，进而导致汽车冲洗需水量的增加。汽车冲洗需水量一般采定额预测的方式，不同车型、不同冲洗方式的需水量会有不同。

表 2-6　汽车冲洗用水定额（L/辆·次）[1]

冲洗方式	软管冲洗	高压水枪冲洗	循环水冲洗	抹车
轿车	200-300	40-60	20-30	10-15
公共汽车	400-500	80-120	40-60	15-30
载重汽车	400-500	80-120	40-60	15-30

注：汽车冲洗用水有上限值和下限值之分。在水泥、沥青等硬化路面行驶的汽车，可选下限值；在其他路面行驶的汽车，可选上限值。

预测公式为[2]：$q = k_0 (1+t)^n \beta$；k_0 表示现年拥有的汽车数量；t 为车辆的年均增长率；n 为预测年限；β 为洗车用水定额。

第三，绿化需水量分析。在生态中国的理念下，我国近年来十分重视城市绿化工作，各个城市都增加了绿化面积。花草树木的生长需要大量的灌溉用水，如果用可饮用的水源进行灌溉，浪费比较严重，因为我国一些干旱地区饮水都成问题。所以再生水灌溉是最经济、最有利的选择。根据我国有关规定，绿化植被每天的用水量为 1.5L/（m^2·次）~2.0L/（m^2·次）。以二线城市为例，假设人口 100 万，绿化面积 100×10^4 平方米，日需水量为 400×10^4L，则全年大致的需水量为 $146 \times 10^4 m^3$。[3]

绿化需水量计算公式[4]：$Q = P \cdot a \cdot b \cdot \varepsilon$　其中 P 为规划人口；a 为人均公共绿地面积（m^2/人）；b 为绿化用水定额 L/（m^2·d）；ε 为灌溉比率（%）。

第四，道路冲刷用水量分析。为了减少道路扬尘、保持路面清洁以及改善空气湿度，我国很多城市配备洒水车进行道路冲刷，并且我国对道路进行了不同级别的划分，路面的清洁质量标准有所不同。如下表所示：

---

① 《建筑给水排水设计规范》（GB 50015-2003）。
② 徐志嫱、李梅：《西安市污水再生回用的发展规划》，《中国给水排水》，2004 年第 5 期。
③ 赵海华：《城市市政杂用再生水需水量计算分析》，《工程建设与设计》，2007 年第 7 期。
④ 徐志嫱、李梅：《西安市污水再生回用的发展规划》，《中国给水排水》，2004 年第 5 期。

表 2 - 7　道路保洁质量要求

道路等级	保洁质量要求
一级道路	规模较大城市每天至少进行一次路面冲洗，较小城市一周可冲洗三至五次；若气温高于 30℃，规模较大市每日至少洒水三次，其他城市可按实际情况而定。
二级道路	规模较大城市每周至少进行三次路面冲洗，较小城市每周至少冲洗一次；气温高于 30℃时，规模较大市每日至少洒水三次，其他城市可按实际情况而定。
三级道路	须按时清洁，不同地区可依具体情况判断道路是否需要冲洗及冲洗的频率；气温高于 30℃，规模较大市每日至少洒水一次，其他城市可按实际情况而定。

4. 再生水回用于城市景观

（1）国内外再生水回用于城市景观之现状。景观水体的安全能够反映一个城市基础设施建设，可以说是城市的一面镜子。景观用水依其功能的差异性大致可分为三个部分，有用于景区观赏的、也有用于娱乐场所娱乐的、还有用于湿地建设保护的。20 世纪 30 年代，全世界首个景观性污水处理厂诞生于美国加州的旧金山，该厂进步意义在于首次将污水处理后投入观赏项目建设，截至 20 世纪 40 年代末该项目已为公园湖泊、景观灌溉供水近 4 万 m³/d，约为公园总用水量的 25%。[1] 无独有偶，在 20 世纪的 60 年代日本为解决贫水的状态将目光转移到再生水的利用上，为了恢复百余条河流的景观功能，经过 20 ~ 30 年的努力，其用再生水实现了这一目标。[2] 目前，再生水回用于城市景观已成为世界上越来越多国家的选择。

早在"七五"时期，我国就开始尝试再生水用于景观项目。"十五"期间，我国的西安、石家庄、合肥、天津等城市相继建设了污水再生利用工程，旨在实现再生水回用于景观项目。[3] 陕西省西安市丰庆公园的景观用水和绿化喷灌用水，就是由西安市北石桥污水再生利用工程项目提供的，丰庆公园的湖水每更换一次就可节省 30 万 m³ 自来水。合肥市附近的雨花塘、包河、银河、黑池坝、雨花塘等的补充水源也是再生水，大多由市内一家规模较大

---

[1]　樊开青、吕伟娅：《再生水回用于景观水体的初步探讨》，《环境科学》，2005 年第 8 期。

[2]　陈立、王启山：《缺水地区实现水资源良性循环的技术途径》，《中国给水排水》，2003 年第 2 期。

[3]　郑兴灿：《再生水用于城市景观水体的案例分析》，《首届城市水景观建设和水环境治理国际研讨会论文集》，2005。

的再生水回用工程提供。京津冀是用水大户，同时也是缺水大户，天津市为弥补短板大力开发补充生态居住区的景观水体工程，将大约两万平方米的再生水回补于人工湖，纪庄子污水处理厂过滤的二级处理出水部分回用于卫津河。石家庄市的民心河和沿河公园是该市的亮丽风景，桥西再生水厂的再生水生产量为 3 万 ~ 10 万 m³/d，为两处风景储备了充足的水源。① 显然，无论是国内还是国外，再生水回用城市景观已经成为一种趋势。

（2）再生水回用于城市景观的安全性分析。再生水可以被运用到不同的景观，其中有观赏型景观、娱乐型景观、湿地景观。不论用于哪一方面，都应该保证水质安全性。依据《城市污水再利用—城市杂用水》（GB/T 18921 - 2002）可知，对于观赏性用水以及娱乐性用水应区别看待。首先，观赏性用水与娱乐性用水最低标准是水体表层没有漂浮物，并且也没有特殊刺激性气味。原因在于，对观赏性用水而言，其要符合观赏的基本要求，也就是要保证景观富有美感性。如果公园的人工湖里浑浊不清并且臭气熏天，这不仅不利于水生有机动植物生长，不能在区域内发挥其价值，而且还会影响到人们呼吸新鲜空气以及舒适的生活环境。现实中就有很多地方由于再生水回用景观不当或者不达标造成了一定的二次污染现象，比如说水华。其次，娱乐性用水的水质标准比观赏性用水的水质标准要高，原因在于，与人体最容易亲密接触的水源往往水质标准越高，而再生水水源中多数情况下含有大量的致病微生物、致病毒和致病菌等。娱乐性用水往往具有公众性，比如说游泳馆里的水是重复循环使用的，每天有大量的人群活动，人体不仅极易接触到水，甚至有可能会"喝"到水，如果不能保证水质达标，轻则可能换上皮肤病，重则可能导致消化系统的疾病。最后，关于景观用水水质标准这一问题，我国相关法律法规中已有明定，尤其是对 N 元素和 P 元素相应的上限规定较为宽松，而这种指标在应对水质富营养方面收效甚微，并且也没有有效地遏制泛滥生长的水华。所以，城市景观使用再生水固然是好事，其安全性也应该给予高度重视。

在严格依据再生水回用景观用水的相应标准下，我们发现有时候可能会出现像水华这样的"二次污染"，我们使用再生水的目的一方面是为了节约

---

① 钱靖华、田宁宁：《再生水回用于景观水体存在的问题及防治对策》，《给水排水》，2006 年第 5 期。

水资源，另一方面也是为了减少污染。如果说还会造成二次污染，无疑与我们的出发点相违背。以此，有很多学者认为，观赏性景观用水的再净化问题十分重要，可以通过种植有净化作用的水生植物来达到净化水体的作用。比如说经过检测某一景观用水的水质后，发现氮、磷的含量比较多，就可以种植需 N、P 量较高的水生生物，这样既能实现净化水体的目的，又能起到欣赏的作用，最终实现了生态环保与美学欣赏的双赢目的。

5. 再生水回补地下水

（1）再生水回补地下水的优势。由于我国水资源现状以及人口分布情况的特殊性，使我国一些沿海城市以及一些北方城市用水主要依靠开采地下水，久而久之，地下水位逐年下降，容易引发地面下沉、海水倒灌等问题，严重的甚至会引发地质问题。从回补于地下水之目的出发，再生水用途表现在以下几个方面：第一，涵养地下水，增加灌溉水源。第二，防涝防渍，预防盐碱。依防渍标准建立浅层地下水调节水库，因地制宜规划好防渍水位线，这样不仅可以在洪涝来临时迅速拦截以减少灾害和损失，又可以减轻土壤盐碱化。第三，抽咸补淡，改善灌溉水源。第四，防治海水入侵，预防地面沉陷。长期以来沿海地区经常有居民打井使用地下水，日积月累地深挖直接使地下水位低于海平面，导致海水倒灌盐化含水层。[1] 再生水回补地下水不仅可使水资源的循环式发展成为现实，而且能够减少和避免一些自然灾害和地质灾害。再生水来源充足，如果能够合理有效的使用必然能带来良好的效果，虽然再生水回补地下水存在一定的安全风险，但是综合来看是一项利大于弊的活动。

（2）国内再生水回补地下水现状。目前，我国并没有再生水回补地下水的先例，由于再生水回补地下水对技术要求较高，而我国的相关技术尚处于研究试验阶段。现阶段的研究形成了两大类建议指标。第一类是影响补充水渗入量的指标，包括悬浮物（SS）、营养物质（N、P）、有机物和微生物；第二类是影响地下水水质的标准，包括酸碱度、含盐量、cl^-、So_4^{2-}、硬度以及细菌、病毒、微生物等卫生学指标。[2] 除此之外，我国在再生水补充地下水方面积累了充足的资料以备进一步深入研究。其中包含污灌对地下水的危

---

[1]　王华萍、袁继昌：《浅议地下水的人工回补》，《陕西水利》，2011 年第 6 期。

[2]　高旭阔：《城市再生水资源价值评价》，北京：化学工业出版社，2014 年版，第 18 页。

害以及地下水自净能力、硬度及硝酸盐含量等问题。[①] 北京水文监测总站为进一步研究再生水回补，其选取了三个水质存在差别的标本进行模拟实验。这三个标本分别为龙潭泵站河水、凉水河水、京密引渠水。模拟实验是让三种不同的水分别进行不同岩性土层过滤。结果表明[②]：

第一，三种不同的水质分别经过岩性不同的土层，水质、土层岩性对滤出溶液污染物含量存在一定的影响。其中砂质粘土、粘质砂土的净化能力最强。降解程度最高的分别为高锰酸盐耗氧指数与氨态氮。

第二，砂层高锰酸盐耗氧指数的降解率范围大致在百分之二百到百分之四百之间，其他岩性净化率都在百分之八百五十以上；砂层氨态氮的降解率范围大致在百分之八百三到八百七之间，其他岩性的地层净化率都在百分之九百五以上，数值最高时接近百分之一千。

第三，不同水样的硬度、氨态氮的含量以及地层中钙离子、镁离子和硝态氮含量的大小影响不同岩性的地层对硬度和硝态氮的净化程度。龙潭泵站河水的硬度在经过粘质砂土或砂质粘土过滤后明显降低，而在经过其他岩性的土层后硬度值明显上升。凉水河滤出溶液中粉土质砂土上升值最高，比率高至百分之七十左右，砂层及粉土上升率相对较低，依次是 513%、2519%；硝态氮的含量下降 511% ~ 8715%，但龙潭泵站河水中氨态氮的含量居高不下，甚至高达 59137mg/L，远远超出地层的自净能力，其淋出液硝态氮比率提高了 20 ~ 110 倍。

第四，不同地层对高浓度的总溶解固体具有相对稳定的净化能力，一般而言，如果水样的总溶解固体含量低，溶解地层中的无机盐类会导致淋出液中总溶解固体含量上升，通常上升幅度在 613% ~ 2013%，最高可至 2419%。

第五，淋出液中氯离子和硫酸根离子含量无明显变化，总体看来氯离子降低，硫酸根离子上升。由此可见，污水通过各类不同岩性的地层后，大多数的氨态氮和高锰酸盐耗氧指数可以降解，硝态氮及硬度均上升。部分地层使其总溶解固体和硫酸根离子升高。如果将污染物含量较低的水样经过不同土层进行测试，那么其氨态氮、高锰酸盐耗氧指数净化能力较强，对硝态氮、NO－2－N 和氯离子同样可以起到净化效果，由于其对地层中的无机盐类有

① 何星海：《再生水补充地下水水质标准及控制技术》，《环境科学》，2004 年第 5 期。

② 何星海：《再生水补充地下水水质标准及控制技术》，《环境科学》，2004 年第 5 期。

一定的溶解作用，导致其淋出液中 TDS 有小幅度的升高。

（3）国外再生水回补地下水现状。再生水回补地下水在世界其他国家由来已久，在 20 世纪七十年代，美国就已经开始初步试验并将这种技术日臻完善。随着世界经济进步以及水危机加剧，愈来愈多的国度也逐步着手研发推广该项技术。以美国加州为例，早在 20 世纪九十年代，其在该项目上就已经建成了 200 多个处理厂，所处理的水中 14% 回补于地下水，到 1995 年这一比率增至 27%，到 2009 年该比率增至 30%，并且该比率还有上升的趋势。欧洲人工回补地下水的时间也长达一百多年，其大多数情况下是将再生水回灌后贮存起来，等待需要之时再抽取，所以通常情况下不直接用再生水。①

（4）再生水回补地下水的安全性。再生水回补地下水的风险性告诉我们一定要保证水质安全。经过大量的实验证明土壤层对于污水有一定的净化作用，但是这并不代表土壤层是天然的过滤器。因为，让土壤过滤存在着一定的风险，土壤过滤一方面会造成土壤污染，另一方面土壤的长期污染也会影响地下水的安全性，并且土壤也并不能将所有的有害物质都过滤掉。因此，如果不对再生水回补地下水的水质做出较高标准的要求，可能会造成土壤与地下水的双重污染。而治理地下水的费用以及难度是难以想象的，所以，我们宁可提高再生水的水质后回补地下水，也不能走"先污染后治理的老路"。

（三）再生水的价值

一般而言，再生水的价值应该包括价值和使用价值，这一切归因于其商品属性。

1. 价值及资源价值观

（1）价值的基本含义。价值从不同的角度看具有不同的含义。经济学视价值为一个历史范畴，是指凝结在商品中无差别的劳动，是商品的特有属性，商品价值是随着商品经济产生而产生的。价值是人类社会的永恒范畴，它与人类共存。只要有人类，就有人类需要，就会与其他事物在社会中建立特定的关系。哲学上视价值为一事物对主体的正面作用，也就是某客体具备的能够满足主体需要之属性。马克思主义哲学对这一问题有新的认识——价值本

---

① 陈卫平、吕斯丹等：《再生水回灌对地下水水质影响研究进展》，《应用生态学报》，2013 年第 5 期。

质是主体与满足其某种需要的客体属性的相互关系，任何价值都有其客观基础和源泉，具有客观性。价值的构成要素有两个，即主观要素与客观要素，价值是相对于主体而言的，只有主体才能对事物的价值进行评价。日常生活中所说的价值往往是指某一事物的有用性，也就是哲学上的使用价值。一般地，大多都采用马克思主义哲学上有关价值之观点。价值与使用价值从字面上就可看出差别，其实质也并不相同。马克思主义政治经济学认为，价值是凝结在商品中的无差别的人类劳动，使用价值多数指事物的有用性。对于商品来说，必然是价值与使用价值的合体。再生水是经过处理的产品，它符合商品的属性，因此，再生水亦具有价值和使用价值。

（2）认识资源价值的基本原则。再生水是一种水资源，它来源于污水、废水、雨水等，储量丰富，能够满足人类生存和发展的需要。要想正确认识再生水的价值，就应该把握好认识资源价值的基本原则。从当代社会的整体环境可以看出，人类虽然重视自然资源但还未做到合理高效地运用。因为很多人还存在着这样一种观念，即认为自然资源是上天馈赠的礼物，可以任意享用。他们对自然资源价值的衡量标准仅仅在于开发开采的成本，而对于自然资源本身之于社会、环境、生态的价值视而不见。时至今日，"人类中心主义"在人与自然的关系上占据着主导地位，受这种思想的影响，人们为了寻求经济的发展对自然资源进行无限制的开发开采，人类为了自己的利益越来越"自私"，甚至只要是对自己"有益"的，就算付出生态破坏与环境恶化的代价也在所不惜。这种传统的观念与现代世界发展的主题越来越远，所以应该用新的视角来认识资源的价值。为了正确处理人与资源的关系，我们认为衡量资源的价值应该遵循以下几项原则：

首先，资源价值观应顺应现代经济社会发展的方向。现代经济社会的发展重视资源的整合以及合理利用，将水资源、矿产资源、林业资源等都纳入社会财富的范畴中；因此，在衡量资源价值时不能简单地计算人工成本，还应该将资源的环境价值、社会价值、经济价值等都考虑进去，将资源使用量、环境的状况与经济指标考核挂钩。其实，自然资源所具有的各种价值是其本身与生俱来的，具有客观性，就算是人类不承认，其价值也是存在的，现在明确提出是为了更进一步突出其价值。

其次，资源价值观应符合社会经济可持续发展的要求。自然资源分为可再生资源与不可再生资源，可再生资源的再生也具有一定的周期性，而且周期一般相对较长，如果不能合理有效的使用，也会面临资源枯竭的难题。
1992 年世界环境大会上提出了可持续发展的新理论，因为资源型社会问题已
经成为世界各国普遍需要解决的难题。人类在当代的发展不仅要注重"代内
公平"还要注重"代际公平"，也就是当今世界的发展不仅要关注地区之间、
国家之间资源投入与经济产出的公平正义问题，而且要考虑到子孙后代的发
展空间与利益，为后代留下一定的发展资源。这样，代代相传才有成为现实
的可能，如果忽视代际公平，过早过快地透支自然资源，看似得到了眼前的
发展，实际是断了子孙的发展之路，最终受害最大的还是人类自己。

最后，资源价值观应符合保护资源、提高资源利用效率这一原则。资源
的价值往往直观地表现在价格上，但是资源的价格在市场中会随着市场规律
产生较大波动，有的时候会出现价格与价值严重不符的现象。比如说价格畸
低时，人们在使用该项资源时就不会太在意利用效率的高低，这样就会造成
极大的浪费。所以，当市场失灵时，就需要"有形之手"的介入进行经济干
预，对特定的自然资源实行国家指导价或国家定价，使资源价格与其价值、
稀缺性等相符，人们在利用资源时就不会随意浪费。

2. 再生水价值的理论分析

水资源无论是对生态系统而言还是对社会的进步而言，都扮演着不可或
缺的角色。[①] 其经济价值在于充当了消费品与生产资料的双重角色；其生态
价值在于改善自然水体的水质，从而使三圈环流或者大气环流形成良性循环
圈，最终使人类生活的环境质量得到进一步提高改善、生态安全得到进一步
维护；其社会价值在于营造一个舒适良好的生存环境，减少疾病甚至怪病的
发生，提高居民健康水平。[②] 所以，资源的价值内涵不仅关注质的进步也重
视量的积累，不仅关注其作为资源本身的价值也关注其对于整个生态环境的
意义，最终形成自然属性与经济社会属性的统一。[③] 显然，水资源具有综合
价值。学界关于再生水价值的讨论多数是基于一般自然资源的价值理论，目

---

① 倪红珍：《基于绿色核算的水资源价值与价格研究》，中国水利水电科学研究院学位论文，
2004。
② 吕翠美、吴泽宁：《水资源价值理论研究进展与展望》，《长江流域资源与环境》，2009 年第
6 期。
③ 佟才：《松花江流域水生态系统价值及其可持续利用研究》，东北师范大学学位论文，2004。

前对自然资源的价值理论众说纷纭，较为主要的有劳动价值论、效用价值论、环境价值论、价值工程理论等。

（1）劳动价值论。17世纪中叶，著名经济学家配第首先提出了劳动价值论。接着，布阿吉尔贝又提出了生产商品的劳动时间决定商品的交换价值理论。随后，亚当·斯密和李嘉图在此基础上较为系统地阐释了劳动价值论，马克思则是劳动价值论的集大成者。

马克思劳动价值论认为，商品的价值是由凝结在商品中的无差别的人类劳动所决定的，所以，人类劳动是商品具有价值的充要条件。那么，水资源有没有价值呢？就要看水资源中是否包含了人类劳动。事实上，关于这个命题有两种分歧，有的人认为水资源当然不包含人类劳动，因为他们觉得水资源是天然的，并非人工制造出来的。另一种观点则认为在现代社会，任何一种自然的或社会的因素都与人类息息相关，不是孤立存在的，尽管水资源是天然的，但是人类为了合理、安全、高效的运用水资源已然投入了大量的人力、物力、财力。第一种观点事实上否认了水资源具有价值，由于否定了其价值进而就无法承认其价格；如果水资源没有价格，就会导致人类对水资源的肆意挥霍，这显然与当今社会的客观事实与主流发展趋势相违背。第二种观点事实上已承认水资源具有价值，但是应该注意到，这种观点所承认的仅仅是人类劳动的价值，人们支付的水价也仅仅是对开发利用水资源所进行的劳动补偿，忽视了水资源本身所具有的经济价值、环境价值和社会价值等。据此可知，劳动价值论并没有很好地解决这一问题；相应地，用劳动价值论去推理再生水的价值，也同样面临这一难题。

（2）效用价值论。效用价值论主要是以人的主观思想为出发点来判断一物是否能够满足人类的某种需要的经济理论。英国经济学家 N. 巴最早提出了效用价值论。效用价值论的核心为边际效用理论，该理论认为，所有实物价值源于其有用性，而这种有用性必须能够指向人的需要。十九世纪三十年代，英国著名经济学家 W. F. 劳埃德区分了总效用和边际效用的概念，为相关领域的发展做出了贡献。他认为商品的价值不在于商品本身的属性，而在于人们对商品的主观感受，商品数量的变化会影响人们对商品预期和估价，并且这种主观意愿会在满足与不满足的边界上表现出来。20世纪下半叶，这一理论在奥地利、英国、法国等欧洲经济学家的研究下初步形成，后来弗里德里希、维塞尔、欧根·庞巴维克将理论推向高潮，形成较为系统的边际效用价值论。[①] 20 世纪以后，阿弗里德·马歇尔对该理论再次进行了创造性的发展，最终成就了完整的理论体系。

效用价值理论强调人对物的主观感受，简而言之，人们能够肯定或否定物品的价值。但是这种理论主观色彩太重，容易忽视客观存在的价值。对再生水来说，其价值是客观存在的，尤其是当今世界出现水危机，效用价值论可以给予再生水价值一定的肯定，但是，效用价值理论仍然存在缺陷。效用价值论的不足之处大致体现在两方面。第一，以人的主观感受作为评价标准不利于全面客观评价事物的价值。因为人们对事物的需求会随着各种因素的影响产生差异，需求的变化会影响大众的主观评价。就像在古代，人口较少，水资源丰富，百姓对再生水的需求量较低或者压根不需要，这就否定了再生水的价值。或者说在当代将富水区与贫水区的人们就再生水的主观印象作比较，都会出现不同的结果，对富水区的人来说，再生水可有可无，这样的情形也会否定再生水的价值。因此，可以看到不同人之于同一事物的主观感悟存在差别，单纯以主观印象衡量事物的价值是片面的非客观的。第二，经过对效用价值理论进行初步分析可得知，效用价值论对价值的判断实质上是对事物使用价值的判断，而价值与使用价值往往是不同的概念，简单的混淆存在逻辑上偷换概念的嫌疑。

（3）环境价值论。环境价值论是以人与环境的关系做逻辑起点来评价某一种资源价值之所在及其大小。在环境价值论中，人为主体，环境为客体，客体之所以被赋予价值是因为其能为人类生存发展提供必要的有形物质和隐形服务。各种被人类改造过的自然要素与未被人类改造的自然要素都是环境不可或缺之组成部分。在人类的生产生活中，环境不仅提供了资源与服务，而且承载着废弃物。人们从环境中获取资源使用后将废弃物又投入环境中。所以，环境资源的价值具有复杂性，再生水作为水资源的补充，其价值具有多元性。因为水资源被置身于一个复杂的社会中，其在社会的方方面面都发挥着作用，因此其所具有的价值也是多方面的，主要包含经济价值、社会价值、环境价值。环境价值论就是以人和环境和谐相处为前提，综合各种因素对资源的价值进行评估。同样的，对再生水而言，只有将其置身整个人类社会中，考虑其与整个环境的关系，才能客观全面地认定再生水的价值。

---

① 林汝颜：《水资源价值与水资源可持续利用研究》，河海大学学位论文，2001。

（4）价值工程理论。价值工程理论起源于二十世纪六十年代的美国，这一理论将经济和技术相结合，以最低的周期成本实现所研究对象的功能，进而改进管理技术。在工程价值论中，价值是分析对象所有的功能与使用这种功能所消耗全部费用的比值。所以，此处的价值是一种比例关系，分子与分母是分别对价值产生影响的两个因素。为了更加直观清晰地了解三者之间的关系，我们通过假设进行分析，以再生水资源作为价值分析的对象，干扰再生水价值的因子分别是再生水的功能值与因实现此功能所耗费用。如果其本身功能值越大，所消耗的费用越低，所产生的价值越大，也就是当再生水的功能值与所耗费用分别走向相反的两个值（再生水功能值极大，所耗费用极低），当值差渐大时，说明其价值渐大。但是价值工程理论的关注点仍然在于协调经济与技术的关系，以提高技术的方式降低生产成本实现经济效益的最大化。现实中其常常被用于衡量事物功效之大小，抑或用于评判产品给企业、居民带来的经济功效。

价值工程理论虽然对再生水价值的评估有一定的进步意义，一些相关行业也可以通过这一理论进行一定的数据分析。但是这一理论仍然具有不足之处，因为，一些资源的功能值不易计算，退一步讲，就算功能值是可计算的，一种资源的功能一般是多样的，对这一对象进行价值评估时，是计算一项功能还是多项功能存在疑问。另外，一种资源往往经过一项处理就可以实现多项功能，而且，由于资源功能的复杂性和成本的一次性使两者并非一一对应的关系。当然，随着科技的进步，这一理论会逐渐完善。

3. 再生水价值构成

（1）资源价值的基本构成。价值构成的理论非常丰富，不同的价值构成理论适用于不同的资源，这些理论对再生水价值构成的分析具有借鉴意义。1990 年，J. McNeey 根据生物多样性产品是否具有实用性，提出生物资源的价值包括直接价值与间接价值两种。而且，他还依据生物多样性产品是否经过市场交换以及是否被消耗的属性，把直接价值和间接价值进而细分为消耗性使用价值、生产性使用价值、非消耗性使用价值、选择性价值和存在性价值等。20 世纪末，我国著名学者潘家华也曾提出土地资源的四种价值，即直接使用价值、间接使用价值、选择性价值和存在性价值。后来，英国著名经济学家大卫·皮尔斯关于环境价值分类的理论得到学界的广泛认同，皮尔斯指出，资源的价值分为使用价值和非使用价值。后来，他又进而将其细分为直接使用价值、直接服务价值、间接功能价值、选择性价值以及存在性价值和遗产性价值。

（2）再生水的使用价值。包括直接使用价值、直接服务价值、间接功能价值和选择性价值。

第一，直接使用价值。再生水的直接使用价值主要是指其进入流通领域后，被用来满足人类生产生活的各种需要。目前各国主要将其用于农业灌溉、工业用水、市政杂用、景观用水、地下水回补等。但在一些发达国家，再生水经过处理后可以达到饮用的标准。由于再生水生产不仅需要人力资源，还需要大量的技术和资金投入，因此其直接使用价值包括了生产再生水所消耗的人力、物力、财力。

第二，直接服务价值。现代意义上的服务一般是指为别人做事，以非实物方式提供劳动的形式满足人们的某种需要，并使他人从中获得利益的行为。同理，再生水的服务价值主要表现为再生水为人们的生产生活提供服务，尽管这种服务是无形的，但它却是客观存在的。再生水回用能够发挥社会功能与经济功能，改善人们的生活环境。比如其能够改善水环境的质量、改善公民生活环境的质量，也可使人体健康状况得到提升，并吸引外部资金加大环境投资的力度等等，这些改变虽然是缓慢的、容易被忽视的，可我们不能否认这些改变有再生水的功劳。除此之外，再生水的生产、流通环节都需要投入大量的劳动力、资金和技术，形成的新产业链有利于缓解社会就业压力、促进市场经济的活力。

第三，间接功能价值。资源的间接功能价值是指它作为生态系统中的一员所具备的相应功能，也称环境的服务价值。众所周知，水乃人类生存之必备条件，而我国水资源出现了两个突出困境，一是水资源紧缺，二是水污染严重。水资源短缺极易引发各种社会矛盾，再生水作为水资源的补充，可以有效解决水资源短缺问题，水资源短缺的问题解决了，其他社会矛盾和问题都会迎刃而解。除此之外，水资源具有循环性，这种循环不仅表现为水资源的内部循环，还表现为水资源参与环境的大循环（即水资源与其他资源之间的循环）。水污染在我国已成为不争的事实，而水污染不仅会使水资源的状况日益恶化，还会影响其他环境要素进而导致环境整体质量的下降。再生水的利用可以减少污水排放，水污染减少可以在一定程度上提高环境的质量，给人们提供一个舒适的生活和工作环境。

第四，选择性价值。从理论上讲，任何一种资源都具有选择性价值。选择性价值反映大众对待一种资源的可持续利用的态度，也就是大众在利用一种资源时，不愿意其过早过快地被消耗殆尽，而是期待能长久地利用。这就需要人们为自己的选择付出代价。所以，选择性价值就是人们采取一定的措施，支付一定的费用以保证自己可持续利用资源目标的实现。再生水就是人们为了涵养水资源而采取的一项保障性措施，人们今天投入人、财、物于再生水，就是为了以此来换取水资源未来的价值。

（3）再生水的非使用价值。非使用价值即非因使用而固有的价值，包括存在性价值与遗产性价值。

第一，存在性价值。存在性价值与资源本身是否被利用没有必然关系，它是人们对资源价值的评判。再生水资源的存在不仅是水污染治理后的产物，而且其之于水环境具有改善作用，人们投入各种资源净化出再生水，不论其是否被利用，再生水对水环境的改善作用是不容忽视的，再生水资源对环境的积极效用是不因人的意志而转移的。

第二，遗产性价值。资源的遗产性价值是指一种资源被当作一种遗产受当代人的保护，而为后代的发展所存留资源的价值。资源分为可再生与不可再生两类，不可再生资源一旦消耗完就不复生长，可再生资源再生循环的周期较长，过度地开采也不利于可持续发展。如果现世人只顾自身的发展和利益，滥用资源的行为是在透支未来后生的福利。子孙后代没有资源，何谈生存与发展。再生水资源是一种循环水资源，如果能够长期广泛的应用，节约的水资源就能为后代的生存发展提供保障。

（4）再生水的价值构成。再生水的价值构成具有复杂性，通过对资源的一般价值构成以及再生水价值的分析，可知其价值构成包括产品效用价值、社会服务价值和环境功能价值，这三项数据的总和就是再生水价值。之前已经对这三种价值进行过论证，此处不再赘述。

4. 再生水价值评价方法

（1）再生水价值评价方法的基本理论。包括福利经济学理论、计量经济学理论和环境经济价值理论。

第一，福利经济学理论。福利经济学是英国经济学家在 20 世纪初提出来的，后来随着经济的发展，福利经济学历经革新，但是其哲学基础依然建立在以边沁为主的功利主义思想之上。功利主义认为，社会是个人的总和，个人利益最大化，社会利益就会最大化。由此，福利经济学的中心思想在于利己主义、自由放任主义以及利益和谐。个体福利与大众福利并不冲突，原因在于当每个个体在追求自身利益的同时，这种刻意的活动在不经意间提高了社会效益，所以说两者是互相协调中有所追求并都有进步。① 帕累托最优原则与马歇尔的剩余价值原则是福利经济学的两大"法宝"。帕累托最优原则是指一切改变都会以一方利益的减少为代价而增加另一方的利益。据此推断，如果一次改变要达到理想的状况那就是这次改变增加了每个人的社会福祉，抑或是一部分人社会福祉的增加没有影响到其他人的利益。② 消费者剩余在现实生活中可谓用途较广，其是衡量消费者福利的重要标准，是经济学中常用的分析方法，提到消费者剩余一词我们很容易想到其代表的是一种差值，这个值是人们购买商品时最高价与现实价格之差。③

第二，计量经济学理论。计量经济学是依靠经济学理论与数理统计，并运用实际经济数据进行定量分析的学科。计量经济学包括理论计量经济学和应用计量经济学，理论计量经济学主要以计算的形式来测定随机的经济关系，应用计量经济学主要以经济学原理分析实践中的数据，进而用计量的方式建立模型以验证经济规律。

第三，环境经济价值理论。环境经济学有两大学派，分别是新古典资源配置学派与科斯经济学派。新古典学派的主要研究方向是稀有资源的有效配置。因为资源的有限性与人类发展所需的无限性产生了冲突，人类必须将一定量的资源发挥到最大的价值才能永续发展，前者用边际效用理论和一般均衡理论有效平衡两者利益进而化解冲突。新古典经济学为得出结论进行了三个条件假设，其假定存在完整市场和完全信息、假定全部消费品均为私人物品（将公共属性的排除在外），假定生产中不存在外部性，这样得出的结论是市场自由发挥其功能，就能在资源配置与个人利益之间寻求平衡点并加以

---

① 黄淑玲：《福利经济学评述》，《沈阳工程学院学报》，2007 年第 4 期。
② 胡勇军、胡声军：《福利经济学及其理论演进》，《江西青年职业学院学报》，2005 年第 4 期。
③ 王冰、申其辉：《消费者剩余理论述评》，《经济学动态》，2004 年第 10 期。

适度调整，以使达到最佳状态。市场的失灵需要获得政府这双"有形之手"进行适当干预。比如庇古税就是国家调节资源配置的干预手段。在新古典经济学理念中，商品的价值受商品数量与个人喜好的双重作用的影响。

环境从宏观的角度讲并未被视为市场交换的产物，所以估量其价值并非易事。曾经有环境经济学家在新古典经济学消费者剩余概念的基础上提出衡量价值的新方法，即"意愿估价法"。在该种方法的指导下，环境资源的价值可用"支付意愿"或"受偿意愿"进行评估。支付意愿，其实是消费者的一种意思表示，这种意思表示是其在一定的社会福利条件下为改善环境质量所愿支付的最大货币数。受偿意愿，同样也是消费者的意思表示，这种意思表示是其在一定社会福利条件下为容忍环境恶化所愿意接受的最低货币补偿。坦率地讲，无论是"支付意愿"，抑或是"受偿意愿"，其本质上仍然是对环境物品使用价值或有用性的评价。换句话说，"支付意愿"与"受偿意愿"是对消费者从环境质量改善（或恶化）中获得（或损失）的消费者剩余的度量。在该理论框架之下，经济学者又提出了评估环境与自然资源价值的具体方法，如生产率变动法、资产价值法、旅行费用法等。例如，生产率变动法是在不同的环境质量中来评估的，其实质是在不同的环境中找出某项经济活动生产率之间的差别，以此进行评估环境质量价值的变化。放大了讲，其实就是用两种资源配置状态之间产出的差别，来预计环境资源价值的大小。[①]

（2）再生水价值评价的方法。主要包括基于个人偏好和需求的再生水资源价值分析、基于市场条件下的价值评价方法等四种。

第一，基于个人偏好和需求的再生水资源价值分析。满足人类特定的需要是对再生水进行价值评价的基础，如果个人能够对自己的福利进行选择的情况下，那么通过个人对不同商品或服务的选择就能判断商品或服务的价值。对再生水而言，如果个人在消费过程中选择再生水来替代其他水资源，就说明再生水能够带来较高的福利水平。

第二，基于市场条件下的价值评价方法。基于市场条件下的价值评价主要有四种方法，即费用支出法、生产率变动法、人力资本法、机会成本

[①] 沈小波：《环境经济学的理论基础、政策工具及前景》，《厦门大学学报》，2008 年第 6 期。

法。①费用支出法是用来评价再生水环境功能价值的一种方法，比如再生水可以被运用于景观，采用费用支出法主要是指再生水的利用使环境状况得到了改观，这些被改善的景观价值被人类所消费，所消费的费用就相当于再生水环境效益的经济价值。显然，费用支出法具有一定的价值，但其忽视了消费者剩余，因此计算的数据与实际的结果会存在一定偏差。②生产率变动法就是利用生产率的变动来评价环境状况的变化所产生的影响。这种方法将环境质量作为一种生产要素，因此，当环境质量发生变化时，环境产品的生产率和生产成本会随之而变，进而影响产品产量和产品价格，这种变化通过投入物与产出物的市场价格来计算，从而确定环境质量变化所产生的价值。再生水使水环境的质量提高，进而影响到与之相关产品的数量和价格。采用生产率变动法确定再生水的环境功能价值需要确定因再生水资源的存在引起的水环境改善的受益对象的变化，这种变化对相关产品成本与产出的影响以及成本与产生变化的市场价值。③人力资本法是指估算环境质量变化引起的健康变化对社会造成的价值变化，以及估算环境变化造成的健康损失。环境质量的变化对人体健康的影响不仅表现为对劳动者发病率、死亡率的影响，还表现为因环境质量的变化导致医疗费用的变化。再生水资源的使用可以改善环境质量，环境质量的改善可以让人们在更加舒适的环境中生活、工作与学习，减少了发病率和死亡率，有利于间接地增加社会财富。④机会成本法属于广义上的影子价格分析法，一种资源往往具有多种功能，使用这种资源的一种功能的同时就会放弃其他功能，其放弃的效益就是其他用途的机会成本。

第三，基于非市场条件下的价值评价方法。基于非市场条件下的价值评价方法一般有资产价值法、工资差额法、旅行费用法等。①资产价值法是利用替代物品的价格来衡量无价格的环境商品或劳务，当自然环境的舒适度、空气的清洁度等生态环境要素难以衡量其价格时，可以用环境要素对商品销售价格的波动来反映其价值。再生水的直接服务价值由于没有具体的实物形态不易被估计，因此可以通过这种方法估计其直接服务价值。②工资差额法是指在工作内容、工作时间、技术程度等相同的条件下，如果工人工作的环境质量不同，他们所获得的工资的报酬也有所不同，利用不同的环境条件下工人工资的差异来估计环境质量变化造成的经济损失以及带来的经济效益。③旅行费用法主要是通过旅行者消费各种舒适环境资源的费用来体现环境资源的价值，再生水回用景观后增加了景区的美感以及旅游的项目，进而提升了景区消费的价格，由此可以突显出再生水的价值。

第四，意愿调查评估法。意愿调查评估法是指运用问卷调查的方法，了解民众对环境质量改善的最大支付意愿（WTP）或忍受恶劣环境的最小接受补偿意愿（WTAC），来对环境资源的价值进行评价的方法。意愿调查法属于对消费者的直接偏好陈述评估，要通过这种方法进行再生水价值评估首先要建立假想的环境资源市场、获取 WTP 和 WTAC、获取平均的 WTP 和 WTAC、估计 WTP 和 WTAC 曲线、最后汇总数据得出结论。

三、我国及西北地区再生水回用进展

（一）我国再生水回用技术及标准的进展

我国 20 世纪 50 年代尝试污水回用于农业灌溉，70 年代开始探索再生水处理技术，80 年代水处理及水回用的研究与实践得以快速发展。据统计，截至 2012 年，我国城镇已建成的污水处理厂的日处理能力约为 1.42 亿立方米，年处理污水总量达 422.8 亿立方米。[①] 同时，我国在再生水回用技术及标准制定、水再生和水回用设施建设等方面，都已取得较好的成绩。

在城市中，一般的工业废水、生活污水和部分雨水被统一收集，进入污水处理厂进行二级处理，通过物理、化学和生物化学的方法将水中的悬浮固体和可降解有机物去除，使污水的水质得到了改善，再次排放到自然水体中时，对水环境的污染较处理前减小，同时处理后的污水由于污染物的浓度有所降低，也使这部分污水一定程度的恢复了部分使用功能。

近二十年来，随着再生水需求量的增加，再生水处理工艺也得到了良好的发展，除了传统老三段（一级处理、二级处理、三级处理）工艺，还出现了多种处理工艺和单元。比较常见的再生水处理工艺是污水经处理后再进行混凝、沉淀、过滤及消毒；相对先进的再生水处理工艺是以膜法为核心，其主要环节包括"污水处理出水 + 反渗透 + 消毒"，此类工艺生产的再生水水质更高。还处于研发阶段的"污水处理出水 + 混凝 + 沉淀 + 过滤 + 活性炭吸

---

① 住房和城乡建设部：《住房和城乡建设部关于全国城镇污水处理设施 2012 年第四季度建设和运行情况的通报》，http://www.mohurd.gov.cn/zcfg/jsbwj_0/jsbwjcsjs/201303/t20130301_213010.html。

附 + 反渗透 + 消毒"工艺，其产出的再生水水质甚至可达到世界卫生组织规定的饮用水标准。[①]

我国再生水一般以城市污水厂二级出水为原水，再经深度处理后进行使用。所以，二级污水的"质量"就显得非常重要，用于再生水原水的二级污水要达到一定的标准：化学需氧量（COD）不能超过 100 毫克每升，生化需氧量（BOD）不得超过 20 毫克每升，悬浮物（SS）不能超过 30 毫克每升，动植物油不能超过 5 毫克每升，石油类不能超过 5 毫克每升，阴离子表面活性剂（LAS）不能超过 2 毫克每升，总氮（以 N 计）无限制，氨氮（以 N 计）不得超过 25 毫克每升，总磷（以 P 计）不得超过 3 毫克每升，色度（稀释倍数）不得超过 40 毫克每升，PH 值范围为 6 ~ 9，粪大肠杆菌群数不得超过 100000 个每升。

依据原建设部颁布的《建筑中水设计标准》（GB50336 - 2002），再生水可回用于农业灌溉、工业生产、市政杂用、城市景观和补给地下水等。根据实验数据与实践经验的总结，我国规定了一系列不同用途的再生水控制指标。2007 年发布的《中华人民共和国水利行业标准》（SL368 - 2006）规定了再生水水质标准，其中对再生水水质标准分类及其标准等做了详细规定并列出了标准数据。

1. 农业再生水的使用

再生水回用于农业涵盖的范围较为广泛，包括农业用水、林业用水和牧业用水，具体而言有：粮食作物、经济作物的育苗、种植等灌溉用水；林木、观赏植物的育苗、种植等灌溉用水；家畜、家禽用水等。再生水回用于农业当然要符合有关控制项目和指标限值的要求（见表 2 - 8）。

2. 工业再生水的使用

再生水回用于工业指的是在企业生产中的冷却用水、洗涤用水和锅炉用水，范围包括：直流式、循环式冷却用水；冲渣、冲灰、消烟除尘、清洗用水；中压、低压锅炉的锅炉用水等。再生水回用于工业控制项目和指标限值应符合表 2 - 9。

[①] 李育宏等：《我国再生水利用发展现状分析》，《水工业市场》，2015 年第 5 期。

表 2-8　再生水回用于农业控制项目和指标限值

序号	控制项目	农业	林业	牧业
1	色度（度）	≤30	≤30	≤30
2	浊度（NTU）	≤10	≤10	≤10
3	pH 值	5.5~8.5	5.5~8.5	5.5~8.5
4	总硬度（以 $CaCO_3$ 计）（mg/L）	≤450	≤450	≤450
5	悬浮物（SS）（mg/L）	≤30	≤30	≤30
6	五日生化需氧量（BOD_5）（mg/L）	≤35	≤35	≤10
7	化学需氧量（COD_{Cr}）（mg/L）	≤90	≤90	≤40
8	溶解性总固体（mg/L）	≤1000	≤1000	≤1000
9	汞（mg/L）	≤0.001	≤0.001	≤0.0005
10	镉（mg/L）	≤0.01	≤0.01	≤0.005
11	砷（mg/L）	≤0.05	≤0.05	≤0.05
12	铬（mg/L）	≤0.10	≤0.10	≤0.05
13	铅（mg/L）	≤0.1	≤0.10	≤0.05
14	氰化物（mg/L）	≤0.05	≤0.05	≤0.05
15	粪大肠菌群（个/L）	≤10000	≤10000	≤2000

表 2-9　再生水回用于工业控制项目和指标限值

序号	控制项目	冷却用水	洗涤用水	锅炉用水
1	色度（度）	≤30	≤30	≤30
2	浊度（NTU）	≤5	≤5	≤5
3	pH 值	6.5~8.5	6.5~9.0	6.5~8.5
4	总硬度（以 $CaCO_3$ 计）（mg/L）	≤450	≤450	≤450
5	悬浮物（SS）（mg/L）	≤30	≤30	≤5
6	五日生化需氧量（BOD_5）（mg/L）	≤10	≤30	≤10
7	化学需氧量（COD_{Cr}）（mg/L）	≤60	≤60	≤60
8	溶解性总固体（mg/L）	≤1000	≤1000	≤1000
9	氨氮（mg/L）	≤10.0[a]	≤10	≤10
10	总磷（mg/L）	≤1.0	≤1.0	≤1.0
11	铁（mg/L）	≤0.3	≤0.3	≤0.3
12	锰（mg/L）	≤0.1	≤0.1	≤0.1
13	粪大肠菌群（个/L）	≤2000	≤2000	≤2000
a：铜材换热器循环水氨氮为 1mg/L				

3. 城市非饮用水再生水的使用

城市非饮用水再生水的使用是指冲厕用水、街道清扫、消防用水、城市绿化用水、车辆冲洗用水、建筑施工用水等。再生水回用于城市非饮用水控制项目和指标限值应符合表 2 - 10。

表 2 - 10　再生水回用于城市非饮用水控制项目和指标限值

序号	控制项目	冲厕控制指标	道路清扫、消防控制指标	城市绿化控制指标	车辆冲洗控制指标	建筑施工控制指标
1	色度（度）	≤30	≤30	≤30	≤30	≤30
2	浊度（NTU）	≤5	≤10	≤10	≤5	≤20
3	嗅	无不快感	无不快感	无不快感	无不快感	无不快感
4	pH 值	6.0～9.0	6.0～9.0	6.0～9.0	6.0～9.0	6.0～9.0
5	溶解氧（mg/L）	≥1.0	≥1.0	≥1.0	≥1.0	≥1.0
6	五日生化需氧量（BOD_5）（mg/L）	≤10	≤15	≤20	≤10	≤15
7	溶解性总固体（mg/L）	≤1500	≤1500	≤1000	≤1000	≤1500
8	阴离子表面活性剂（LAS）（mg/L）	≤1.0	≤1.0	≤1.0	≤0.5	≤1.0
9	氨氮（mg/L）	≤10	≤10	≤20	≤10	≤20
10	铁（mg/L）	≤0.3	—	—	≤0.3	—
11	锰（mg/L）	≤0.1	—	—	≤0.1	—
12	粪大肠菌群（个/L）	≤200	≤200	≤200	≤200	≤200

4. 景观环境再生水的使用

景观环境再生水的使用主要指娱乐性景观用水、观赏性景观用水和湿地用水，具体包括：娱乐性景观河道、景观湖泊及水景用水；观赏性景观河道、景观湖泊及水景用水；恢复自然湿地、营造人工湿地用水等。再生水回用于景观用水控制项目和指标限值应符合表 2 - 11。

5. 再生水回补地下水

再生水回补地下水即将再生水回灌地下以补充地下水之不足。再生水回补地下水不仅可补给地下水源，还可防止海水入侵和地面沉降，可谓一举三得。再生水回补地下水控制项目和指标限值应符合表 2 - 12。

表 2-11　再生水回用于景观用水控制项目和指标限值

序号	控制项目	观赏性景观环境用水控制指标		娱乐性景观环境用水控制指标		湿地环境用水控制指标
		河道类	湖泊类	河道类	湖泊类	
1	色度（度）	30	30	30	30	30
2	浊度（NTU）	5.0	5.0	5.0	5.0	5.0
3	嗅	无漂浮物，无令人不快感	无漂浮物，无令人不快感	无漂浮物，无令人不快感	无漂浮物，无令人不快感	无漂浮物，无令人不快感
4	pH 值	6.0～9.0	6.0～9.0	6.0～9.0	6.0～9.0	6.0～9.0
5	溶解氧（mg/L）	≥1.5	≥1.5	≥2.0	≥2.0	≥2.0
6	悬浮物（SS）（mg/L）	≤20	≤10	≤20	≤10	≤10
7	五日生化需氧量（BOD_5）（mg/L）	≤10	≤6	≤6	≤6	≤6
8	化学需氧量（COD_{Cr}）（mg/L）	≤40	≤30	≤30	≤30	≤30
9	阴离子表面活性剂（LAS）（mg/L）	≤0.5	≤0.5	≤0.5	≤0.5	≤0.5
10	氨氮（mg/L）	≤5.0	≤5.0	≤5.0	≤5.0	≤5.0
11	总磷（mg/L）	≤1.0	≤0.5	≤1.0	≤0.5	≤0.5
12	石油类（mg/L）	≤1.0	≤1.0	≤1.0	≤1.0	≤1.0
13	粪大肠菌群（个/L）	≤10000	≤2000	≤500	≤500	≤2000

表 2-12　再生水回补地下水控制项目和指标限值

序号	控制项目	补充地下水指标限值
1	色度（度）	≤15
2	浊度（NTU）	≤5
3	嗅	无不快感
4	pH 值	6.5～8.5
5	总硬度（以 $CaCO_3$ 计）（mg/L）	≤450
6	溶解氧（mg/L）	≥1.0
7	五日生化需氧量（BOD_5）（mg/L）	≤4
8	化学需氧量（COD_{Cr}）（mg/L）	≤15
9	氨氮（mg/L）	≤0.2
10	亚硝酸盐（以 N 计）（mg/L）	≤0.02
11	溶解性总固体（mg/L）	≤1000

序号	控制项目	补充地下水指标限值
12	汞（mg/L）	≤0.001
13	镉（mg/L）	≤0.01
14	砷（mg/L）	≤0.05
15	铬（mg/L）	≤0.05
16	铅（mg/L）	≤0.05
17	铁（mg/L）	≤0，3
18	锰（mg/L）	≤0，1
19	氟化物（mg/L）	≤1.0
20	氰化物（mg/L）	≤0.05
21	粪大肠菌群（个/L）	≤3

我国已经确立了再生水回用的用途及标准，相较于发达国家和地区，相关控制项目标准较高。高标准一方面有利于人体健康和生态安全，但另一方面会导致再生水回用过程中的投资费用和运行成本偏高，对进一步推广再生水有不利影响。[①] 所以，在再生水回用标准制定上，我国应该总结近年来的实践经验，更新标准的控制指标，为推广再生水回用，应适当考虑再生水回用水质达标的成本，即其技术的经济性。在实际生产生活中，废水处理均以达标排放为目的，基于再生水回用的较高技术成本，并未很好的考虑再生水之回用，比较强调"节水减排"，较少考虑"循环利用"。虽然造成这种现象的原因很多，但从技术规范和水质标准上做出一定的调整，对再生水回用的推广会有一定的积极作用。

（二）我国的再生水回用实践

1985 年，北京市动工修建了我国最早的再生水回用设施；此后，天津、深圳、大连等城市也修建了再生水回用设施。进入 21 世纪后，我国再生水回用设施有了较大的发展。2000 年，再生水回用被写入我国"十五"规划纲要，意味着我国再生水回用工程建设的全面启动。随着《"十一五"全国城镇污水处理及再生利用设施建设规划》和《"十二五"全国城镇污水处理及再生利用设施建设规划》的相继出台，我国的污水处理工程及再生水回用工

---

① 李昆等：《再生水回用的标准比较与技术经济分析》，《环境科学学报》，2014 年第 7 期。

程开始快速发展。据统计，2010 年，我国城市污水处理率达到了 82%，再生水回用量达到了 33.7 亿立方米，约为污水处理量的 10%。[1] 2015 年，我国城市污水处理率至少达到 85%，部分城市甚至更高。"十二五"期间，我国规划建设的污水再生利用设施规模达 2676 万立方米/日，规划建设的城镇污水管网达 15.9 万千米。工程结束后，我国城镇的污水再生利用设施总规模将达 4000 万立方米/日，污水管网总长度将达 32.7 万千米，会大幅提高城镇污水收集和处理能力（如表 2 – 13）[2]，较好的缓解目前的用水矛盾。除了国家积极推动外，各省级政府也在职权范围内采取措施，积极促进再生水回用的发展。2013 年，北京市出台"再生水三年行动方案"，计划新建再生水厂 47家，升级改造 20 家；新建和改造污水管线 1290 千米，新建再生水管线 484千米，以推动再生水回用工程的快速发展。

表 2 – 13   "十二五"全国城镇新增污水配套管网规模（单位：千米）

地区	设市城市		县城		建制镇		总计	
	2010 年	"十二五"新增	2010 年	"十二五"新增	2010 年	"十二五"新增	2010 年	"十二五"新增
北京	4479.0	670.0	0.0	0.0		120.0	4479.0	790.0
天津	7403.0	2351.2	116.0	555.0		0.0	7519.0	2906.2
河北	5433.0	944.4	2289.0	2214.8		1368.6	7722.0	4527.8
山西	1245.0	1366.4	1253.0	1662.3		450.0	2498.0	3478.7
内蒙古	5094.0	571.0	2263.0	1169.0		140.0	7357.0	1880.0
辽宁	2821.0	3580.0	400.0	1698.1		704.6	3221.0	5982.7
吉林	2553.0	3295.0	125.0	1010.0		1101.0	2678.0	5406.0
黑龙江	2094.0	2709.0	450.0	1000.0		776.0	2544.0	4485.0
上海	5058.0	375.0	0.0	810.0		0.0	5058.0	1185.0
江苏	21137.0	2600.0	1440.0	5688.0		3377.0	22577.0	11665.0
浙江	12501.0	2463.0	3458.0	1218.0		3586.0	15959.0	7267.0
安徽	4658.0	4163.0	1977.0	2377.0		760.0	6635.0	7300.0
福建	4504.0	1513.8	1253.0	982.0		2448.9	5757.0	4944.7

---

[1] 住房和城乡建设部：《中国城镇排水与污水处理状况公报（2006～2010）》，http://3y. uu456. com/bp – 378a0b174431b90d6c85c792 – 1. html。

[2] 国务院办公厅：《"十二五"全国城镇污水处理及再生利用设施建设规划》，http://www. gov. cn/zwgk/2012 – 05/04/content_ 2129670. htm。

地区	设市城市		县城		建制镇		总计	
	2010年	"十二五"新增	2010年	"十二五"新增	2010年	"十二五"新增	2010年	"十二五"新增
江西	2482.0	2468.0	1466.0	2990.0		627.0	3948.0	6085.0
山东	10674.0	3993.1	2291.0	2256.0		1753.9	12965.0	8003.0
河南	5226.0	2875.5	2254.0	1090.6		1375.2	7480.0	5341.3
湖北	3875.0	5507.0	587.0	1020.0		1896.0	4462.0	8423.0
湖南	2437.0	4128.0	1692.0	3472.0		892.0	4129.0	8492.0
广东	4885.0	9304.0	481.0	832.0		2347.0	5366.0	12483.0
广西	1230.0	1672.0	832.0	1216.0		307.0	2062.0	3195.0
海南	933.0	917.0	177.0	376.0		95.0	1110.0	1388.0
重庆	3089.0	1192.1	1295.0	1221.4		507.1	4384.0	2920.6
四川	5556.0	2856.0	2317.0	2353.0		203.0	7873.0	5412.0
贵州	1446.0	1659.5	1193.0	2074.5		1157.9	2639.0	4891.9
云南	1941.0	1985.7	1148.0	2833.5		2761.1	3089.0	7580.3
西藏	0.0	216.4	59.0	131.3		7.2	59.0	354.9
陕西	2711.0	3233.0	1235.0	3693.0		3394.0	3946.0	10320.0
甘肃	1468.0	1605.7	582.0	2657.0		378.5	2050.0	4641.2
青海	528.0	93.5	42.0	472.3		162.0	570.0	727.8
宁夏	477.0	1123.0	253.0	690.0		264.0	730.0	2077.0
新疆	2317.0	1220.7	1821.0	1489.2		29.0	4138.0	2738.9
新疆建设兵团		289.0	1170.0	1943.0		0.0	1170.0	2232.0
合计	130255	72941	35919	53195		32989	166174	159125

注：1. 建制镇无2010年统计数据。

　　2. 新疆生产建设兵团设市城市2010年数据包含在新疆设市城市统计数据中。

（三）西北地区再生水回用实践

虽然西北地区普遍为缺水地区，但西北地区的再生水回用起步较晚，普及率不高。此处仅以西安市为例，来考查西北地区再生水回用之进展。[①]

1. 西安市及水资源现状

西安市在陕西关中盆地，东靠零河和灞源山地，西接太白山地及青化黄

---

① 高旭阔：《城市再生水资源价值评价》，北京：化学工业出版社，2013年版，第76页。

土台塬，南达北秦岭主脊，北至渭河。辖境东西 204 千米，南北 116 千米。面积 9983 平方千米，市区面积 1066 平方千米。西安地质构造兼跨秦岭地槽褶皱带和华北地台两大单元。1.3 亿年前燕山运动时期产生横跨境内的秦岭北麓大断裂，自距今约 300 万年前第三纪晚期以来，大断裂以南秦岭地槽褶皱带新构造运动极为活跃，山体北仰南俯剧烈降升，造就秦岭山脉。与此同时，大断裂以北属于华北地台的渭河断陷继续沉降，在风积黄土覆盖和渭河冲积的共同作用下形成渭河平原，西安属于暖温带半湿润的季风气候。

全市下辖 10 区 3 县，2014 年末常住人口 862.75 万，其中城镇人口 626.44 万。由于区位优势明显，是西部地区重要的金融、商贸中心和交通、信息枢纽，也是我国中西部地区重要的科研、高等教育、国防科技工业和高新技术产业基地。

西安市是中国历史名城，旧称长安，对于西安市水资源的描述，古有"八水绕长安"，"八水"分别是：渭河、泾河、浐河、灞河、滈河、潏河、沣河、涝河。八条河流全部属于黄河支流，渭河最大。"八水"河流数据如表 2 - 14。

表 2 - 14　西安"八水"数据

河流名称	发源地	全长/km	流域总面积	备注/km²
渭河	甘肃鸟鼠山	818.0	134800	黄河一大支流，泥沙含量高
泾河	宁夏六盘山	455.2	45421	渭河一级支流
灞河	陕西蓝田县箭峪南	104.1	2581	渭河一级支流
浐河	陕西蓝田县紫云山	66.4	752.8	灞河主要支流之一
沣河	秦岭北麓沣峪	82.0	1460	渭河一级支流
滈河	秦岭北麓石砭峪	46.0	292	沣河支流
潏河	秦岭北麓大峪沟	31.8	687	与滈河合并汇入沣河
涝河	秦岭北麓涝峪沟	82.0	663	渭河一级支流

西安市水资源量总体上不足，其地表水资源量约为 21.78 亿立方米，地下水资源量约为 17.27 亿立方米，源于渭河、泾河等流域的水资源量约为 78.5 亿立方米；西安市人均水资源占有量约为 316 立方米，仅为全国人均水资源量的 13%。而且，西安市水污染也非常严重，西安市境内河流峪口以上水质较好，pH 值为 7.6~8.2，总硬度为 51~146 毫克每升，含盐量为 148~279 毫克每升，基本达到了 Ⅱ 类水质标准，水质良好。峪口以下至渭河入口

段因人口密集，水质污染严重，基本为Ⅴ类水质。

西安市地下水开采情况也不容乐观，超采严重。上世纪70年代后，随着城市的快速发展，外来人口大量涌入，西安市的工农业用水、居民生活用水急剧增加，导致原有的供水设施难以保证用水需求，政府不得不提出市民可自主凿井来应对水荒。1980年，西安市地下水的开采量已达8359万立方米；1990年更是达到了11223.75万立方米，远超当地水环境可承受之开采量。将近十年来，西安市地下水水位持续下降，据统计，1989~2002年其地下水潜水位平均下降了5.7米，非常惊人。[①]

西安市的工业区主要集中在西部和东部，城市火电工业用水量为7.2×10^4立方米每日，其他工业的用水量为89.1×10^4立方米每日。西安市的主要用水行业依次为火力发电、化学工业、非金属矿物制造业、造纸、医药及纺织业。经估算，2010年市区新增绿地约2500平方千米，如果按照绿化用水定额为2升/平方米·日计算，城市绿化用水量为1136.8×10^4立方米每日。[②] 水资源供应不足是西安市城市发展方面的主要矛盾。

表 2-15 西安市水资源情况[③]

年份	水资源总量/亿 m³	总人口数/万人	人均水资源总量/亿 m³
2001	22.14	694.84	318.63
2002	26.66	702.59	379.45
2003	26.70	716.58	372.60
2004	26.70	725.01	368.27
2005	26.70	741.73	359.97
2006	26.70	753.11	354.53
2007	27.00	764.25	353.29
2008	27.00	772.30	349.61
2009	24.22	781.67	309.85
2010	24.10	782.73	307.90
2011	30.74	791.83	388.21

---

① 柳嵩、张永战：《西安地区水资源短缺的原因与对策》，《水资源保护》，2015年第1期。
② 徐志嬙、李梅：《西安市污水再生的发展规划》，《中国给水排水》，2004年第5期。
③ 柳嵩、张永战：《西安地区水资源短缺的原因与对策》，《水资源保护》，2015年第1期。

2. 西安市再生水回用现状

截至 2008 年，西安市已建成并投入使用的排污管道长度达 835.4 千米，其污水收集能力约为 80 万立方米每日，排污服务面积约为 152.2 平方千米。西安市已建成的污水处理厂有 4 家，其每日的处理能力分别为：邓家村污水处理厂为 12 万立方米，北石桥污水处理厂为 15 万立方米，西安市第三、第四污水厂合计为 25 万立方米。在这四家污水处理厂中，每日的深度处理能力约为 10 万立方米。

2011 年开始，按照《西安市再生水利用"十二五"规划》的要求，西安市将大力推行再生水回用，逐步扩建第二污水处理厂、第三污水处理厂、第七污水处理厂和阎良再生水处理设施，扩建规模分别达到 8 万立方米/日，3 万立方米/日，2 万立方米/日，1 万立方米/日，总扩建规模达 14 万立方米/日。同时，西安市还新建再生水处理设施 17 座，总建设规模达 61 万立方米/日。到"十二五"末，西安市的再生水供水能力达到 75 万立方米/日，再生水利用率达到了 30%。

相对自来水价格而言，西安市的再生水价格较低。西安市的工业用自来水价格为 3.45 元/立方米，市政服务用自来水价格为 3.85 元/立方米，居民生活自来水价格为 2.9 元/立方米；而西安市北石桥再生水的价格仅为 1.25 元/立方米，每使用 1 立方米的再生水可节约资金 1.65~2.6 元。以再生水需水量 92 万立方米/天计算，西安市工农业用水户和居民用水户每年可节约水费约 8 亿元，金额相当可观。

事实上，西安市再生水回用已表现出良好的效果，不仅改善了城市水环境，提升了城市外部形象，并形成了一定规模的再生水资源产业。就目前再生水回用状况对于供水压力的减缓作用可以看出，大力发展再生水回用也是非常必要的。

3. 西安市再生水回用实践中出现的主要问题

（1）再生水回用的健康风险问题。再生水水质问题可能导致的人体健康风险，是各地再生水回用过程中应该高度重视的问题。再生水水源主要包括城市污水处理厂出水以及处理达标的工业排水，其主要的水质控制指标为：浊度、色度、嗅、pH 值、总硬度、总大肠杆菌等。这些指标与地面水质相比存在很大差距，因此，再生水回用可能会产生相应的风险。再生水回用对人体健康可能产生的风险包括化学因素和生物因素，而且此类风险主要来自于病源生物，如病原菌、蠕虫、原生动物、病毒等。以西安市高新区内永阳公园再生水回用水质为例，永阳公园景观用水使用再生水要求其水质达标，与污水厂再生水处理设施的设计出水标准进行对比如表2－16。[①]

表2－16　再生水水质应达标准与污水厂处理厂出水水质

项目	应达到的水质标准	再生水处理设施设计出水水项
嗅味	无不快感	无不快感
色度	30	30
pH 值	6.5~9	6~9
浊度（NTU）	≤10	—
SS/（mg·L^{-1}）	≤10	≤10
BOD$_5$/（mg·L^{-1}）	≤6	≤10
COD$_{Cr}$/（mg·L^{-1}）	≤30	≤50
NH$_4^+$（N）/（mg·L^{-1}）	≤5	≤8
TN/（mg·L^{-1}）	≤15	≤15
TP/（mg·L^{-1}）	≤0.5	≤0.5
溶解氧/（mg·L^{-1}）	≥1.5	—
溶解性总固体/（mg·L^{-1}）	≤1000	—
氯离子 Cl/（mg·L^{-1}）	≤350	—
石油类/（mg·L^{-1}）	≤1	≤1
阴离子表面活性剂/（mg·L^{-1}）	≤0.3	≤0.5
总余氯/（mg·L^{-1}）	≥0.05	—
总大肠菌群/（个·L^{-1}）	≤1000	≤1000

对比显示，污水厂的出水水质部分项目是无法达到永阳公园景观水体要求的水质标准的。标准不符合不仅会影响景观水体的感官，还会影响人身体健康以及设备安全问题。因此，污水厂再生水出水水质应当考虑输出用途，满足用水方对于水质的基本要求，在再生水生产环节就处理好水质，避免后续危险的发生。

（2）污水处理技术对再生水回用水质的制约问题。污水厂再生水出水水

---

① 张力喆等：《西安高新区公园景观水体再生水利用水质标准研究》，《环境工程》，2013年第4期。

质决定了再生水的用途，各类用途的再生水水质标准已有国家标准，但国家标准或行业标准并不能满足用水方对于水质的要求，反而只是规定了污水厂再生水出水的最低标准，污水厂再生水出水水质则由污水厂污水处理技术决定。再生水处理中，由化学混凝、絮凝、沉降、过滤和消毒过程组成的三级处理工艺可以有效地实现污水再生中的灭菌、去除颗粒物和降低浊度，进而提高再生水的清洁度和美感。在资金允许的情况下，尽可能地发展再生水处理技术及工艺也是推广再生水回用所必需的。活性炭吸附、深度养护、超滤、反渗透、膜处理等深度工艺普遍应用于再生水的生产处理工艺中，再生水水质将得到显著提高。

当然，在西安市再生水回用实践中出现的这些问题，西北其他地区推广再生水时也应当高度重视。

四、西北地区再生水回用调查分析[①]

（一）水资源状况及居民节水情况

1. 水污染"严重"

认为水污染"严重"的有 245 人，占 38.46%；认为"较严重"的有 229 人，占 35.95%；认为"不严重"的有 96 人，占 15.07%；"不清楚"的有 67 人，占 10.52%。七成多的受访民众认为，当地的水污染"较严重"或"严重"，只有一成受访民众认为当地水污染"不严重"，足见西北地区的水污染已经到了"人人皆知"的状态。而且，多数受访民众对此非常忧心，担心其子孙后代将会面临无洁净的饮用水之尴尬。

2. 水资源已"面临危机"

认为水资源状况"良好"的有 86 人，占 13.5%；认为"一般"的有 209 人，占 32.81%；认为"面临危机"的有 281 人，占 44.11%；"不清楚"的有 61 人，占 9.58%。西北地区水资源已面临非常严峻的状况，三成多的受访者认为当地水资源状况"一般"，四成多的受访者认为当地水资源"面临危机"，只有一成的受访者认为"良好"。调查的结果与此前专家的判断基本吻合，西北地区的水资源状况已经到了必须正视的时候。

---

① 2016、2017 年，课题组用随机匿名调查以及访谈方式，面向市民发放"水资源与再生水使用调查问卷"共 820 份，收回有效调查问卷 637 份；此处即对调查问卷的分析。

3. 居民开始重视节水

在家庭节水措施中，选择"及时关水龙头"的有 607 人，占 42.01%；选择"废水冲马桶"的有 391 人，占 27.06%；选择"马桶里放水瓶子"的有 231 人，占 15.99%；选择"装流水控制器"的有 216 人，占 14.95%。家庭节水是社会节水的重要组成部分，中国有 3 亿多个家庭，每个家庭节约一点点的水，累积起来也将是惊人的数字。"及时关水龙头""废水冲马桶""马桶里放水瓶子""安装流水控制器"等都是简单易行的法子，希望每一个市民从我做起，从每一天做起，点点滴滴节约用水。

（二）再生水回用情况

1. 居民对再生水及再生水回用有所"了解"

居民对再生水及再生水回用"很了解"的有 19 人，占 2.98%；"了解"的有 211 人，占 33.12%；"了解一些"的有 318 人，占 49.92%；"不了解"的有 89 人，占 13.97%。九成的受访民众表示"了解一些""了解""很了解"再生水回用，说明有关宣传已经起到了较好的作用，同时说明西北民众对再生水的关注度较高。但"很了解"的民众只有 19 人，"不了解"的民众却有 89 人，说明再生水的宣传和推广任重道远，还需要持续的努力。

2. 了解再生水的渠道主要是"新闻及宣传"

通过"新闻及宣传"了解再生水的有 344 人，占 54.0%；通过"自身专业"的有 64 人，占 10.05%；通过"亲戚朋友"的有 76 人，占 11.93%；通过"其他途径"的有 153 人，占 24.02%。从问卷可以看出，五成的受访民众是通过新闻及宣传了解再生水的，说明新闻及宣传是推广再生水回用的重要信息媒介；西北各地政府应该持续加强此方面的工作特别是通过微信、微博等新媒体来宣传再生水，以取得更好的效果。但也有近五成的受访民众是通过自身专业、亲戚朋友甚至其他渠道了解再生水的，可见，再生水的推介是一项立体的系统工程，"其他"途径也非常重要，应该通过各种可能的途径来普及再生水知识，使民众更为了解、熟悉再生水，以消除其使用再生水的顾虑。

3. 各地再生水回用情况不一

认为当地"未使用"再生水的居民有 310 人，占 48.67%；认为"使用"

的有 211 人，占 33.12%；"不清楚"的有 116 人，占 18.21%。近五成的受访民众认为当地"未使用"再生水，这一数字相当高，一方面可能是当地还未认识到再生水回用的重要性，另一方面可能是受资金限制无力建设再生水厂及再生水管道导致再生水回用乏力。但无论如何，这一数字同时也意味着西北地区的再生水回用还有很大的潜力，只要工作到位，国家给予支持，再生水回用将会成为常态。

4. 再生水主要用于"工业用水""农业灌溉""园林绿化"等

就再生水的使用用途，选择"工业用水"的有 289 人，占 26.47%；选择"农业灌溉"的有 281 人，占 25.73%；选择"园林绿化"的有 207 人，占 18.96%；选择"其他"的有 315 人，占 28.85%。从问卷可以看出，选择"工业用水"的人最多，选择"农业灌溉"的人次多，选择"园林绿化"的人再次之，说明再生水的主要用途依次为"工业用水""农业灌溉""园林绿化"。但近三成的受访民众选择了"其他"，说明再生水还可回用于更多的领域。

（三）影响再生水回用的因素

1. 影响使用再生水的因素较多

选择"对安全的担忧"的有 489 人，占 38.72%；选择"管道铺设改造"的有 286 人，占 22.64%；选择"心理上不能接受"的有 147 人，占 11.64%；选择"异味或感官不适"的有 341 人，占 27.0%。"对安全的担忧""心理上不能接受""异味或感官不适"等其实都是对再生水安全的担忧，选择此三项的占到受访民众的近八成。所以，要推广再生水回用，须下大力气提升再生水处理技术，确保再生水的水质达到国家标准。

2. 居民对再生水回用有顾虑

居民对再生水回用顾虑重重，就如何消除对再生水的顾虑，选择"公布再生水水质"的有 473 人，占 36.87%；选择"专家充分论证"的有 391 人，占 30.48%；选择"参观再生水生产过程"的有 311 人，占 24.24%；选择"其他"的有 108 人，占 8.42%。如何消除老百姓对再生水的疑虑，其实是一件难度较大的事情，这里面既有老百姓对再生水水质的担忧同时也有人们的心理抵触问题。选择"公布再生水水质"和"专家充分论证"的合起来占到 67.35%，说明老百姓最担心的就是再生水的水质问题。如果通过提升再生水生产技术进而提高再生水水质，对推广再生水大有裨益。同时，基于"眼见为实"的动因，老百姓也想亲眼看到再生水的生产过程。

3. 家庭内再生水管道改造问题

对家庭内再生水管道改造，选择"不花钱也不想改造"的有 160 人，占 25.12%；选择"不花钱就无所谓"的有 256 人，占 40.19%；选择"可付小部分费用"的有 173 人，占 27.16%；选择"可付大部分费用"的有 48 人，占 7.54%。从问卷可以看出，两成多的受访民众完全不想用再生水——"不花钱也不想改造"再生水管道；七成多的受访民众"愿意"用再生水，当然，再生水管道改造的费用问题要处理好。实际上，政府在保护生态环境方面的责任最重，所以，再生水管道的改造费用理应由政府承担。

4. 再生水价格偏高

居民可接受的再生水价格较低，选择"自来水价的 1 – 3 成"的有 453 人，占 71.11%；选择"自来水价的 3 – 5 成"的有 127 人，占 19.94%；选择"自来水价的 5 – 7 成"的有 44 人，占 6.91%；选择"自来水价的 7 – 9 成"的有 13 人，占 2.04%。再生水的价格问题也是推广再生水必须考虑的问题，由于再生水是"二次"利用，所以老百姓总会有价格不宜过高的预期。从问卷可以看出，七成多的受访者认为，再生水的水价应该是自来水价格的三分之一左右。再高的话，可能会影响到市民使用再生水的积极性。

五、推进西北地区再生水回用之对策[①]

（一）出台法律，完善再生水回用之保障机制

目前，我国在国家层面并无关于再生水回用的专门立法，只能在《水法》、《循环经济促进法》等法律中寻找到一些原则性规定；除此之外，再生水回用通常作为节水手段或者是污水回收利用措施加以利用，因此，也可间接找到其他的相关法律支撑。同样，西北五省区在省级立法层面并无专门的再生水回用的地方性法规，仅在再生水回用积极推广的西安、银川等市有专门的地方立法。调查发现，西北民众认为"应该"出台法律的有 435 人，占

---

① 2016、2017 年，课题组用随机匿名调查以及访谈方式，面向市民发放"水资源与再生水使用调查问卷"共 820 份，收回有效调查问卷 637 份；此处即对调查问卷的分析。

68.29%；认为"没必要"的有 97 人，占 15.23%；感觉"不清楚"的有 105 人，占 16.48%。近七成的受访者认为应该及时出台再生水回用法律法规，这是一个非常可喜的现象。我们已进入法治社会并且正在全面依法治国，所以，推广再生水当然也要依靠法律的保驾护航。这一调查也同时说明受访民众法治意识的普遍养成和对法律的尊重。当然，也有三成的受访者就此问题选择了"没必要"或"不清楚"，一方面说明他们对法律的重要性还没有清醒的认识；另一方面可能是他们看到了"执法不严"或"司法乏力"的"自然"反映。

（二）加大投入，改变再生水回用资金不足之窘境

在制约再生水使用的因素方面，选择"资金不足"的有 301 人，占 28.83%；选择"水处理设施不足"的有 271 人，占 25.96%；选择"再生水管道不足"的有 233 人，占 22.32%；选择"社会宣传不够"的有 239 人，占 22.89%。制约再生水回用的因素比较多，譬如资金问题、技术问题、设施和管道建设问题、社会心理问题等等。受访者认为，这些因素都非常重要，都是制约当地再生水回用的重要因素；相对而言，"资金不足"（实际上"水处理设施不足""再生水管道不足"也是"资金不足"）是制约再生水回用的最重要的因素。所以，进一步加大资金投入，对推广再生水回用意义重大。为了推进西北五省区的再生水回用事业，促进节水型社会的形成，根据《循环经济促进法》的规定并借鉴部分地方立法之实践，西北五省区可以设立发展再生水回用的专项资金。资金的主要来源为政府的财政转移支付，可以从征收的城市维护建设税、城市基础设施配套费、国有土地出让收益、污水排污费中提取一定比例的资金。专项资金主要用于补助城镇污水处理设施配套管网建设，支持再生水回用的科学技术研究，促进再生水使用设施的建设等等。[①]

（三）多管齐下，激励公众积极参与再生水回用工作

公众参与原则是环境法的重要原则之一，我国《环境保护法》第 5 条规定，环境保护坚持公众参与的原则；第 6 条规定，一切单位和个人都有保护

---

① 潘志伟、吕志祥等：《再生水回用法律保障机制研究》，北京：光明日报出版社，2016 年版，第 150 页。

环境的义务。这充分表明，将环境保护事业建立在公众广泛参与、支持、监督的基础上，吸收人民群众参加环境管理，既保证人民群众当家作主和保护公民环境权益的需要，也是充分发扬民主，搞好环境保护工作的重要途径。那么，如何激励公众参与再生水回用呢？在激励的具体措施当中，选择"加强环境教育"的有487人，占26.98%；选择"再生水回用展示"的有441人，占24.43%；选择"加强政策倾斜"的有461人，占25.54%；选择"完善政府监督机制"的有416人，占23.05%。选择"加强环境教育"的占比最高，充分说明老百姓也非常清楚再生水回用的最大"阻力"在哪儿。目前，再生水较少用于生活领域，其中一个原因是老百姓还没有完全认识到生态环境问题的严重性，还不是非常了解我国或者当地水资源的状况。所以，加强环境教育，只要老百姓真正了解了再生水回用的重要意义，再推广再生水将会变得"水到渠成"。同时，在推广再生水的过程中要"加强政策倾斜""完善政府监督机制"。

（四）多媒并重，加强再生水回用之宣传力度

广大民众作为再生水的终端用户，其对再生水认知程度的高低，影响着再生水推广与使用。问卷调查显示，每个受访群众都会采取废水冲马桶、装流水控制器等适合自家的节水措施，我国的节水教育初见成效。但由于历史原因、公众受教育程度等因素的影响，西北地区民众对再生水的认识也有不足。根据问卷显示，西北地区居民对再生水"很了解"的仅占2.98%，"了解一些"和"不了解"的高达63.89%，足见扩大再生水回用宣传之重要性和紧迫性。在宣传手段方面，选择"网络"的有321人，占50.39%；选择"电视"的有201人，占31.55%；选择"广播电台"的有71人，占11.15%；选择"报纸等纸质媒体"的有44人，占6.91%。根据中国互联网中心发布的信息，目前，国内网民达6.49亿，其中86%为移动端用户。所以，五成的受访民众认为，宣传再生水回用最有效的媒体是网络，也在清理之中。有关部门应该充分利用网络特别是微信、微博、QQ等新媒体，及时宣传再生水回用的意义并适时公布当地再生水水质。同时，尽可能发挥诸如电视、广播电台、报纸等媒体在再生水回用宣传方面的作用。

专题三　西北地区绿色专利快速审查制度研究

一、绿色专利及绿色专利制度

（一）绿色技术及绿色专利

近年来，CO_2引起的全球变暖问题已成为全人类的最大威胁之一，有关统计表明80%的CO_2的排放量都是与能源相关[①]，所以通过绿色技术来提高能源的利用率而减少CO_2是一项最佳选择。此外，绿色技术还能够影响未来气候变化国际博弈的格局和走向[②]。

1. 绿色技术的定义

绿色技术以环保、健康为设计理念，积极促进生态文明的建设，能够妥善解决发展与环境之间的矛盾，其并非单指某一项技术，而是一整套技术，对于降低能源消耗，保护环境有积极的作用[③]，因此，绿色技术也被称为"低碳技术或环境友好型技术"。如何准确定义绿色技术，我们需要对"绿色"这一概念进行探讨。世界知识产权组织（WIPO）、世界气象组织（WMO）、联合国开发计划署（UNDP）等国际组织认为"绿色"即为对环境无害，世界可持续发展工商理事会（WBCSD）曾经将"绿色"以列举的方式进行了定义，主要包含七类产品或服务，如降低能源消耗的产品，提高产品的耐久性和可回收性，减少有毒物质等。由于采用列举法，依然不能完整的定义"绿色"这一概念，目前又有一种新的观点认为"绿色"需要实现循环和可再生。从以上可以看出，"绿色"是一个动态的过程，随着科技的进

① 刘雪凤、谌青青：《我国绿色专利法律调控机制研究》，《科技进步与对策》，2013 年第 16 期。
② 吴学安：《气候变化中的知识产权博弈日趋激烈》，《知识产权报》，2011 - 12 - 23。
③ 刘雪凤、谌青青：《我国绿色专利法律调控机制研究》，《科技进步与对策》，2013 年第 16 期。

148

步与社会的发展在不断地更新。那么，绿色技术也就很难给出一个完整的定义。事实上，尽管不能准确定义"绿色"，但在实际操作中判断一项技术是否符合绿色是可以操作的。目前主要提出两种对一项技术"绿色"的判断方式①，第一种是将环境测评标准作为专利申请的一项条件引入。具体可分为两个方面：第一，由申请人进行自我环境评价，在提交申请文件时需要提交一份该技术对环境有益的说明。第二，由环保部门对申请的技术进行绿色性协助审查。第二种途径是依靠公共力量对技术的"绿色性"进行判断，即在初步公开期间和授权公告之后，由公众对该项技术进行判断，当然这种判断不得胡乱猜测，需要确实的依据，这样才能够在提高效率的同时维护法律的权威。

绿色技术相比于普通技术有其自身的特点：第一，绿色技术能够有效地保护和改善自然环境，在使用时几乎不对环境造成损害。第二，绿色技术需要以生态学和经济学规律作为发展的基础，从而使生态环境和经济发展协调共存。第三，绿色技术在各国都已被提高到国家战略的高度，特别是可持续发展战略。第四，绿色技术概念是不断变化的动态概念，它会随着科技的进步和清洁能源的生产模式变化而发生变化。

2. 绿色技术专利化

肖夏在其博士论文《绿色专利法律问题研究》中提到了公共产品理论，阐述了绿色技术的专利化及面临的困境。公共产品是一个普遍化和多样化的现象，从由规则组成的非实物到独立于规则的能够提供集体利益的实物都可以包含在公共产品的范围中。这些产品通常被定义为包含两个特质：非竞争性和非排他性。非竞争性是指一个人在使用一个产品时不会禁止他人从该产品上获得利益。而非排他性指的是一个人对于未授权的产品可以加以使用②。就如我们所知，知识是一种典型的非排他性、非竞争性公共产品，不可避免地使部分人出现不劳而获的行为，这对于那些提供知识产品的人会出现"亏本"的现象，不能收回其为研究知识产品而付出的成本。这样极大地削弱了知识产品提供者的积极性和创造性，长此以往定会造成知识产品的缺乏甚至是消失殆尽。美国学者波斯纳在《知识产权法的经济结构》中写道："竞争

①　陈琼娣、胡允银：《"绿色专利"制度设计》，《中国科技论坛》，2009 年第 3 期。

②　肖夏：《绿色专利法律问题研究》，武汉大学博士学位论文，2011 年。

将产品的价格下降至边际成本，而发明的沉没成本将不能得到补偿。这种预期前景为知识产权提供了传统的经济学理由。"[1] 知识产权把知识这种产品以排他性的方式进行保护，对于发明者来说提供了足够的刺激，鼓励进一步创新，从而提供更多的知识产品，消除知识产品供应不足的局面，并通过专利有效期和强制许可制度将知识产品回归公共产品的本质。

绿色技术是一种准公共产品，其非竞争性和非排他性使得其能够最大化地实现分配和使用。正如前文所言，其非排他性所带来的"搭便车"行为会使产品提供者处于"亏本"状态，导致绿色技术的市场严重缩水。专利制度使发明人拥有合法的垄断利益，为其带来了持续的可预见的利润，也促进了技术的公开和传播，而在绿色技术的产业领域，使其实现专利化显得极为重要，这主要是是因为绿色技术商业化进程慢、周期长、风险大，需要投入大量的人力财力，投资人甚至要背负巨额债务，因此，通过将绿色技术专利化能够很好地激发发明人的创新动力，促进绿色技术的发展，减少环境的污染，实现可持续发展[2]。

（二）绿色专利制度的涵义

绿色专利（green patent）是近几年频繁出现于学者的文章和官方报道中的一个新兴词汇，但目前仍然无统一的定义，在一些学者的论著中，我们可以发现有着不同的理解。有学者认为只要是与改善气候、有利于环境的专利就能称为绿色专利；[3] 还有学者认为在目前传统的专利审查中加入"绿色性"，而申请的专利通过审核就可以认为是绿色专利；[4] 还有一种观点认为只要能通过专利申请的绿色技术就可称之为绿色专利，[5] 但这种观点又会多出一个关于绿色技术的定义问题。就目前而言，在传统专利"三性"（新颖性、实用性、创造性）的基础上增加"绿色性"的观点较为流行。而绿色专利快速审查制度作为绿色专利的一项法律举措，也在不断探索与实践中。

――――――――――――――

[1] 威廉·M. 兰德斯、理查德·A. 波斯纳：《知识产权法的经济结构》，金海军译，北京：北京大学出版社，2005 年版，第 17 页。

[2] 余璎璎：《国外绿色专利快速审查制度及其对我国的借鉴》，华中科技大学硕士学位论文，2013 年。

[3] 程文婷：《绿色专利》，《电子知识产权》，2011 年第 1 期。

[4] 陈琼娣、胡允银：《"绿色专利"制度设计》，《中国科技论坛》，2009 年第 3 期。

[5] 何隽：《绿色专利——应对气候变化的技术创新制度》，《清华法治论衡》，2010 年第 1 期。

1. 绿色专利制度的提出背景

20 世纪 90 年代，随着全球环境的急剧变化，"法律生态化"受到了各国学者的广泛关注。专利制度在引导和促进个体技术创新上起着关键的作用，而技术创新对环境的影响又难以估量，所以在专利法中考虑增加环境因素，从法律层面为技术创新给予引导。Trips 协议在第 27 条中规定了环保例外权，指出，对于危害生态环境和公共安全的技术，缔约方可以不授予专利权，并禁止该发明在缔约方境内使用。在 2009 年的世界知识产权日，多国专家学者呼吁重视知识产权对于促进绿色技术发展和改善环境的作用，关注专利制度在解决世界环境和资源问题上的推动作用，并将当年的主题确定为"绿色创新"，绿色专利制度就是在此种情形下提出来的。

我国关于"法律生态化"的观点最早由金瑞林教授在《环境法学》中提出，其后徐国栋教授推出《绿色民法典草案》，由此开始了"绿色化"的法律进程。值得注意的是，我国《专利法》目前以原则的形式规定了不授予专利权的情形，即损害公共利益的技术。很多学者认为公共利益包含了生态保护的因素，但相对于其他国家的明确规定，我国《专利法》显得有些模糊，没有一个完整清晰的界定。

2. 绿色专利制度的涵义

绿色专利制度是针对绿色技术的特殊化设计，主要对申请条件、程序等都有异于普通专利的规定，能够有效地改善全球气候，促进绿色技术的研发。专利制度曾经备受质疑，特别是近年来气候问题愈演愈烈，这种质疑也愈发强烈[1]，而绿色专利制度通过解决气候问题很好地回应了这种质疑。目前，绿色专利制度的制定方式主要有两种：一是在现行的专利制度外创建一套单独的绿色专利体系，二是在现行专利制度中加入针对绿色技术的特殊设计。许多学者专家对于通过绿色专利制度回应"现行专利制度阻碍了绿色技术的研发、推广与应用"这一质疑都表示认同，这也使得很多国家开始探索绿色专利制度。

建立一套完整的绿色专利制度是一项复杂而又漫长的工程。一般来说，

---

① 徐升权：《适应和应对气候变化相关的知识产权制度问题研究》，《知识产权》，2010 年第 5 期。

一套完整的绿色专利制度包含申请、审核、检索、授权、转让和许可等①。同时在实施的过程中存在诸多难点，如绿色技术的定义问题，审查的参照标准，与国家知识产权战略的协调问题等。目前，许多国家对绿色专利制度的探索都有不同的角度，也有一些对于域外实践的总结。近几年，英、美、日、韩等发达国家在绿色专利快速审查制度/优先审查方面已经开始了试行，并且各自都取得了不同的效果，这对于我国的快速审查制度有很好的借鉴作用。

绿色专利制度充分保障了绿色技术发明者的利益，也使更多的技术发明者投入到绿色技术的开发上，不但创造了经济效益，而且使环境在技术发展的过程中不至于遭到损害，实现人与自然的和谐相处。同时，绿色专利制度与我国的绿色发展理念不谋而合，为推动我国向低耗能、低污染的新型工业化道路的转变提供制度上的保障。

二、绿色专利快速审查制度的正当性及特点

（一）绿色专利快速审查的内容及正当性

现行的专利审查制度大多程序冗杂，授权时间长，这对于绿色技术的发明者来说是最不愿看见的情形。此外，绿色技术也是一个国家实力的一部分，为了尽快占领绿色技术高地，使得各国在未来的低碳技术竞争中占有先机，越来越多的国家开始简化审查程序，开通绿色通道以加速审查绿色专利，使其尽快获得授权。相比于普通专利的授权时间，绿色专利快速审查制度使得专利的申请时间大大缩短，从若干年缩减到几个月②。

1. 快速审查的基本内容

2009 年，英国建立绿色专利快速审查制度；同年，澳大利亚、日本、韩国和美国引入这一制度。此后，加拿大和中国分别在 2011 年和 2012 年也出台了相应的快速审查制度。目前，绿色专利的快速审查模式可以分为两种：加快审查和优先审查。这两种审查模式都加快了审查速度，减少了审查的时间，使申请人能够尽快获得授权。加快审查提高了审查的速度，优先审查其

---

① 余璎璎：《国外绿色专利快速审查制度及其对我国的借鉴》，华中科技大学学位论文，2013 年。
② WIPO. "Fast - tracking green patent applications". http://www.wipo.int/wipo - magazine/en/2013/03/article - 0002.html, 2013 - 03.

实是对申请人的申请提前审查，相当于"插队"，这是两者的主要区别①，我国目前的《专利优先审查管理办法》为优先审查模式。

目前依据审查标准的宽松程度，大致可分为宽松型、适度型与严格型三种②。采取宽松型审查标准的国家主要有英国、美国、加拿大、澳大利亚等国家，该种模式准入门槛较低，没有严格限制绿色技术的范围，也没有制定技术分类标准，申请人只需要提供该技术具有环保性的说明即可。美国是由较为严格开始转向宽松型的快速审查制度，韩国则是典型的严格型快审制度。2009 年 10 月，韩国制定了"超级快速审查程序"，主要对改善环境和促进低碳经济增长的技术使用。该制度列出了适用的具体技术类别，增加了申请人的难度，但是申请周期却很短，应该说是典型的严格型快速审查模式。日本不同于韩国的苛刻条件，也不同于英国的宽松条件，它规定能降低能源消耗或碳排放的技术可以适用加速审查制度，但需提交一份解释该技术有益于环境的说明和检索报告。

2. 快速审查制度的有效性和正当性

常规专利的申请和授权往往比较复杂且耗时，发明者需要等待好几年的时间，这会导致先进技术闲置，造成专利申请大量积压③。而快速审查制度，能够使得特定绿色技术尽快获得资助，加快专利的落地实施，提高技术方案的竞争力④。因此，从制度的有效性上来说，绿色专利快速审查制度能够使绿色技术尽快实现其价值。但是从法理而言，制度的有效性认同和正当性认同两者之间有着根本性的不同，制度的有效性体现的是实用性，也就是针对问题找出对策，需要手段与目的之间相互契合，不要求程序正义。而法治主义逻辑正是制度的正当性所遵循的，对于制度设计有很高的要求，要求符合法治的理念、基本原则，程序正义，能够平衡多种价值⑤。正如上文所言，

---

① 何艳霞：《国外专利加快审查机制及其对我国的借鉴研究》，中国政法大学硕士学位论文，2010 年。

② 杨宇静：《论绿色专利加速审查制度及其对中国的启示》，《中国科技论坛》，2014 年第 5 期。

③ 何隽：《从绿色技术到绿色专利——是否需要一套因应气候变化的特殊专利制度》，《知识产权》，2010 年第 1 期。

④ Sarah Tran, "Expediting Innovation", Harvard Environmental Law Review, 2012 (36)：138 – 142.

⑤ 曹炜：《绿色专利快速审查制度的正当性研究》，《法学评论》，2016 年第 1 期。

绿色专利快速审查制度对于绿色技术的开发与扩散具有一定的有效性，但是它也造成了"差别待遇"。主要是当专利审查的能力和效率在保持不变的水平下，绿色专利快速审查制度会占用普通专利的审查时间，这样会造成其他专利申请积压，从某种程度上来讲出现了不公平待遇①。因此，如何兼顾专利法服务于公共政策的同时又能保障法律的正当性，也是我们要考虑的问题。

知识产品的广泛传播，创造者合法权益的保障离不开知识产权制度，协调创造者、传播者和使用者三者的利益，私权神圣和利益衡平是知识产权制度的两个基本理念②。而私权神圣是对于知识产权制度私权属性的承认，要求受到国家法律的尊重和保护。利益衡平要求知识产权制度是平衡个人利益和社会利益，避免出现偏重一方而损害另一方的情况，这是专利制度兼顾"公""私"属性的内在要求。绿色专利快速审查制度作为知识产权的一项新制度，其应保证不损害私益，避免破坏专利审查制度的公平、公正价值。有学者提出应当设立基本的正当性标准："一是创设制度应获得法律授权；二是制度应保证授权品质；三是标准和程序应满足非歧视性标准；四是制度应提供相应的法律救济"③。因此，在考察绿色专利快速审查制度正当性的问题时，要遵循法律制度的基本宗旨、功能和理念，满足特定的法治原理，这样才可以对传统部门法进行变革创新，做到与其他法律制度之间的对接与融合。

（二）绿色专利快速审查制度的特点

1. 绿色专利快速审查制度的特点

绿色专利快速审查制度和普通的专利审查制度相比，主要有以下几点不同：

第一，明确规定了申请的技术范围。如图 3－1 所示，各国对于申请快速审查制度的技术做了较为明确的规定，主要包含节能环保、减少二氧化碳排放的绿色技术，同时要求提交该技术具有环保性或与其他绿色技术直接相关的证明文件。美国专利商标局（USPTO）规定申请快速审查的发明是能够为

---

① 李薇薇、郑友德：《绿色专利申请快速审查制度的实施效果评价与完善》，《华中科技大学学报》（社会科学版），2014 年第 3 期。
② 吴汉东：《知识产权基本问题研究》（总论），北京：中国人民大学出版社，2009 年版，第146 页。
③ 曹炜：《绿色专利快速审查制度的正当性研究》，《法学评论》，2016 年第 1 期。

改善环境质量、节约能源、减少温室气体排放等方面做出贡献的绿色技术。英国专利行政部门要求申请人在申请书中陈述所涉及的绿色技术。韩国绿色专利快速审查被称为"超快程序"，明确规定申请保护的技术类别，申请人不得超出范围申请。加拿大知识产权局的规定和英国专利行政部门的要求基本一致。日本特许厅明确，只有被归类为绿色发明的技术才可以申请快速审查。中国在 2012 年出台的《发明专利申请优先管理办法》中，对能够进行优先审查的技术进行了列举性的规定。

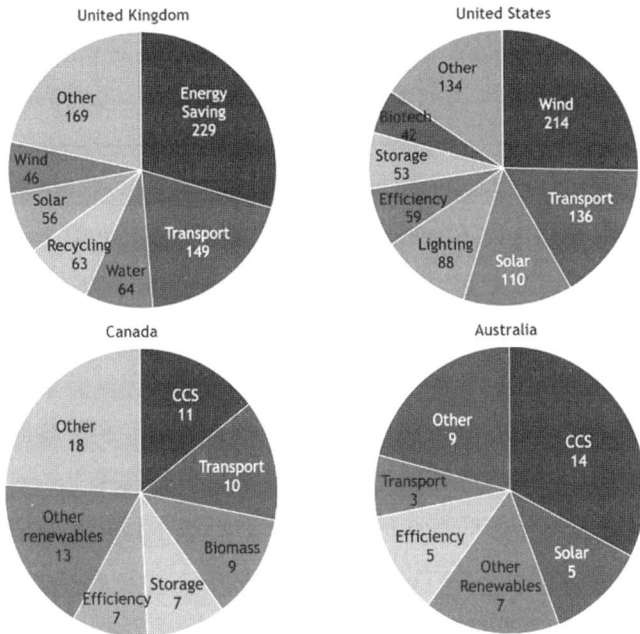

图 3 - 1　各国绿色专利快速审查制度中申请的技术范围[①]

第二，各国绿色专利快速审查都缩短了审查时间。该制度本质上是为了让发明人快速获得授权，从而达到推广绿色技术，鼓励创新的效果。表 3 - 1 显示了普通专利审查和绿色专利快速审查的时间比较。不难看出，快速审查程序中，无论是首次审查意见的周期还是平均授权周期都明显短于一般专利审查的平均周期。

---

① Dechezleprêtre. Fast - tracking Green Patent Applications: An Empirical Analysis. ICTSD Global Platform on Climate Change, Trade and Sustainable Energy. 2013 (37): 13.

表 3 - 1   各国普通审查程序周期与快速审查程序周期比较[①]

时间 国家	快速审查 首次审查意见周期	快速审查 平均授权周期	一般审查 平均授权周期
美国		12 个月	2 - 3 年
日本	2 个月	6 个月	2 - 3 年
加拿大	2 个月		2 - 5 年
英国		9 个月	2 - 3 年
澳大利亚	1 - 2 个月		
中国	1 个月	1 年内	2 - 3 年
韩国	1 个月内	4 个月	1 年
巴西		2 年内	5 - 6 年

第三，专利快速审查制度程序特殊。英国属于宽松型的审查程序，只要申请人主张其涉及的技术为绿色技术即可，同时将检索和审查合为一体。澳大利亚需要申请人向本国知识产权局提交一份如何减少环境损害的简要说明。美国则推出了绿色技术试点项目，规定了 20 项总的权利要求以及不超过 3 项的独立权利要求的限制。日本特许厅则对技术材料的公开有单独的要求，韩国是最严格的"超高速审查"程序，规定申请人需向专利行政部门委托的机构提交申请书。可以看出，各国对于绿色专利的审查都建立在本国现有专利制度的基础上，增加了一些特殊的程序要求，形成本国特有的绿色专利快速审查程序。

2. 绿色专利快速审查制度的优缺点

绿色专利快速审查制度能够有效地遏制全球变暖，是推动产业结构升级，促进绿色技术的创新和扩散，转变经济增长方式的重要举措；同时，对于申请人和专利审查员提出了更高的要求。对于发明人而言，要想通过快速审查通道获得授权，就需要对于技术的环保性和创新性做出更多的努力；而审查员则要不断提高自身的专业水平。总体而言，绿色专利的快速审查制度无论是对整个知识产权体系还是公众意识、自然环境、科技水平的发展都会产生积极影响。缩短审查期限，让发明人尽快获得授权，公司等一些潜在的投资

---

① 余璎璎：《国外绿色专利快速审查制度及其对我国的借鉴》，华中科技大学硕士学位论文，2013 年。

者能够使专利尽快落地，加快社会的进步。

同时，我们也看到绿色专利快速审查制度具有局限性。

首先，各国仍然以自身利益为重，以促进本国技术创新，经济发展为目标，并没有达到全球的利益共享。有数据显示，各国使用绿色专利快速审查通道的申请发明人主要都是本国人。

从图3-2可以看出，英国本国绿色专利申请人占绿色专利申请总量的76%，美国申请人占美国专利商标局申请的86%。图3-3显示，2017年中国绿色专利申请量排名前20的申请人中，国内申请人为17家，包括13家高校和3家企业，国外申请人为3家，均为企业，分别来自日本、韩国、德国。此外，各国对于绿色技术的转让和扩散有着相对严格的限制，如美国在2009年新修改的专利法限制了绿色技术的转让。由于全球没有一个统一的标准和程序，对于绿色专利快速审查制度全球化造成了很大的阻碍。

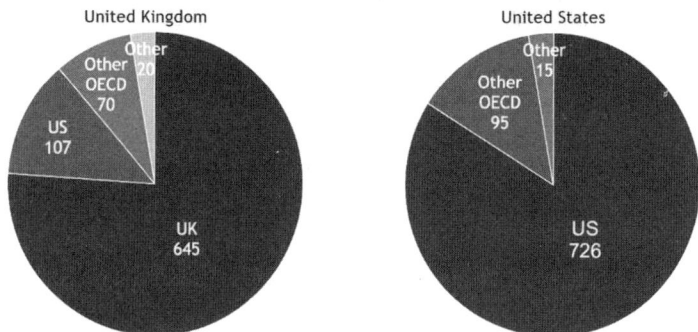

图3-2 美国和英国绿色专利申请人国籍分布[①]

第二，绿色专利快速审查制度可能影响授权质量[②]。近几年很多国家的专利申请量逐年上升，但各国并未增加审查资源，导致大量的专利被积压，而且对于绿色专利并未配备专门人员，这就使得审查员需承担普通审查和"绿色专利"审查的双重压力，审查时间的紧迫就使专利被不当授权或被不当拒绝的风险必然增大。

---

① Dechezleprêtre. Fast – tracking Green Patent Applications: An Empirical Analysis. ICTSD Global Platform on Climate Change, Trade and Sustainable Energy. 2013（37）: 13.

② 李薇薇、郑友德：《绿色专利申请快速审查制度的实施效果评价与完善》，《华中科技大学学报》（社会科学版），2014年第3期。

2017 年中国绿色专利申请人排名（单位：件）

排名	申请人	2017年申请量	国家
1	中石化	1169	中国
2	四川师范大学	706	中国
3	江苏大学	339	中国
4	常州大学	315	中国
5	华南理工大学	312	中国
6	中科院大连化物所	262	中国
7	浙江大学	262	中国
8	天津大学	253	中国
9	河海大学	240	中国
10	东南大学	218	中国
11	丰田自动车株式会社	201	日本
12	昆明理工大学	190	中国
13	中南大学	187	中国
14	现代自动车株式会社	178	韩国
15	中石油	177	中国
16	同济大学	177	中国
17	罗伯特·博世	176	德国
18	武汉理工大学	168	中国
19	北京工业大学	166	中国
20	北京神雾环境能源科技集团	164	中国

图 3 - 3　2017 年中国绿色专利申请人排名[①]

最后，绿色专利快速审查制度的使用率并不是特别高。表 3 - 2 为各国快速通道计划中年度专利数量分别占绿色专利和全部专利数量的百分比。从表中可以看出，各国申请绿色专利快速审查通道的专利并不是特别多，其中最多的是美国；表格后面显示了各国年度绿色专利数量和总的专利数量以及其中使用快速审查通道所占的比例，通过快速审查通道申请绿色专利的最多的是英国，占到了 20.91%。在年度总的专利申请中使用快速通道申请最多的国家仍然是英国，但就总体而言，使用快速审查通道进行专利申请的发明只占到了很少的一部分。中国在 2018 年《中国绿色专利统计报告（2014 - 2017）》中，统计了中国绿色专利的申请量，2014 - 2017 年，中国绿色发明专利申请量占发明专利申请量的占比为 6.2%，国内绿色专利占国内总体6.3%，国外来华绿色专利占国外来华总体 4.9%。2017 年，中国绿色专利申请量是 8.1 万件，占同期中国发明专利申请量的 6.4%，国内绿色专利占国内总体的 6.6%，国外来华绿色专利占国外来华总体的 4.8%。

---

① 国家知识产权局：《中国绿色专利统计报告》，http：//www.cnipa.gov.cn/docs/20180829
161402137643.pdf 2018 - 08 - 15.

表 3 - 2 年度快速通道计划申请专利所占绿色专利和全部专利数比例①

Country	Annual patents in FT programmes	Annual green patents		Annual total patents	
		#	%	#	%
Australia	14.3	1,896	0.76%	29,480	0.05%
Canada	44.7	2,720	1.64%	36,949	0.12%
UK	258.7	1,237	20.91%	28,638	0.90%
Israel	28.4	216	13.13%	8,004	0.35%
Japan	203.7	13,741	1.48%	349,193	0.06%
Korea	219.6	11,680	1.88%	168,646	0.13%
US	1514.1	18,421	8.22%	414,362	0.36%

三、我国及西北地区绿色专利快速审查制度的不足分析

(一) 我国绿色专利快速审查制度

为进一步促进产业结构优化升级，转变经济增长方式，发展绿色技术，推进国家知识产权战略实施，同时也为了进一步紧跟国际专利制度生态化的脚步，大力支持我国生态文明建设，我国国家知识产权局于 2012 年颁布了《发明专利申请优先审查管理办法》。实施五年来，对于国家的产业升级和环境改善起到了推动作用，但随着改革的不断深化和国际形势的需要，原办法不能很好地满足需要。同时，随着经济的发展，如何优化营商环境，压缩审批时间，激发市场活力也是一个现实的难题。为了与国家的最新决策部署和工作要求相适应，国家知识产权局于 2017 年修订了原《发明专利申请优先审查管理办法》，颁布了《专利优先审查管理办法》（以下简称新《办法》）。

1. 关于《专利优先审查管理办法》

《专利优先审查管理办法》总共有十五条，规定了制定背景、适用范围、申请程序、审理期限等内容。新《办法》在第一条中说明了修改的背景，主要是为了促进产业结构优化升级，加强知识产权的建设，服务创新驱动发展②。新《办法》增加了适用的专利申请或案件，包括实用新型和外观设计的优先审查，专利的复审和无效宣告请求。新《办法》在第三条列举了可以

---

① Dechezleprêtre. Fast – tracking Green Patent Applications: An Empirical Analysis, ICTSD Global Platform on Climate Change, Trade and Sustainable Energy. 2013 (37): 7.

② 国家知识产权局：《专利优先审查管理办法》（2017），http://www.cnipa.gov.cn/zcfg/zcfg-flfg/flfgzl/zlbmgz/2017.6.28.

申请优先审查的专利，主要有六款，其中第一款涉及了绿色技术，主要有节能环保、新能源、新材料等产业，同时还有一些新型产业如大数据、云计算，第6款还给出了兜底性条款——对国家利益或公共利益有重大意义的申请。在审查程序方面，要求申请人采用电子申请方式，对于申请优先审查的专利，需要下载优先审查请求书，该申请书需要国务院相关部门或省级知识产权局签署推荐意见，并且提交现有技术或者现有设计信息材料和相关证明文件。

2. 《专利优先审查管理办法》评析

《专利优先审查管理办法》虽然不是为绿色专利单独开辟的审查通道，但是对于我国绿色技术的发展起到了不可替代的作用，也是我国探索快速审查制度的重要一步。2018年8月15日，国家知识产权局规划发展司发布了2014－2017专利统计简报，对我国的绿色专利进行了分析，同时明确绿色技术是指"有利于节约资源、提高能效、防控污染、实现可持续发展的技术"，主要包括替代能源、环境材料、节能减排、污染控制与治理、循环利用技术。

从申请量上来讲，自2014年以来，我国绿色专利创新非常活跃，且创新主体主要为国内本土发明人。从图3－4可以看出，2014－2017年，中国绿色专利申请量累计达24.9万件，其年均增速达到了21.5%，而中国发明专利整体年均增速17.8%，也就是绿色专利的增速超出我国所有专利申请3.7个百分点。国外来华绿色专利申请数量相对平稳，年均约6400件。日本和美国在中国的绿色技术专利布局活跃，其来华申请量占国外来华绿色专利申请量近55%。2014－2017年，中国绿色发明专利申请量占发明专利申请量的占比为6.2%，国内绿色专利占国内总体的6.3%，国外来华绿色专利占国外来华总体的4.9%。2017年，中国绿色专利申请量是8.1万件，占同期中国发明专利申请量的6.4%，国内绿色专利占国内总体的6.6%，国外来华绿色专利占国外来华总体的4.8%。

报告还统计了我国绿色专利的有效量，如表3－3所示，截至2017年底，中国绿色专利有效量达13.6万件，其中，国内绿色专利有效量（10万件）超过国外来华绿色专利有效量（3.6万件）。从绿色专利有效量在发明专利总有效量中的占比看，中国绿色专利占中国发明专利总量的6.5%，国内绿色专利占国内发明专利的7.1%，国外来华绿色专利占国外来华发明专利的

5.4%，国内的占比比国外的占比高1.7个百分点。

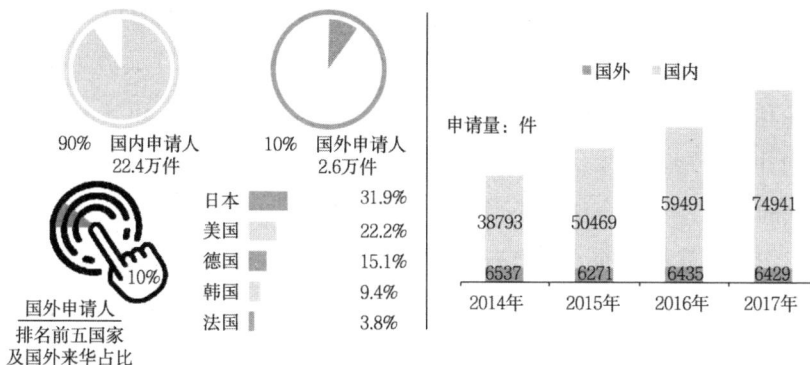

图3-4 2014-2017年中国绿色专利申请总体状况（单位：件）

表3-3 截至2017年底中国绿色专利有效量状况（单位：件）

类目	2017年
中国专利有效量	2085367
中国绿色专利有效量	136124
国内绿色专利有效量	99993
国外来华专利有效量	671456
国外来华绿色专利有效量	36131

但是，新《办法》仍然存在一些问题和缺陷，如程序繁冗，给申请人增加了一些不必要的麻烦，审查标准并不明确，新《办法》第四条虽然做了部分列举，如节能环保、新材料、新能源等，仍不具有明确的针对性。此外，新《办法》第六条对申请优先审查的专利做了数量上的限制，并没有给出具体的数量定额，规定根据审查能力和上一年度授权量和本年度的待审案件量决定，这种规定可能会造成部分绿色专利由于数量达到上限而无法授权，有碍于目的实现。

（二）我国绿色专利快速审查制度的缺陷

1. 法律依据单薄

整体而言，我国的快速审查制度属于严格型和宽松型审查制度中间的适度型审查，对于申请的标准和条件并非特别严格。但是就法律的正当性而言，新《办法》的法律依据不足，缺乏上位法规范的特殊授权①。新《办法》在第一条说明了办法制定的背景，即为了产业升级，推进国家的知识产权建设，根据《中华人民共和国专利法》和《中华人民共和国专利法实施细则》制定了《专利优先审查管理办法》。但是我国目前《专利法》和《专利实施细则》中并未有绿色技术优先审查的规定，这说明我国新《办法》的制定缺乏上位法的授权，不符合法律正当性的标准。我国《专利法》正在经历第4次修订工作，但就从目前公布出来的《专利法修改草案（征求意见稿）》来看，仍然未有绿色技术有关的规定。

2. 程序冗余

新《办法》第八条规定了申请快速审查的程序，规定除了"就相同主题首次在中国提出专利申请又向其他国家或者地区提出申请的该中国首次申请"的情形之外，都需要得到国务院相关部门或者省级知识产权局签署推荐意见。应该说这项规定实际上是为快速审查制度制定了前置程序，这项程序不但对申请人造成了不便，还可能出现地方利益保护主义或者滋生绿色"寻租"现象②。地方知识产权局不具备专利审查能力，所以不承担专利审查。那么由地方知识产权局进行初审，对于专利的质量不但不能保证，还会影响到专利的审查速度。目前，各省的审查时间普遍为5天时间，这么短的时间使前置程序仅限于形式审查的范围，对于整个快速审查并没有实质性意义。同时，各省对于绿色专利的初审标准不同，有可能造成鱼目混珠的现象。

此外，对于申请适用优先审查程序，新《办法》没有提供救济程序，如果优先审查申请被驳回，申请人难以通过实质性审查获得救济。

3. 审查标准不明确

在审查标准上，新《办法》第四条涉及了绿色技术，主要有节能环保、新能源、新材料技术等总共八类。整体来说，新《办法》所列举的技术类型没有明确绿色技术，概念笼统广泛。另外，除智能制造产业外，前七种都是在《国务院关于加快培育和发展战略性新兴产业的决定》里面提到要大力发

---

① 曹炜：《绿色专利快速审查制度的正当性研究》，《法学评论》，2016年第1期。
② 李薇薇、郑友德：《绿色专利申请快速审查制度的实施效果评价与完善》，《华中科技大学学报》（社会科学版），2014年第3期。

展的产业，而我国战略性新兴产业发明专利申请量从 2012 年的 16.7 万件增加至 2016 年的 34.4 万件①。如此庞大的申请量，如果都采取快速审查程序，可能会造成专利质量的下降，因此明确具体的分类对于我国绿色技术的发展有着决定性作用。

4. 制度实施的外部环境缺乏

权威的制度依据和科学的制度设计只是确保快速审查制度实施的一个条件，良好的环保创新机制、政策更是不可或缺的。目前我国绿色专利快速审查制度，效果并不是很明显，除制度本身的设计外，外部保障政策也是关键因素。首先，我国专利法和环境保护法之间的衔接不够，这与我国将生态文明建设和知识产权强国提高到国家战略层面的思想是不相符的。第二，绿色专利技术的推广涉及众多不同部门，互相之间协调不够，利益需求不同，导致制度外部实施环境不佳。第三，专利审查员作为专利审查的"守门员"，其职业素养直接关系专利的质量。第四，全球专利审查高速公路（PPH）已经在国际间相互开展，有学者建议构建全球"绿色专利审查高速公路"（GG-PPH）②，但由于尚未完成该项目，对于我国绿色专利快速审查制度的建设也有一定的影响。

（三）优化绿色专利快速审查制度的紧迫性

2015 年 4 月 25 日，我国发布了《关于加快推进生态文明建设的意见》（以下简称《意见》），"意见"指出新能源的开发与循环利用、生态修复、污染治理等对于我国的发展极为重要，要努力取得突破。2014 年，国务院印发《深入实施国家知识产权战略行动计划（2014－2020）》，其中要健全知识产权制度，完善快速审查方式。可以看出，发展绿色技术是我国当前环境和经济发展的需要，而完善的绿色专利快速审查制度也是对我国知识产权战略的保障。随着气候与环境问题的日渐突出，越来越多的国家重视发展绿色技术，并且都制定了相应的绿色专利快速审查办法，这种制度最大的优势是能够尽快使绿色专利获得授权，使得许多绿色技术都掌握在少数发达国家的手

---

① 国际知识产权局：《"国家知识产权战略纲要"实施十年成就斐然》http：//www. cni-pa. gov. cn/mtsd/1125031. htm，2018－06－06.

② Eric L. Lane. Building the Global Patent Highway：A Proposal for International Harmonization of Green Technology Fast Trace Track Programs. Berkeley Technology Law Journal，2012（27）：3.

里。而随着我国与国际社会的交流越来越频繁，外资企业也更多地进入，其所带来的技术需要到我国申请专利，而普通程序显然耗时耗力，在一定程度上会打击申请人的积极性。此外，就我国目前的环境状况而言，绿色技术是最好的解决方式。

根据 2017 年绿色专利统计报告，对于绿色专利的申请国外企业非常重视。如图 3－5 所示，截至 2017 年底，中国有效绿色专利持有量排名前 20 的专利权人中，国内高校和研究所为 9 家，国外企业占 8 家，而国内企业仅有 2 家。显然，我国的绿色专利创新还不够，所以我国应尽快优化绿色专利快速审查制度。

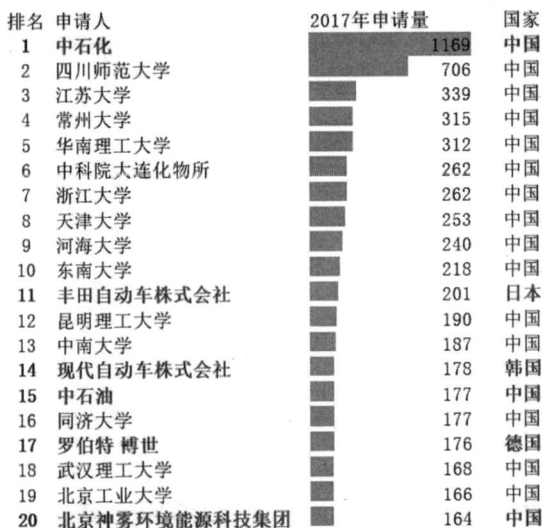

排名	申请人	2017年申请量	国家
1	中石化	1169	中国
2	四川师范大学	706	中国
3	江苏大学	339	中国
4	常州大学	315	中国
5	华南理工大学	312	中国
6	中科院大连化物所	262	中国
7	浙江大学	262	中国
8	天津大学	253	中国
9	河海大学	240	中国
10	东南大学	218	中国
11	丰田自动车株式会社	201	日本
12	昆明理工大学	190	中国
13	中南大学	187	中国
14	现代自动车株式会社	178	韩国
15	中石油	177	中国
16	同济大学	177	中国
17	罗伯特 博世	176	德国
18	武汉理工大学	168	中国
19	北京工业大学	166	中国
20	北京神雾环境能源科技集团	164	中国

图 3－5　截至 2017 年底中国绿色专利专利权人排名（单位：件）

四、国外绿色专利快速审查制度经验借鉴

（一）国外绿色专利快速审查制度概述

继英国在 2009 年开始实行绿色专利快速审查制度之后，澳大利亚、韩国、日本、美国在同年也开始实行，中国、巴西等国紧随其后。各国都有针对绿色专利快速审查制度的不同措施，其申请条件也各不相同，但目的都相同：加快绿色专利审查，使专利人尽可能短时间获得授权。本文将选取几个具有代表性的国家进行分析，对其绿色专利快速审查制度对比分析。

1. 英国的宽松型加速审查制度

英国在世界上首创的"绿色通道"项目属于典型的宽松型快速审查方式，对于英国气候变化改革具有积极的作用，其特点如下：首先，具有广泛的适用范围。"绿色通道"项目除了要求该发明为有利于环境的绿色技术或环境友好型技术之外，并没有其他特殊的要求。

其次，"绿色通道"项目申请程序简单灵活[①]。如果要申请绿色通道，申请人仅在书面申请中说明两点：（1）说明该申请与绿色环保技术有关。（2）指出需要加快的程序，目前主要有三种可选择的加速程序，即：检索和实审合一、加速检索或（和）审查、要求快速公开[②]。该申请可以通过英国知识产权局的网站在线申请，也可以直接邮寄至英国知识产权局。一般而言，专利申请如果进入"绿色通道"程序，就可以在9个月内获得授权，而普通专利需要2－3年的申请时间。

第三，为"绿色通道"的实施提供良好的查询平台。2010年4月英国专利局对环境友好型技术进行了分类，建立了一套完整的专利分类索引体系；同年6月，该局在网站上开通了"绿色专利申请数据库"，该数据库收录了在本国申请的所有绿色专利的信息，申请人可以方便地查询到所需要的相关信息。截至2019年2月27日，有2094件专利获得授权[③]。

2. 美国的试验过渡性绿色技术试点项目

美国的绿色技术试点项目经历了一系列的变化，由最初的严格型到后面的逐渐放宽申请条件。2009年12月9日，美国专利商标局（USPTO）提出了为期一年的"绿色技术试点项目"以加快绿色专利的申请，这也体现出美国政府对绿色技术的重视，将其上升到国家战略的高度。USPTO规定"绿色技术试点项目"主要适用于有关改善环境质量、发展新能源、减少温室气体排放的申请，同时该项目具有溯及性，即适用于2009年12月9日之前的申

---

①　陈琼娣：《若干国家绿色专利加速审查的实践及启示》，《中国科技论坛》，2013年第2期。

②　IPO. Patents fast grant guidance. https：//www. gov. uk/government/publications/patents－fast－grant/patents－fast－grant－guidance，2016－08－16.

③　IPO. Published Green Channel Patent Applications. https：//www. ipo. gov. uk/types/patent/p－os/p－gcp. htm？filter＝Search＋within＋results&perPage＝&sort＝GCP＋Request＋Date，2019－02－27.

请。该项目作为一个试点项目，USPTO 决定先试行一年或收到 3000 份申请该项目即终止；同时规定，参加该项目的申请人需要向专利局提供一份申请文件，并说明其满足申请条件，该申请被接受后以"插队"的形式排在其他专利的最前头。USPTO 估计，该项措施会使专利的待审时间缩短 12 个月。为了保证专利的质量，美国专利商标局在项目伊始就制定了严格的准入标准，必须满足相应的条件才能够参加该快速审查程序，这些条件对专利的种类、申请时间、专利的权利请求等做出了严格的规定。USPTO 没有对"绿色"做出明确的概念界限，但是对不同的技术进行了分类，只有在申请的技术类别落入特定的技术分类才可以进行审查。同时，该项目要求该申请独立权利要求不得超过 3 个，全部权利要求不得超过 20 个，不得有多个从属权利要求。"绿色技术"的发明人可以通过审查第一通道（Track 1）申请加速专利审查速度。

从上面可以看出，美国专利商标局在该项目实行之初有着严格的规定，这也导致绿色专利授权量特别低。从 2009 年 12 月 8 日到 2010 年的 5 月 21 日，仅有 342 个请求获得批准，而申请参加绿色技术试点项目的发明人提交了超过 950 份请求。实际上，"绿色技术"试点项目一开始就不断地调整，前后总共经历了三次修改。第一次取消了专利技术分类号的限制，后面两次对项目期限进行了延长。2011 年 12 月 15 日，美国专利商标局宣布将试点项目延长至 2013 年 3 月 30 日或项目接受的专利申请达到 3500，只要两者有一个条件达到项目即停止①。经过三次修改之后，绿色专利的申请量得到了大幅提升，从项目刚被提出到 2010 年 5 月中旬的 950 份申请，到 2011 年 1 月有 1286 个申请被提出，比率增加了 26%。

3. 日本的加速审查系统和加速上诉审查系统

1986 年，日本专利局（JPO）推出了加快审查制度，但是当时并未对绿色专利的审查有任何优惠条件。2009 年 11 月，日本专利局开始启用加速审查和加速上诉审查系统，将绿色专利申请添加到快速审查系统。日本专利局

---

① USPTO. Green Technology Pilot Program – CLOSED. https：//www. uspto. gov/patent/initiatives/ green – Technology – pilot – program – closed，2011 – 12 – 12.

对 5 类申请给予了优惠条件①，其中包含与绿色技术相关的申请。因此，JPO 制定的快速审查制度并不是专门针对绿色专利，而是放在同一个加快审查程序中，只要条件符合，就可以使用加速系统。如果发明人想要申请优先实审和优先复审，需要提交相应的情况说明书，对于其具有节能效果、有助于减少二氧化碳的功能做出描述。另外，还需要阐明为什么本申请涉及绿色发明、现有技术检索结果（个人和中小企业只需披露他们所知的任何现有技术）和本发明与现有技术之间的差别。另外，对于工作相关申请和国际申请两类还可以使用 JPO 推出的"超级加速审查"。

4. 韩国的严格型加速审查制度

2008 年 10 月 1 日，韩国专利局（KIPO）开始探索专利和实用新型三通道审查系统——加速检查、定期检查或客户延期检查，客户可以根据自身的需要选择最适合其专利战略的审查通道。2009 年 10 月，KIPO 推出了绿色技术超级加速审查系统，目的是确保绿色技术的审查结果比加速通道的更快。该系统是根据韩国总统李明博提出的《低碳绿色增长战略》制定的，仅限于在法律上被归类为"绿色"或在《空气环境保护法》等环境立法中指定的技术②。相对于美国和英国来说，韩国知识产权局提出的"超级快速审查程序"第一个特点是速度快。到目前为止，除了少数不满足申请条件的案例外，大多数在一个月内得到了"超级快速审查程序"的审查结果，超快审查周期比常规专利审查短 16~17 个月，比专利和实用新型三通道审查短 2~3 个月。迄今为止，最快的案件从申请到注册只花了 11 天。如果发明人在申请超级加速专利审查结束时被驳回，作为超加速审判进行处理，在四个月内可以得到审理结果。因而，"超级快速审查程序"可以称得上世界上最快的审查体系。超级加速审查系统包括在线申请、官方指定的现有技术检索组织（韩国专利信息研究所、世界知识产权检索公司和 IP 解决方案（IP Solution）的先进技术搜索报告以及选择超级加速审查的书面解释。

---

① 该五类申请主要包括：（1）工作相关申请；（2）国际申请；（3）中小企业、个人、大学、公共研究机构等提交的申请；（4）绿色技术相关的申请；（5）地震灾害恢复与支持相关的申请。

② KIPO. IPPolicies. , http：//www. kipo. go. kr/kpo/user. tdf？a = user. english. html. HtmlApp&c = 100000&catmenu = ek02_ 01_ 02_ 01, 2016 - 05 - 20.

"超级快速审查程序"首次明确了绿色技术的定义。《韩国专利法实施令》指出，绿色技术是能够降低温室气体排放和社会经济活动中的污染物质，节约和（或）高效利用能源和资源的技术。《审查指南》对其进行了明确的分类，主要有两大类，下面再分出不同的类别，第一大类为防止或控制污染的技术，共包括七类：如有关噪音、水质污染、大气污染、牲畜排泄物、废物处置等。第二类是获得国家财政支持的技术或具有国家颁发的证书的技术（此时需提交证明文件），主要有低碳、可再生能源技术、LED 技术、绿色城市相关技术、高效利用资源技术或前几种技术相互结合的技术。表 3－4 为具体的与绿色技术有关的技术列举。

表 3－4   与绿色技术有关的技术举例[①]

绿色技术	相关技术列举
新可再生能源	太阳能电池、氢燃料电池、生物能源（生物柴油、生物乙醇、生物气体、生物质液化）、海洋能（潮汐能、海流能、波浪能、海水温度变化的使用）、风能、地热能、液压能等。
减碳能源	碳捕获与封存（CCS）、核能、核聚变、提高化石燃料效率的技术、非二氧化碳处理技术等。
高功率水处理	智能水务工程（低能量过滤膜、智能过滤膜净化等）、排水/污水处理、水生生态系统恢复、地下土壤水分恢复等。
LED 应用	生态智能 LED、LED 模块、LED 照明等。
绿色交通系统	绿色汽车（混合动力车、插入式混合动力车、清洁柴油车、燃料电池车等）、WISE 船舶（未来派的环境友好型船舶、休闲船）、尖端铁路（超高速列车、摆式列车、磁悬浮列车）、自行车等。
尖端绿色城市	无处不在的城市（U 城市）、智能交通系统（1TS）、地理信息系统（GIS）、低能源环境友好型住宅等。

（二）国外绿色专利快速审查制度评价及经验借鉴

1. 国外绿色专利快速审查制度对比分析

首先，各国对于提出专利加速审查申请的时间不同，表 3－5 列出了各国对于提出加速审查申请的时间要求，可以看出英国专利局相对宽松，美国、

---

① 余璎璎：《国外绿色专利快速审查制度及其对我国的借鉴》，华中科技大学硕士学位论文，2013 年。

韩国、日本相对严格。这主要是由于各国专利局的审查任务轻重不一，如USPTO 每年除绿色专利的申请还有大量的常规申请。另外，各国审查人员数量也不相同，如 UKIPO 人员比较充沛，审查资源也比较丰富。

表 3 - 5　各国加速审查申请时间比较

知识产权机构	提出申请的时间	其他规定
英国（UKIPO）	无时间限制	无
美国（USPTO）	2009 年 12 月 8 日之前	须前一天向 USPTO 一通提出
日本（JPO）	提交实质审查申请之后	无
韩国（KIPO）	提交实质审查申请之后或同时	无

第二，各国对于绿色技术的定义也各不相同，这主要是因为本国的产业政策和发展重点有不同的偏重。表 3 - 6 表示各国对绿色技术的不同定义，UKIPO 对于绿色技术的定义最为宽泛，JPO 主要是集中在减少能源消耗和 CO_2 的排放上，KIPO 目前对于绿色技术做了最为明确的规定，USPTO 要求有实质性的促进环境质量的技术或在减少能源耗费、温室气体排放方面有突出贡献。

表 3 - 6　不同国家各国对于绿色技术的不同定义

知识产权机构	项目推出时间	对绿色技术的定义
英国（UKIPO）	2009 年 5 月 12 日	无明确定义，包括所有环境友好型发明
美国（USPTO）	2009 年 12 月 9 日—2012 年 3 月 1 日或接受的项目申请到达 3500 为止	专利申请书的权利要求中必须有一项发明是实质性的促进环境质量的，或者对以下有实质性的贡献：（1）发现或者发展新能源的。（2）节约能源资源或者使能源的使用更有效率的。（3）减少温室气体排放的。
日本（JPO）	2009 年 11 月 1 日	主要集中在减少能源消耗和 CO_2 排放上
韩国（KIPO）	2009 年 10 月	明确定义绿色技术，国家法律规定的技术

第三，各国对于绿色技术的证明要求和是否需要缴纳额外的费用有不同的标准。从表 3 - 7 可以看出，大部分国家都无需再缴纳额外的费用，只有韩国要求提交 20 万韩元的审查费用。适用加速审查程序的发明需要向各国的专利行政部门提交涉及环保技术的书面说明，UKIPO 主要在专利申请中说明涉及环保技术，USIPO 规定只有发明技术落入美国专利局规定的绿色专利分类号才能认为是绿色技术，此外还要提交一份说明该发明具有实质性贡献的文

件。JPO 需要申请人自己进行现有技术的检索与对比，对于个人则只需提供
自己已知的现有技术，KIPO 要向指定的检索机构进行技术检索并出具报告。

表 3 - 7　不同国家证明绿色技术的方式和收费比较[①]

知识产权机构	是否需要额外费用	证明其技术为绿色技术的方式	加速情况
UKIPO （英国）	不需要	申请人书面说明申请涉及环保技术，UKI-PO 不会很严格的审查是否具有环保性，除非声明显然没有根据的情况下，申请将会被驳回。	一般专利的审查周期大于或者等于 24 个月，"绿色通道"中的专利申请可以在 9 个月内审结。
USPTO （美国）	不需要	发明的专利分类号必须落入 USPTO 规定的绿色专利分类号中。此外，申请人必须单独提交一份请求书，说明发明对规定的绿色技术有实质性贡献。	一般的审查从提交申请至授权大约要 3 年时间，获准加快审理的申请可望提前一年或者在更短时间获得授权。
JPO （日本）	不需要	申请人需要提交：（1）一份解释为什么申请涉及绿色发明的情况说明；（2）现有技术检索结果（可以是申请人的或外国专利局记载的检索结果）；（3）本发明与现有技术检索中发现的现有技术之间的差别。	一般普通专利审查平均要 28 个月才能发出第一次审查意见通知书，而快速审查申请书提交后 3 个月内便可发出第一次审查意见通知书。
KIPO （韩国）	需要 （20 万韩元）	申请人需要提交：一份声明，说明请求保护的专利申请发明属于第一或第二类技术。同时需要一份由 KIPO 指定专利服务机构出具的现有技术检索报告。	一般普通的专利申请在 KIPO 大约需要 18 个月得到第一次审查意见通知书，而超快速审查请求获得批准，自请求之日起大约 3 个月就可收到第一次审查意见通知书。最快的一项专利申请从申请到授权仅用 11 天时间。

2. 国外绿色专利快速审查制度审查标准借鉴

绿色专利快速审查制度审查标准的界定是决定所申请的技术或应用能否
进入快速审查通道的关键，它关系着该制度能否顺利实施。结合我国国情，
借鉴其他国家的先进做法，以完善我国的绿色专利快速审查制度。

上文对于美国、英国、日本、韩国等国的绿色专利快速审查制度进行了

---

① 陈琼娣、余翔：《若干国家绿色专利加速审查的实践及启示》，《中国科技论坛》，2013 年第 2 期。

比较，从审查标准来讲主要有三类：宽松型、严格型、适度型。以英国（UKIPO）为代表的宽松型审查标准主要特点是门槛比较低，申请者只要在申请书中说明申请的发明与绿色技术相关，具有申请快速审查的资格。这种模式不对绿色技术做具体定义，使申请者容易达到要求，减轻了申请人负担。但同时这种审查标准可能造成专利质量的下降，增加审查员的负担。其次是严格型审查标准，主要以韩国（KIPO）为代表，它对申请快速审查的技术进行了列举，申请人的发明只有符合上述类别才可以进行申请，但是其中一些技术类别划分太细，如"牲畜排泄物管理、净化和处置"，有些则比较宽泛，如"污水处理、回收利用"。不可否认的是这种审查标准虽然提高了申请的门槛，但是也避免了无用专利的申请，保证了专利的质量，对于审查员而言也减轻了审查负担，加快了专利的申请期限。日本（JPO）属于适度型的审查标准，要求申请人在优先审查说明书中简要阐述其发明是具有节能效果、有助于减少二氧化碳的一种发明；另外，大多数申请人还需要进行技术检索，并对与现有技术的差异作以说明。

美国属于严格型转向适度型的审查标准，USPTO 明确界定了"绿色"的含义，美国联邦贸易委员会颁布了《绿色指南》，对于绿色的范围进行了列举，主要包含七大类：可降解、可堆肥、不破坏臭氧层、无毒、可再生材料、可再生能源、碳补偿/碳中和。申请人能够快速定位所需要的资料信息，同时该指南并不是一成不变的，它会根据社会和经济发展变化进行更新。

综上所述，笔者认为我国应该建立适度型的审查制度标准，制定出符合我国国情的绿色专利快速审查制度。首先，应该明确绿色技术的定义，明确列举出绿色技术的种类，可以效仿美国的《绿色指南》。其次，应该结合我国环境法中的环境无害性标准和绿色标准构建绿色技术的专利评价体系。第三，在目前专利"三性"的授权条件下，增加"绿色性"审查标准。

3. 国外绿色专利快速审查制度审查程序借鉴

绿色专利快速审查制度的繁简直接关系着该制度能否顺利实施，程序过于简单可能会增加审查员的负担，过于复杂可能会影响申请人的积极性，如何在申请程序上把握好一个度，则显得至关重要。

英国为了节约审查时限，将在先技术检索和审查合为一体，韩国专利局引入了第三方检索机构，这虽然在一定程度上增加了申请人的经济负担，但减少了审查员的工作量,使审查员能够处理更多的专利申请,反而会增加专利的授权量。日本要求申请人说明绿色技术与现有技术的差别,这也减轻了审查员的工作量,精简了审查程序。此外,从审查方式而言,目前主要有优先审查和快速审查两种模式,优先审查其实就是对普通专利进行"插队",加速审查是直接缩短了专利的审查时限。

因此,我们可以在我国的优先审查程序中加入加速审查程序,这样也丰富了我国的绿色专利快速审查制度;另外,除了准备一般专利申请所需的资料外,还可以参考英国和日本的绿色专利快速审查制度,要求申请人提供一份"发明技术绿色性的自我鉴定书",这些虽然会增加申请人的工作量,但对于审查系统来说却是减轻了负担,有利于后期审查。

五、完善我国及西北地区绿色专利快速审查制度之构想

从上文看出,我国的绿色专利快速审查制度还有待完善,如何在新的经济形势下,建立一套完整系统的绿色专利快速审查制度,既对生态环境达到改善的效果,又能使专利制度兼顾"公""私"利益,笔者在此提出自己的建议。

(一)法律依据的强化与绿色标准确定

1. 发挥专利法的导向作用

我国专利法已经过三次修改,第四次修订草案已发布,虽然经过多次修改,但仍然没有涉及绿色技术创新的问题。不可否认的是,清洁能源在未来将发挥不可替代的作用,许多国家已经开始研究针对绿色技术的相关政策,以此鼓励绿色技术的发展和创新。在这种背景下,完善我国相关的法律和政策就显得极为重要。

前文我们提到绿色专利快速审查制度的法律正当性问题,新《办法》虽然规定了优先审查的条件和程序,但是专利法及其实施细则并未提到绿色性的问题,也就是说并未得到上位法的法律授权,导致法律依据不足,缺乏法律正当性,法律位阶较低。建议在最新的修订草案中增加原则性规定,作为专利法对生态环境保护的回应,为绿色专利快速审查制度提供法律依据。我们可以参考美国发明法,其在授权型规范中规定专利行政部门可以对国家利益或者公共利益具有重大意义的专利优先审查,这样既可以解决绿色专利快速审查制度法律正当性的问题,也可以给予专利行政机关充分的专业性和自

主性，更好地规定快速审查的范围、标准和程序。或者直接在专利授权"三性"的基础上增加"绿色性"要求，即：新颖性、创造性、实用性和绿色性。当然，我们也应该避免一刀切，毕竟目前传统专利占有专利申请的一大部分，对于那些申请绿色专利的技术，应该将"绿色"的审查作为必需条件。

2. 确定绿色专利快速审查制度审查标准

新《办法》在第 4 条第一款规定了绿色技术的种类，主要有：节能环保、新能源、新材料、新能源汽车四类，但是这四类不具有明确的针对性。绿色专利应该是在其整个生命周期都是对生态无危害的，"环保性"作为授权条件。对于所申请技术是否为绿色，有学者从管理学和经济学的角度提出一个名词——技术绿色系数，通过计算绿色系数可以决定是否授予专利①。

$$即：技术绿色系数 = \frac{社会经济效益量}{社会资源消耗量 + 污染排放量}$$

当绿色系数大于 1 就可以授予专利权，加以推广，当绿色系数小于 1，则不予授予专利。还可以借鉴我国环境法中的环评体系，构建绿色专利的评价指标体系，根据对环境的影响程度不同给予不同的优惠政策，如对生态环境可能造成破坏的技术拒绝授予其专利，对环境无危害的技术可以授予专利，对改善环境的绿色技术可以享受优惠条件，如降低申请费用、开通绿色通道②。此外，可以借鉴英国知识产权局的规定，引入绿色专利申请人环境自评制度，让申请人对申请的技术自我评价，该评价和环境因素相关，申请文件里应该包括申请人评价信息。

3. 建立绿色技术分类表

2010 年世界知识产权组织（WIPO）发布了国际专利分类绿色清单（IPC Green Inventory），其采用层级结构的形式，主要有四层框架，每个框架之下有七个主题分类，每个主题下设置若干技术类别，在此技术类别的基础上又划分出更具体的技术，这其中也包括有关于绿色技术的一些分类。该清单包含了近 200 种环保技术，每项技术都有特定的技术分类号，同时 IPC 提供在

---

① 万志前：《浅论技术的环境影响评价》，《中国证券期货》，2010 年第 10 期。

② 李薇薇、郑友德：《绿色专利申请快速审查制度的实施效果评价与完善》，《华中科技大学学报》（社会科学版），2014 年第 3 期。

线检索链接，这极大地方便了专利信息的检索。

明确的列举和分类对于申请人而言提出了严格的要求，但是有研究表明绿色专利快速申请程序的宽严程度跟绿色专利数量没有必然关系。[1] 但同时，确定的分类又能给申请人明确的指引，也能给审查员明确的审查标准。所以，借鉴欧洲专利局、世界知识产权组织和其他国家的相关经验，结合我国自身的国情，尽快建立我国自己的绿色专利优先审查指南，明确技术分类表，使申请人能够清楚地知道哪些技术可以适用新《办法》。

（二）优化审查程序与便捷专利检索

1. 优化审查程序

我国对于优先审查设置了前置程序，即由省级知识产权机构进行初审，但是同时对于申请优先审查做了数量上的限制，笔者看来，在规定了申请总量的基础上又设置前置程序意义不大，可能还会影响专利授权质量。从世界各国的规定来看，都是明确了申请的标准来对专利进行筛选，所以建议取消前置程序[2]。或者在不取消前置程序的情况下，给予省级知识产权机构实质审查权，设置专门的绿色专利审查部门，加强审查人员的培训。

韩国和日本专利局要求申请人提交关于所申请技术具有对环境有益的说明书，这样可以减轻审查人员负担，我国也可以参考上述做法，要求申请人提供一份"发明技术绿色性的自我鉴定书"，从而间接加快绿色专利的审查。

2. 建立绿色专利数据库

欧洲专利局和英国专利局为了减轻申请人获取专利信息的负担，都建立了相应的绿色技术数据库，主要包含了绿色通道和专利权人的相关情况，其中以通过绿色专利通道项目为主要统计对象，如果申请撤回或被拒绝，则不计入数据库。[3] 我国可以参考以上数据库的建设经验，建立我国自己的"绿色专利数据库"，可以包含不同种类的绿色技术可推广性报告，已通过加速审查的绿色专利的详细信息，正在申请加速审查的实时进程。这样不但可以

---

[1] Dechezleprêtre. Fast - tracking Green Patent Applications: An Empirical Analysis, ICTSD Global Platform on Climate Change, Trade and Sustainable Energy. 2013（37）：17

[2] 曹炜：《绿色专利快速审查制度的正当性研究》，《法学评论》，2016 年第 1 期。

[3] 该信息主要包含：绿色通道申请日、公开和申请号、专利权人、专利权人的居住国、IPC 分类数据、申请名称等。

避免相关技术的重复研发，同时可以给审查员相对准确的审查标准。

（三）优化绿色专利快速审查制度的其他措施

1. 积极参与"全球绿色专利高速公路"

前文我们讲到绿色专利的缺陷时，提到各国之间绿色专利制度各自为政，都是以各国自身的利益为重。但是在气候变化这一全球性问题上，任何一个国家不能独善其身。多个国家已经开展专利审查合作项目，这一项目也被称为"专利审查高速公路"（PPH），其特点是加快审批、节省费用、授权率高。中国已与多国建立了专利审查高速公路试点项目。

2012 年，在《巴黎协定》的背景下，美国学者艾瑞克提出"全球绿色专利高速路"（GGPPH），他的论证为建立"全球绿色专利高速路"提供了基础，并明确了申请者通过"全球绿色专利高速路"申请专利的具体要求和条件。如，申请者提交了有关环保性的说明材料后，其他国家不再进行审查；另外，申请者必须满足独立权利请求数量、发明申请单一性等方面的要求。目前，"全球绿色专利高速路"正处于建设阶段，我国也处于经济转型的关键阶段，应该以一种开放的发展理念积极参与其中，尽快完善我国的绿色专利快速审查制度。

2. 取消优先审查专利数量限制

正如前文所说，新《办法》第六条规定了申请优先审查的数量，这样可能会造成一些优秀的绿色专利由于数量达到上限而无法进行及时审查获得授权。为了避免这一问题，可以借鉴韩国对于绿色技术专利授权的数量规定，即对于获得国家财政资助的绿色技术或者环境法律法规指定的技术，可以突破审查数量的限制。我们可以对于某几类项目进行"但书"规定，这样就可以在一定程度上保证专利审查的质量，也可以避免制度的僵化，最大限度保障绿色技术公共政策的实现。

3. 构建独立的绿色专利审查部门

新《办法》在审查程序上规定，申请优先审查需要获得国务院或省级知识产权局的推荐意见，也就是说在初审时申请人可以选择地方或中央知识产权机构，但《办法》并未增设独立的工作部门。已如前文所言，绿色专利的快速审查制度可能会对其他专利造成延误，并且在一个部门处理所有的专利审查，很难保证质量，同时也增加了审查员的工作压力。因此，笔者建议，建立专门的绿色专利加速审查部门并配备具备绿色技术专业知识与技能的审查工作人员。这些人员要经过统一培训考核，对于通过考核的审查员才可以有资格进行绿色专利的审查。另外，国家知识产权局可以和环保部门联合培养审查员，这样可以大大节省审查员的培养成本。

主要参考文献

一、著作类

1. 陈泉生：《循环经济法研究》，中国环境科学出版社，2009 年版。

2. 陈泉生等：《环境法哲学》，中国法制出版社，2012 年版。

3. 孙佑海：《循环经济法律保障机制研究》，中国法制出版社，2013 年版。

4. 孙佑海、王凤春：《〈循环经济促进法〉及其实施问题研究》，中国社会科学出版社，2015 年版。

5. 汪劲：《环境法学》，北京大学出版社，2015 年版。

6. 冯之浚：《循环经济导论》，人民出版社，2004 年版。

7. 诸大建：《循环经济 2.0：从环境治理到绿色增长》，同济大学出版社，2007 年版。

8. 施志源：《绿色发展与环境资源法律制度创新》，法律出版社，2018 年版。

9. 陈云东、赵忠龙：《绿色发展之法治创新研究》，法律出版社，2018 年版。

10. 单菁菁、宋迎昌：《生态脆弱地区的绿色转型发展》，中国社会科学出版社，2018 年版。

11. 张琦：《中国绿色减贫发展报告 2017》，经济日报出版社，2018 年版。

12. 齐建国、吴滨：《中国循环经济发展报告（2013—2015）》，社会科学文献出版社，2016 年版。

13. 刘秋妹：《循环经济法律政策研究：基于政策系统的视角》，法律出版社，2013 年版。

14. 翟巍：《德国循环经济法律制度精解》，中国政法大学出版社，2017年版。

15. 陶伦康：《循环经济立法理念研究》，人民出版社，2010年版。

16. 孙军工：《循环经济法制化探究》，法律出版社，2012年版。

17. 郗永勤：《循环经济发展的机制与政策研究》，社会科学文献出版社，2014年版。

18. 李玉基、郁金香：《循环经济基本法律制度研究》，法律出版社，2012年版。

19. 戚道孟：《循环型社会法律研究》，中国环境科学出版社，2008年版。

20. 李可：《马克思恩格斯环境法哲学初探》，法律出版社，2006年版。

21. 方世南：《马克思主义环境思想与环境友好型社会研究》，三联书店，2014年版。

22. 孙发平：《青海建设国家循环经济发展先行区读本》，青海人民出版社，2016年版。

23. 黄理辉：《区域再生水资源循环利用》，山东大学出版社，2014年版。

24. 单平基：《水资源危机的私法应对——以水权取得及转让制度研究为中心》，法律出版社，2010年版。

25. 高旭阔：《城市再生水资源价值评价》，化学工业出版社，2013年版。

26. 郑祥等：《中国水处理行业可持续发展战略研究报告·再生水卷》，中国人民大学出版社，2016年版。

27. 胡德胜等：《我国生态系统保护机制研究：基于水资源可再生能力的视角》，法律出版社，2015年版。

28. 国家环保总局：《全国生态现状调查与评估·西北卷》，中国环境科学出版社，2006年版。

29. 陈海嵩：《解释论视角下的环境法研究》，法律出版社，2016年版。

30. 何艳梅：《环境法的激励机制》，中国法制出版社，2014年版。

31. 尹伊君：《社会变迁的法律解释》，商务印书馆，2004年版。

32. 冯嘉：《环境法原则论》，中国政法大学出版社，2012年版。

33. 吴汉东：《知识产权法》，法律出版社，2014 年版。

34. 崔国斌：《专利法：原理与案例》，北京大学出版社，2016 年版。

35. 贾引狮、杨柳蕙：《知识产权制度与生态环境保护的法经济学研究》，知识产权出版社，2016 年版。

36. 李秀香：《贸易与环境》，东北财经大学出版社，2015 年版。

37. 李薇薇：《我国新能源汽车的绿色知识产权战略研究》，法律出版社，2014 年版。

38. 吕志祥等：《西北生态法治专题研究》，光明日报出版社，2018 年版。

39. ［德］马克思、恩格斯：《马克思恩格斯选集》（第 1 - 4 卷），人民出版社，1995 年版。

40. ［德］马克思：《1844 年经济学哲学手稿》，人民出版社，1972 年版。

41. ［德］恩格斯：《自然辩证法》，人民出版社，1984 年版。

42. ［德］马克思·韦伯：《经济与社会》，商务印书馆，1997 年版。

43. ［美］巴里·康芒纳：《封闭的循环——自然、人和技术》，吉林人民出版社，1997 年版。

44. ［美］霍尔姆斯·罗尔斯顿：《环境伦理学》，中国社会科学出版社，2000 年版。

45. ［美］艾伦·杜宁：《多少算够：消费社会与地球的未来》，吉林人民出版社，1997 年版。

46. ［美］芭芭拉·沃德：《只有一个地球》，石油工业出版社，1981 年版。

47. ［美］威廉·M. 兰德斯、波斯纳：《知识产权法的经济结构》，北京大学出版社，2016 年版。

48. ［美］罗杰·谢科特、约翰·托马斯：《专利法原理》，知识产权出版社，2016 年版。

49. ［澳］彼得·德霍斯：《知识财产法哲学》，商务印书馆，2017 年版。

二、期刊类

1. 蔡守秋等：《循环经济立法研究——模式选择与范围限制》，载《中国人口·资源与环境》，2004 年第 6 期。

2. 吕忠梅：《循环经济立法之定位》，载《法商研究》，2007 年第 1 期。

3. 王灿发：《循环经济法的建构与实证分析》，载《现代法学》，2007 年第 4 期。

4. 陈泉生、邹燕玲：《循环经济法生态人模式初探》，载《中国政法大学学报》，2011 年第 5 期。

5. 郭延军：《立法是促进循环经济还是规范物质资源综合利用——以修订我国〈循环经济促进法〉为视角》，载《政治与法律》，2017 年第 8 期。

6. 杨晓青、巩曰龙：《德国低碳循环经济的法制保障对我国的启示》，载《学术交流》，2011 年第 5 期。

7. 马芳：《青海省循环经济公众参与法治保障研究》，载《青海民族研究》，2014 年第 4 期。

8. 李响：《中美循环经济法治化环境政策因素比较与借鉴》，载《学术交流》，2010 年第 2 期。

9. 孙志芳：《我国循环经济法律体系存在的问题及完善路径探索》，载《山东社会科学》，2013 年第 10 期。

10. 于群：《论我国循环经济发展中的瓶颈问题及解决对策》，载《河北法学》，2012 年第 2 期。

11. 杜文艳、杜文静：《循环经济地方配套立法研究——以柴达木国家循环经济试验区为例》，载《理论学刊》，2010 年第 10 期。

12. 彭峰：《资源、废物抑或产业推动——我国〈循环经济促进法〉修订路径反思》，载《政治与法律》，2017 年第 9 期。

13. 张继国、张屹：《论循环经济法》，载《法学研究》，2011 年第 3 期。

14. 聂永有：《完善我国循环经济法律体系的思考》，《政治与法律》，2013 年第 2 期。

15. 诸大建、朱远：《生态效率与循环经济》，载《复旦学报》（社会科学版），2015 年第 2 期。

16. 李昆、魏源送等：《再生水回用的标准比较与技术经济分析》，载

《环境科学学报》，2014 年第 7 期。

17. 陈卫平、吕斯丹等：《再生（污）水灌溉生态风险与可持续利用》，载《生态学报》，2014 年第 1 期。

18. 才惠莲：《我国再生水利用法律制度的完善——基于生态安全的视角》，载《湖北社会科学》，2015 年第 3 期。

19. 范育鹏、陈卫平：《北京市再生水利用生态环境效益评估》，载《环境科学》，2014 年第 10 期。

20. 吴丹：《再生水利用的水权管理研究》，载《中国人口·资源与环境》，2011 年第 12 期。

21. 陈卫平：《美国加州再生水利用经验剖析及对我的启示》，载《环境工程学报》，2011 年第 5 期。

22. 金兆丰、王建：《我国污水回用现状及发展趋势》，载《环境保护》，2002 年第 11 期。

23. 杨茂钢：《国外再生水利用进展综述》，载《海河水利》，2013 年第 4 期。

24. 王建平：《国外再生水利用经验借鉴》，载《中国水利》，2012 年第 9 期。

25. 秦倩：《绿色发展理念推动下中国绿色专利制度的构建》，载《长安大学学报》（社会科学版），2017 年第 2 期。

26. 刘政、罗如意等：《国外绿色专利快速审查制度及其对我国的启示》，载《科技管理研究》，2016 年第 21 期。

27. 郑书前：《绿色专利审查快速通道制度的国际经验及政策建议》，载《环境保护》，2016 年第 5 期。

28. 曹炜：《绿色专利快速审查制度的正当性研究》，载《法学评论》，2016 年第 1 期。

29. 李薇薇、郑友德：《绿色专利申请快速审查制度的实施效果评价与完善》，载《华中科技大学学报》（社会科学版），2014 年第 3 期。

30. 汤凝：《我国绿色专利制度的探索、实践与完善》，载《法学研究》，2014 年第 7 期。

31. 黄莎：《从利益平衡原则看知识产权制度生态化》，载《河南财经政法大学学报》，2013 年第 5 期。

32. 徐亚文、童海超：《论知识产权法的环境保护义务》，载《中国地质大学学报》（社会科学版），2012 年第 3 期。

33. 朱雪忠：《论低碳发展与我国专利法的完善》，载《知识产权》，2011 年第 6 期。

34. 肖夏：《绿色专利审查的法律问题研究》，载《华南理工大学学报》（社会科学版），2011 年第 2 期。

35. 程文婷：《绿色专利》，载《电子知识产权》，2011 年第 1 期。

36. 万志前、郑友德：《知识产权制度生态化重构初探》，载《法学评论》，2010 年第 1 期。

37. 徐升权：《适应和应对气候变化相关的知识产权制度问题研究》，载《知识产权》，2010 年第 5 期。

附一：甘肃省推进绿色生态产业发展规划（2018）

前 言

党的十九大提出坚持人与自然和谐共生的基本方略，明确建设生态文明是中华民族永续发展的千年大计，对加快生态文明体制改革、建设美丽中国作出了战略部署。习近平总书记视察甘肃时强调要"着力加强生态环境保护，提高生态文明水平"，这为我们加快绿色发展，推进生态文明建设指明了方向、提供了根本遵循。

我省是经济欠发达地区，是国家重要的生态安全屏障，正处于转型发展、脱贫攻坚、与全国一道全面建成小康社会的决胜阶段。协同推进经济发展和生态建设，坚定走生产发展、生活富裕、生态良好的文明发展道路，是党中央交给甘肃的政治责任。省委省政府深入贯彻党的十九大精神，以习近平新时代中国特色社会主义思想为行动指南，全面落实习近平总书记视察甘肃重要讲话和"八个着力"重要指示精神，着力加强生态文明建设，围绕"建设经济发展、山川秀美、民族团结、社会和谐的幸福美好新甘肃"总目标，以新时代的新站位新视角，准确认识把握省情，认真汲取甘肃祁连山生态环境问题深刻教训，举一反三，果断调整发展思路，把高质量发展作为新时代坚持发展第一要务的总方向和主基调，将构建生态产业体系作为我省发展的主攻方向，以推进高新化、智能化、绿色化为核心，以资本、人才、信息等资源要素为支撑，通过资源节约集约和创新发展驱动，提高产业资源化、循环化、生态化水平，努力将绿色发展理念融入经济社会发展各领域、全过程，促进发展模式向绿色低碳、清洁安全转变，从源头上根本上确保经济社会可持续发展。

为全面贯彻落实中央决策部署，按照省第十三次党代会要求，依据《关于构建生态产业体系推动绿色发展崛起的决定》，编制《甘肃省推进绿色生态产业发展规划》（以下简称《规划》），作为指导我省推进生态产业发展的重要依据和实现绿色发展崛起的纲领性文件。

第一章　发展基础和环境

一、发展基础

在党中央国务院的坚强领导下，省委省政府全面贯彻党的十八大和十九大精神，深入学习贯彻习近平总书记系列重要讲话精神和治国理政新理念新思想新战略，坚持以习近平新时代中国特色社会主义思想为指导，认真落实习近平总书记视察甘肃重要讲话和"八个着力"重要指示精神，精心组织领导，完善政策措施，推进国家生态安全屏障综合试验区、循环经济示范区建设，发展绿色生态产业取得新的进步。

制度体系不断完善，生态建设加快推进。先后出台《甘肃省加快推进生态文明建设实施方案》《甘肃省生态文明体制改革实施方案》《甘肃省党政领导干部生态环境损害责任追究实施办法（试行）》《甘肃省生态文明建设目标评价考核办法》等一系列政策措施，为全省生态文明建设提供了政策支撑。有序推进甘南等4市州国家生态文明先行示范区建设，制定实施《甘肃省国家重点生态功能区产业准入负面清单》。国家生态安全屏障综合试验区确定的52项重大生态工程完成阶段性目标，敦煌、祁连山、黑河、石羊河、"两江一水"、渭河源区、黄河上游流域等重大生态保护规划获批并加快实施。

资源利用效率不断提高，生态环境质量总体改善。全面完成国家下达"十二五"节能减排降碳等约束性指标任务，资源节约和循环利用水平不断提高，生态环境质量得到有效改善。2016年，全省万元生产总值能耗1.004吨标煤/万元，较2010年下降29.18%，非化石能源占能源消费总量比重19.1%，较2010年提高3.56个百分点，单位生产总值用水量164立方米/万元，较2010年下降45.87%。二氧化硫、氮氧化物、化学需氧量、氨氮排放量分别比2010年下降12.4%、11.8%、11%、15.9%。全省14个市州可吸入颗粒物平均浓度比2015年下降14.7%，空气质量平均优良率达到83.6%，38个地表水国家考核断面水质优良比例达到92.1%，18个重点监管地级以上城市集中式饮用水水源地水质均达到Ⅲ类水质目标。

国家循环经济示范区基本建成，生态产业发展探索逐步深入。认真组织实施国务院批复的《甘肃省循环经济总体规划》，重点工作任务和主要指标顺利完成，"四位一体"循环体系初步形成，"五大载体"建设进展顺利，科技支撑能力显著增强，试点示范成效显著，形成《甘肃省循环经济百佳项目》等十余项成果，国家循环经济示范区基本建成，顺利通过国家评估。积极探索发展绿色生态产业，促进产业结构调整和发展方式转变，实施战略性新兴产业总体攻坚战，开展"双创"和"互联网＋"行动计划，建设兰白综合性高技术产业聚集区和金昌新材料产业、兰州生物产业、酒泉新能源产业以及天水装备制造产业基地。全省战略性新兴产业占生产总值比重提高到13.1%。一二三产比重从2010年的14.5：48.2：37.3调整为2016年的13.7：34.9：51.4，三产占比首次突破50%。

二、机遇和挑战

党中央国务院高度重视生态建设和绿色发展，党的十九大将"坚持人与自然和谐共生"纳入新时代坚持和发展中国特色社会主义的基本方略，将建设生态文明提升为"中华民族永续发展的千年大计"，提出要牢固树立和践行"绿水青山就是金山银山"的理念，坚持节约资源和保护环境的基本国策，加强生态环境保护，形成绿色发展方式和生活方式，坚定走生产发展、生活富裕、生态良好的文明发展道路，建设美丽中国。我国经济已由高速增长阶段转向高质量发展阶段，正处在转变发展方式、优化经济结构、转换增长动力的攻关期，产业发展逐步走向高端化、智能化、信息化，消费需求持续增长、消费结构加快升级，"一带一路"战略的深入推进，国家对西部地区脱贫攻坚、基础设施、公共服务和产业发展等方面给予倾斜支持，生态环境保护领域、生态文明建设领域的改革创新，释放出了很多的红利和强大的动力，这些都为我省发展绿色生态产业、加快转型升级、实现经济平稳较快增长提供了新空间、带来了新机遇。

同时，我省绿色生态产业发展总体水平仍然较低，人民日益增长的优美生态环境需要与更多优质生态产品的供给不足之间的矛盾突出，工业化、城镇化、农业现代化的任务尚未完成，发展与保护的矛盾依然十分突出。主要表现在原材料工业占比高，生态产业链条短、产品层次低，新能源就地消纳能力弱外送不足，节能环保、清洁生产、数据信息等新兴产业处于起步阶段，部分地区生态恶化的趋势尚未得到有效遏制，支持绿色生态产业发展的科技创新、财税政策、绿色金融、资金支持、人才支撑等方面保障能力明显不足，发展生态产业、实现绿色崛起任重道远。

我们必须充分认识"甘肃是一个内陆欠发达省份,战略位置重要,资源相对丰富,但经济发展滞后,生态环境脆弱,贫困问题突出,发展优势和劣势都比较明显,发展潜力和困难也都比较大"的省情实际和阶段性特征,坚持节约资源和保护环境的基本国策,坚持绿色富国、绿色惠民,把构建生态产业体系、走绿色发展的路子作为践行生态文明的实际行动,抢抓"一带一路"建设这个最大机遇,坚持长短结合,谋划一批牵一发动全身、既能尽快实施见效又有利于积蓄长远发展动能的绿色生态产业重大项目,大幅提高生产绿色化程度,促进低成本要素投入、高生态环境代价的粗放生产方式向创新发展和绿色发展双轮驱动的集约生产方式转变,加速能源资源利用从低效率、高排放向高效、绿色、安全转型,以构建生态产业体系为突破口,推动经济发展质量变革、效率变革和动力变革,加快建设资源节约型、环境友好型社会,守护好国家生态安全屏障,持续改善生态环境质量,为人民提供更多优质生态产品,推动形成绿色发展方式和生活方式,从源头上根本上确保经济社会可持续发展,加快新时代幸福美好新甘肃建设进程。

第二章 指导思想和主要目标

一、指导思想

全面贯彻党的十九大精神,以习近平新时代中国特色社会主义思想为指导,统筹推进"五位一体"总体布局和协调推进"四个全面"战略布局,深入落实习近平总书记视察甘肃重要讲话和"八个着力"重要指示精神,坚持新发展理念,按照高质量发展要求,以资源环境承载能力为前提,着力构建生态产业体系,推动经济发展质量变革、效率变革、动力变革,大力发展循环农业、中医中药、文化旅游、通道物流、数据信息、军民融合等绿色生态产业,形成节约资源和保护环境的空间格局、产业结构、生产方式、生活方式,坚定走生产发展、生活富裕、生态良好的文明发展道路,实现绿色发展崛起,加快建设经济发展、山川秀美、民族团结、社会和谐的幸福美好新甘肃。

二、基本原则

坚持保护优先,协调发展。牢固树立和践行绿水青山就是金山银山的理念，像对待生命一样对待生态环境，建立绿色发展的政策导向，坚决守住生态功能保障基线、环境质量安全底线、自然资源利用红线。统筹产业发展和生态建设，决不以牺牲资源环境为代价换取暂时的经济增长，实现经济效益、生态效益、社会效益相统一。

坚持创新驱动，动能转换。发挥创新对绿色生态产业发展的主推作用，以科技创新为核心，创新体制机制和发展模式，优化创新要素配置和供给。加快新旧动能接续转换，促进创新链与产业链、资金链、人才链、政策链协同融合，构建市场导向的绿色技术创新体系，加快产业转型升级步伐，推动高质量发展。

坚持循环利用，绿色转型。以资源高效和循环利用为重点，按照企业小循环、园区中循环、产业大循环的要求，把循环发展作为生产生活方式绿色化的基本途径，促进生产、流通、消费过程的减量化、再利用、资源化。构建循环型产业体系，加快循环型社会建设，实现经济社会的绿色转型。

坚持政府引导，市场主导。充分发挥市场在构建生态产业体系中的决定性作用，同时注重加强规划指导，强化政策引导，放宽市场准入，凝聚各方共识，引领全社会共建共治共享。顺应产业发展趋势，遵循产业发展规律，激发各类市场主体参与生态产业体系建设的内生动力和内在活力。

坚持示范引领，整体推进。以重点领域、关键环节为突破口，选择优势地区和重点行业，建设一批绿色生态示范产业园，实施一批绿色生态示范重大工程，引领产业向绿色化、智能化、服务化、高端化转型发展，整体推进生态产业体系建设。

三、发展布局

围绕构建生态产业体系，以资源环境承载力为前提，立足产业基础和资源禀赋，突出区域特色、优化空间布局，推动生产空间集约高效、生活空间宜居适度、生态空间山清水秀，建设中部绿色生态产业示范区、河西走廊和陇东南绿色生态产业经济带，走出一条各具特色的绿色发展新路子。

中部地区。围绕兰州新区、兰白国家自主创新示范区建设，整合聚集创新要素，加大科技创新支撑，培育壮大节能环保、先进制造、中医中药、数据信息、通道物流等重点产业，大力发展马铃薯、高原夏菜、草食畜牧等特色农业，加快石油化工、有色冶金等传统产业清洁化改造，强化黄河流域甘肃段综合治理和生态修复，打造以兰白城市群为重点，城乡一体化的中部绿色生态产业示范区，引领全省绿色发展。

河西地区。以构建河西内陆河流域生态屏障为重点，加快祁连山生态环境修复和保护。坚持节约优先、以水定产，大力发展节水型绿色产业，大力发展清洁能源、文化旅游、通道物流、戈壁农业和以核能循环利用为主的军民融合等特色优势产业，积极推进有色冶金等传统行业绿色化改造，建设河西走廊干旱区绿色生态产业经济带，促进绿色转型升级。

陇东南地区。以加强黄土高原综合治理、构建长江上游生态屏障为重点，强化生态环境监测和科学技术支撑，突出生物多样性保护、水土流失防治、流域综合治理和防灾减灾，提高能源清洁利用水平，发展壮大先进制造、文化旅游及保健养生等特色优势产业，提升农产品生产、加工、储运绿色化水平，加快发展农村电子商务，建设陇东南开放型绿色生态产业区域合作经济带，推动绿色富民强县。

四、主要目标

到 2020 年，产业结构调整取得较大进展，生态文明体制改革取得重大突破，生态产业体系初步形成；到 2025 年，生态产业体系进一步完善，生态环境质量明显改善，清洁生产、高效生产、低碳生产占主导地位，为建设绿色低碳循环发展的经济体系奠定坚实基础。经过 5－8 年的发展，清洁生产产业初具规模，传统产业绿色发展水平和质量效益显著提高；节能环保、清洁能源、中医中药、文化旅游、通道物流、数据信息、军民融合、先进制造等新兴产业发展壮大，成为全省经济的重要增长极；循环农业优势彰显、打响绿色生态品牌，建成绿色生态农产品生产加工基地，构建市场潜能大、布局合理、功能完备的生态产业体系，绿色发展能力显著增强，形成绿色生态产业发达、生态环境质量优良、社会经济和资源环境统筹协调的发展格局。

绿色生态产业发展规模进一步壮大。产业结构进一步优化，节能环保产业产值 2020 年达到 1000 亿元，2025 年达到 2000 亿元。清洁生产、高效生产、低碳生产的产业发展特征更加明显，基本建成协调发展的生态产业体系，绿色生态产业增加值占 GDP 的比重明显提高，建成一批生态产业示范工程和示范园区，生态经济对经济社会发展的贡献率显著提高。

资源能源利用更加高效绿色。全面完成国家下达的节约能源、主要污染物减排和控制温室气体排放等约束性指标，能源、水资源、土地总量和强度"双控"成效明显。到2020年，非化石能源占能源消费总量比重达到20%，一般固体废物综合利用率达到73%，资源能源节约和循环利用水平显著提高。

甘肃省推进绿色生态产业发展规划指标

类别	序号	目标名称	2016年实际	2020年预期	2025年预期
绿色产业发展	1	绿色生态产业增加值占GDP比重（%）	–	–	–
	2	节能环保产业产值（亿元）	/	1000	2000
	3	可再生能源电力装机占电力总装机比例（%）	58.53	60	>60
	4	农产品加工转化率（%）	51.5	55	65
	5	无公害、绿色、有机和地理标志农产品生产规模比重（%）	50	60	65
	6	林下经济产值（亿元）	68	>80	>100
资源节约	7	非化石能源占能源消费总量比重（%）	19	20	22
	8	能源消费总量（万吨标准煤）	7333.62	8953	完成国家指标
	9	单位GDP能源消耗降低（%）	9.42	14	
	10	单位GDP二氧化碳排放降低（%）	9.55	17	
	11	万元GDP用水量（立方米/万元）	164	110	
	12	农田灌溉水有效利用系数	0.547	0.57	
	13	城镇绿色建筑占新建建筑比重（%）	13.97	50	
	14	资源产出率（%）	1.00	1.057	1.1
	15	一般固体废物综合利用率（%）	/	73	80
环境保护	16	地级及以上城市空气质量优良天数比率（%）	83.6	82	完成国家指标
	17	细颗粒物（PM2.5）未达标地级及以上城市年均浓度下降（%）	7	10	
	18	地表水达到或好于Ⅲ类水体比例（%）	92.1	92.1	
生态建设	19	城市污水处理率（%）	89.62	95	99
	20	城市生活垃圾无害化处理率（%）	80	95	99
	21	森林覆盖率（%）	11.33	完成国家指标	
	22	森林蓄积量（亿立方米）	2.27		
	23	城市建成区绿地率（%）	29.24	30	33

备注：带"–"的指标待国家出台相应的统计制度和标准后及时补充。

生态安全屏障建设取得重大进展。到 2020 年，国家生态安全屏障综合试验区建设取得实质性进展，重点区域治理成效显著，整体生态环境明显改善，地级及以上城市空气质量优良天数比例达到 82% 以上，境内黄河、长江、内陆河三大流域考核断面水质优良比例总体达到 92.1% 以上。到 2025 年，城市生活污水处理率和生活垃圾无害化处理率达到 99%，城市建成区绿地率达到 33%，生态环境质量明显改善，筑牢国家生态安全屏障。

第三章　加快绿色生态产业发展

以培育支柱产业为目标，以传统产业转型升级为导向，积极融入和主动服务国家"一带一路"建设大局，抢占文化、通道、技术、信息"制高点"，重点发展文化旅游、通道物流、循环农业、中医中药、数据信息、军民融合等产业，着力发展清洁生产、节能环保、清洁能源、先进制造等产业，实施十大重点工程，积极构建生态产业体系，促进传统产业"脱胎换骨"，新兴产业"挑起大梁"，走具有甘肃特色的高质量绿色发展道路，实现绿色发展崛起。

一、加快培育节能环保产业

围绕高耗能、高污染工业领域和区域综合环境治理，加快推进节能减排、污染防治和废弃物资源综合利用，加大关键共性技术创新，加强技术装备应用推广，强化服务体系支撑，提高节能环保产业优势领域核心竞争力，加快形成技术含量高、市场潜能大、特色突出、功能完备的产业体系。

强化关键技术研发。建立企业牵头组织、高等院校和科研院所共同参与的产业技术创新机制，在节约能源、大气治理、污水处理、资源循环利用等方面突破一批关键技术，在余热余压利用、脱硫脱硝、环境监测监控、稀贵金属提取利用、电子废弃物处理、有机废水处理等领域开发一批节能环保资源循环利用装备和产品，推动节能环保资源循环利用行业关键技术产业化、规模化生产应用，提高我省传统优势产业的节能环保水平，推动形成新的节能环保产业发展新优势。

加强装备和技术推广。发挥兰州新区甘肃省节能环保产业园等节能环保产业基地的集聚作用，通过实施"大企业、大集团"带动战略，配套建设一批"专精特新"中小企业，提高装备和技术的成套化生产能力。重点培育节能节水、污染减排、资源循环利用等行业骨干企业先行发展，提高技术整合能力，优化装备和技术的集成化水平。全面拓展装备和技术的应用面，在电力、有色、冶金、石化、化工、建材等高载能、高排放产业领域，加大先进装备和技术应用力度，培育壮大节能环保产业。

推进资源综合利用。大力发展以废旧产品再利用为主的再制造产业，建设西部地区再生资源综合利用示范基地和区域性集散交易中心。加快兰州经济开发区红古园区"城市矿产"示范基地建设，在全省打造一批产品技术先进、产业特色鲜明、集聚效应明显、配套体系健全的资源循环利用基地。大力推广新型装配式建筑材料，加强对可循环利用绿色材料的研究应用。积极构建和完善镍钴等有色冶金材料高值利用、尾矿尾渣综合利用、餐厨垃圾收运处理、沼气综合利用等产业链，形成骨干企业突出、产业链条完整、横向关联配套、纵向延伸拓展的资源综合利用产业发展架构，提高资源综合利用水平。

发展节能环保服务业。引导大型节能环保装备制造企业由"生产型制造"向"服务型制造"转变，鼓励大型重点用能、排放单位依托自身技术优势和管理经验开展节能环保服务。大力发展合同能源、合同节水管理、能源监测和能效测试、环境工程设计与施工服务、污染治理设施运营服务、生态环境修复、绿色产品认证、再生资源回收利用等节能环保服务业，加快推进专业化、社会化、市场化发展，逐步提高节能环保服务业比重，不断优化节能环保产业结构。

专栏1 节能环保产业培育工程

1. 节能技术和装备。重点发展高效锅炉窑炉技术与装备研发服务中心，加快建设千万吨级煤粉生产、加工、配送为一体的高效锅炉制造基地；推动电机节能关键技术装备研发和产业化，建设国家级高效节能电机及其控制系统产业化基地；加快高效蓄热、换热及冷却技术装备产业化、规模化生产应用，加快高效节能照明产品设计研究与规模化生产。

2. 环保技术和装备。重点推进烟气综合处理一体化、高压静电除尘器、扬尘治理设备、垃圾无害化处置及资源综合利用设备等技术及装备、产品开发应用。引进一批在高浓度有机废水处理、危险废物与土壤污染治理环境监测仪器和自动监控装置生产等方面具有较高技术装备水平和较强产业竞争力的企业，提升装备产业技术水平和发展规模。

3. 资源综合利用。全面打造机械制造、电工电器、电子信息循环经济产业链和废旧电器电子产品及废旧设备回收利用产业链，建成天水再制造生产基地。发挥金川神雾、白银有色等重点企业示范带动作用，提升硅微粉、粉煤灰、煤矸石、尾矿尾渣等废弃物综合利用水平。重点推进农林资源综合利用工程，加快农村清洁工程建设。全面开展标准化再生资源回收站点建设和改造，建成一批功能明确、管理规范、区域辐射和带动作用显著的再生资源市场。

4. 节能提标改造。实施电机系统节能、能量系统优化、余热余压利用、锅炉（窑炉）改造、节约和替代石油等重点用能单位综合能效提升项目，推广工业低品位余热暖民工程、煤炭消费减量替代、合同能源管理推进、城镇化节能升级改造等节能重点工程。

5. 绿色建筑行动。推动新建公共建筑、新建棚户区改造工程（镇除外）、新建10万平方米及以上的住宅小区全面执行绿色建筑标准。鼓励商业房地产开发等建设项目积极执行绿色建筑标准。支持有条件的城市全面执行绿色建筑标准，在建造阶段推广工厂化生产、装配式施工，推广钢结构装配式建筑。

二、着力提升清洁生产产业

按照"资源化、循环化、再利用"原则，推动企业循环式生产、园区循环式发展、产业循环式组合，加大清洁生产技术研发和推广，推行清洁生产方式，加大石油化工、有色冶金、装备制造、煤炭电力等传统重化工业和传统制造业高新化、智能化、绿色化改造，优化工业园区布局，推动产业集聚循环发展，大力发展清洁生产产业，促进传统产业转型升级。

加大清洁生产技术工艺研发。发挥企业技术创新主体作用，鼓励大型企业联合科研院所和高校，加大清洁生产共性技术研发，开展关键工艺技术攻关，引进一批适用我省传统产业绿色化改造的先进成熟工艺技术，加快重大清洁生产技术成果转化和产业化应用示范。加大对中小企业清洁生产技术创新支持力度，积极引导和鼓励企业开发清洁生产技术和产品。创新清洁生产管理和服务，构建"互联网＋清洁生产"信息化服务平台，建设清洁生产技术产业化服务中心，促进清洁生产技术的推广应用。

深入推进绿色化改造。对传统产业进行绿色化、生态化改造，降低资源消耗和污染物排放，不断完善工业循环产业链，促进产业互为上下游、原料互为支撑、良性循环耦合，引导工业污染防治从"末端治理"转向"全生命周期控制"。优先在钢铁、有色、化工、建材等行业，选择一批重点企业，优化厂区内能流、物流路径，采用先进适用的清洁生产工艺技术和高效末端治理装备，加快重化工业清洁生产改造步伐，创建绿色工厂，持续降低工业生产过程中的资源能源消耗和污染物产生量。在煤炭、石油、有色冶金、非金属等行业，建立绿色矿山建设标准，引导和鼓励企业按照绿色矿山建设标准，应用采矿新设备、新工艺，全面推进绿色矿山建设。实施余热余压回收、中水回用、废渣资源化等绿色化改造工程，促进生产过程中废弃物和能源资源的循环利用，实现节能降耗、减污增效。

大力推行清洁生产方式。牢固树立源头预防、过程控制的清洁生产理念，打造绿色生态生产体系，开展产品生态设计，逐步完善产品生态设计标准体系。制定传统产业智能化、绿色化技改及人工智能专项行动计划和政策支撑体系。优先选择绿色原料，鼓励和引导企业在生产过程中使用无毒无害或低毒低害原料，减少有毒有害原料的使用，从源头削减或避免产生污染物。继续实施高风险污染物削减行动计划，鼓励企业使用节能降耗的先进设备，实施设备运行绿色化管理，加大企业废物利用，延伸循环经济产业链，加强资源分类利用和循环使用、能源梯级利用，实现资源利用最大化和废物排放最小化。

推进园区化循环化发展。有序推进城市主城区钢铁有色、石油化工、水泥建材等重污染企业实施环保改造和出城入园。充分发挥国家级和省级开发区的平台载体作用，改造提升县区工业集中区，推动传统产业向园区聚集，实现要素配置集约化、资源利用最大化、污染物排放最小化。以循环化改造和清洁生产为突破口，进一步强化循环经济产业链延伸、资源分类利用和循环使用、能源梯级利用，建立健全循环型产业体系，推进园区绿色低碳循环发展。加快实施园区资源共享、污染集中防治、技术研发、统计监测等循环经济公共服务平台建设，推进园区节能、节水、节地、节材及资源综合利用，增强可持续发展能力。

专栏2　清洁生产产业提升工程

1. 清洁生产技术改造。在石油化工、有色冶金、能源等传统支柱产业领域，每年实施50个左右重大技术改造提升项目，支持企业加快技术装备提升、智能化改造和产品升级换代等步伐，促进传统产业向中高端迈进。

2. 清洁生产基地建设。依托兰白、平庆地区打造新型石化产业清洁生产基地，依托金川公司、白银公司等大型企业打造有色金属清洁生产基地，依托嘉峪关工业园区打造钢铁清洁生产基地，依托平凉工业园区、长庆桥工业集中区等工业园区打造陇东能源化工清洁生产基地。

3. 绿色工厂矿山建设。优先在钢铁、有色、化工、建材等重点行业，选择一批工作基础好、代表性强的企业开展绿色工厂创建工程，通过合理布局厂区内能流、物流路径，采用绿色建材改造厂房，采用先进适用的清洁生产工艺技术和高效末端治理装备，淘汰落后设备，建设绿色矿山，推行资源能源环境数字化、智能化管控系统，实现工厂的绿色发展。

4. 园区循环化改造。重点实施关键补链项目、延链项目、配套项目、原材料精深加工项目、污水处理等基础设施项目。2019年底前完成8个国家园区循环化试点改造，逐步对其他27个省级以上园区开展循环化改造。到2025年，所有国家级开发区和80%以上省级开发区全部完成循环化改造。

三、持续优化清洁能源产业

大力推进能源生产和消费革命，围绕建设国家新能源综合示范区，推进风光水火核"五位一体"绿色能源体系建设，持续优化能源结构，深化电力体制改革，促进清洁能源消纳利用，推动清洁能源产业提质增效发展。

加快发展核能产业。立足甘肃核能产业、清洁能源发展现状，紧扣能源强省战略，充分发挥钍、盐等关键原材料资源优势，加强与中科院上海分院应物所合作，以钍基熔盐堆核能系统项目为龙头，带动原材料、装备制造等上下游配套产业发展。加强熔盐储热、高温制氢等技术研发应用，促进核能技术与风光电产业、煤化工产业深度融合，形成新的经济增长极。

　　有序推进风光电发展。按照"优先存量、优化增量"的原则，坚持"集中式与分散式并举"，采取竞争性方式配置风、光电项目，实现资源更优配置，促进风光电技术进步和上网电价降低。稳步推进酒泉、通渭等风电基地建设，加快建设风电平价上网示范项目，积极争取国家支持白银平川、武威等地建设光伏领跑技术基地。促进制造业、农业与光伏发电互补发展，探索分布式光伏发电新模式。大力实施光伏扶贫工程，完善配套电网设施，增加贫困群众的稳定收入。完善光热发电示范项目规划布局，在资源富集、建设条件优越的敦煌、玉门等地，积极发展太阳能光热发电，促进光热发电技术在城市供暖、系统调峰等领域应用。

　　积极发展其他清洁能源。加快推进中深层地热能开发利用，在天水和定西等资源优势较为明显的地区，创建一批地热供暖示范小区。因地制宜发展生物燃料乙醇、生物柴油和生物质直燃发电，完善生物质资源收集、运输、存储、转化体系，重点在定西、张掖、庆阳等地规划建设一批农林生物质发电和城镇生活垃圾焚烧发电项目。有序推进水电开发，加强水电资源开发环境影响评价，保护流域生态环境。

　　加大新能源消纳外送。实施规模化替代发电，最大限度挖掘酒钢集团、金川公司、玉门石油公司等企业自备电厂调峰潜力，开展自备电厂与新能源企业发电权置换交易。通过完善电价优惠政策，打造电价洼地，积极探索建设新能源就近消纳产业示范园区，推动新能源产业与先进高载能产业联动发展。加大充电基础设施建设和新能源汽车推广应用力度，促进新能源汽车产业发展，有效拓宽我省电力消纳渠道。用好国家关于北方地区清洁供暖价格政策，指导推动建成一批新能源清洁供暖项目，在农村和城市供热管网未覆盖地区积极推广发热电缆、电热膜、碳晶板材料等分户式电采暖模式。抢抓市场机遇，扩大省内外中长期交易和现货交易电量，加大电力外送。通过综合施策，逐步形成公平、开放、灵活的新能源消费市场，促进新能源就近消纳。

　　加快智能电网建设。推进发电、输电、变电、配电、用电、调度、信息通信平台等全流程智能电网建设，提升电网灵活可靠接纳新能源和用户智能消纳新能源的能力，打造中国西部电网枢纽、新能源辐射中心。搭建清洁能源综合利用宣传培训、科研攻关、仿真试验的综合平台，开展能源互联网研究与应用。探索建立容纳高比例波动性可再生能源电力的发输（配）储用一体化的局域电力系统，探索电力能源服务的新型商业运营模式和新业态，形成完善的新能源微电网技术体系和管理体制。

推进多能互补发展。在新建城镇、产业园区、大型公用设施、商务区等新增用能区域，加强终端供能系统统筹规划和一体化建设，因地制宜实施传统能源与风能、太阳能、地热能、生物质能等能源的协同开发利用。优化布局电力、燃气、热力、供冷、供水管廊等基础设施，通过天然气热电冷三联供、分布式可再生能源和能源智能微网等方式实现多能互补和协同供应。利用大型综合能源基地风能、太阳能、水能、煤炭、天然气等资源组合优势，提高灵活调节性火电机组的调峰能力，建立配套电力调度、市场交易和价格机制，加强国内外成熟储能技术推广应用和跟踪研究，开展风光水火储多能互补系统一体化运行。

深化电力体制改革。抓住国家将我省列入电力现货市场建设试点省份的有利时机，加快电力现货市场建设，推动电力市场逐步向各类售电公司放开。继续推进电价市场化改革，组织实施电力直接交易，有效降低实体经济用能成本。完善新能源消纳市场机制，建立有偿调峰机制，引导发电企业主动调峰，培育具有需求侧响应能力的用电负荷，优化统筹全网调节资源，有效促进新能源消纳。加快推动跨区域电力交易，扩大外送电规模。积极探索售电侧改革，有序放开发电计划。

专栏3　清洁能源产业优化工程

1. 核技术产业。重点建设中科院核创院武威钍基熔盐堆核能系统实验基地、高温熔盐储能示范与应用推广项目、低碳新能源系统示范项目、钍基乏燃料盐干法批处理示范项目等重点项目。

2. 新能源发电。加快华能瓜州干河口北5万千瓦等3个风电平价上网项目和首航节能敦煌熔盐塔式10万千瓦光热发电示范项目等9个太阳能热发电示范项目建设，认真落实好国家下达我省的光伏扶贫项目指标。到2020年，全省建成并网风电装机1400万千瓦、光电装机990万千瓦、光热装机110万千瓦。

3. 地热能和生物质发电。加大地热资源勘探开发，加大生物质能技术应用，积极推进通渭县、张家川县浅层地热供热项目建设，加快建设高台县生物质发电、庆阳市生活垃圾焚烧发电等项目。

4. 新能源清洁供暖示范。利用弃风弃光电量，开展清洁能源供暖试点示范，建设瓜州县、通渭县等新能源清洁供暖示范工程，逐步在其他具备条件的县市区推广电采暖替代燃煤锅炉采暖。

5. 新能源微电网。加快建设玉门经济开发区科陆智能微电网试验示范项目、肃州区新能源微电网示范项目，实现清洁能源自给率超过50%，并具备孤网运行能力。

6. 多能互补工程。重点推进兰州新区多能互补集成优化综合智慧能源工程、甘肃白银银西产业园多能互补、敦煌3×50兆瓦太阳能熔盐塔式供热电站、玉门科陆光储电网融合验证等项目建设，探索多能互补发展新模式。

7. 新能源示范城市。加快建设敦煌100%可再生能源应用示范城市，力争实现100%消费新能源。积极推进金昌、武威等地新能源示范城市规划建设工作，提高新能源在城市能源消费中的比重。

四、大力发展循环农业

深入实施"乡村振兴"战略，围绕解决农业面源污染治理、高效节水技术应用、农业废弃物循环利用等突出问题，深化农业供给侧结构性改革，打造绿色生态农产品生产加工基地，积极构建循环农业体系，提高农业循环化发展水平。

优化农业生产布局。依据各区域自然条件、功能定位和特色优势，进一步完善沿黄农业产业带、河西农产品主产区、陇东农产品主产区、中部重点旱作农业区、陇南天水南部山地特色农业区、甘南及祁连山高寒牧区"一带五区"农业发展格局，推进优势产业向优势产区集中，形成更多具有甘肃优势的"独一份""特别特""好中优"产品，提高农业综合生产功能，提升农产品竞争力。

推行循环农业生产方式。推进农业循环经济示范基地建设，实施耕地质量保护与提升行动，大力推进农产品加工和林业清洁生产，推行高效互补、生态循环的种养模式，推动农村生活废弃物循环利用、农作物秸秆综合利用、畜禽粪便资源化利用、农田废弃物回收利用、农产品加工副产物综合利用，构建农业循环产业链，提高农业附加值。推进废旧农膜、灌溉器材、农药包装物回收利用，构建全配套回收利用体系。全面落实农药使用量零增长目标，推广"秸秆—畜禽养殖—粪便—沼气—有机肥—果园（菜园）—无公害农产品生产""秸秆—基质—食用菌基地—菌糠—生物饲料有机肥—生态养殖和有机农业"等模式。大力发展林下经济，推进林业废弃物资源化利用。

发展壮大特色优势农业。大力发展壮大粮食生产、设施蔬菜、优质林果业，提升马铃薯、现代制种、草食畜、中药材、酿酒原料等特色优势产业。突出"小而特、小而优、小而精、小而美"，发展具有区域特色优势的小杂粮、百合、油橄榄等特色农产品。强化农产品品种、品质、品牌建设，大力推行无公害、绿色、有机和国家地理保护标志农产品开发认证，建设一批地域特色鲜明的绿色生态农产品生产加工基地。推进草地农业科技试验示范区建设。加快建设农产品冷链物流体系，鼓励中央厨房、共同配送等冷链物流新技术新业态新模式创新应用，大力培育发展第三方冷链物流企业，全面提升冷链物流水平。

大力发展戈壁生态农业。充分利用河西沙漠戈壁、盐碱地和废弃地等资源，集合光照足、温差大、病害少等独特优势，在生态保护和资源合理利用的前提下，以农业废弃物为主要原料，以高标准日光温室和塑料大棚为载体，以基质无土栽培技术为核心，集成有机营养枕、水肥一体化、保护地栽培及光伏新能源等系列先进技术，大力发展高效节水农业，初步形成设施装备先进、科技支撑水平高、综合生产能力强、生态环境友好、产品特色鲜明的戈壁农业产业带，打造国内外具有一定影响力的"戈壁农业"品牌，打造西北乃至中亚、西亚、南亚和中东欧的"菜篮子"生产供应基地。

专栏4　循环农业发展工程

1. 农业废弃物循环利用。推动农作物秸秆肥料化、饲料化、燃料化、基料化和原料化利用，支持规模养殖场建设粪污收集、贮运、处理、利用设施。建设病死畜禽、水生生物、屠宰废弃物处理设施，因地制宜发展各类沼气工程、有机肥设施，支持在种养大县开展规模化、专业化的生物天然气示范，实施果菜茶有机肥代化肥行动。推进农林加工副产物综合利用。推进废旧农膜、灌溉器材、尾菜等回收利用。

2. 戈壁生态农业。在河西地区沙漠戈壁发展高效节水设施农业，到2020年，新建30万亩高标准设施农业，智能连栋温室150亩，新增优质高效园艺作物产品250万吨，年实现产值120亿元，初步建成设施装备完备先进、科技支撑水平高、综合生产能力强、生态环境友好、产品特色鲜明的戈壁生态农业产业带。

3. 国家绿色生态农产品生产加工基地。进一步发挥甘肃气候类型多样、光热资源丰富、水土污染较少的独特优势，打造国家绿色生态农产品生产加工基地，主要建设绿色农牧渔生产、绿色农产品加工、绿色农产品流通、耕地资源保护、农业节水、产地生态环境保护、质量安全与品牌体系建设、农业绿色发展支撑体系等八大工程。

4. 农村一二三产业融合发展。实施农耕食文化传承工程，大力发展休闲度假、旅游观光、养生养老、创意农业、农耕体验、乡村手工等新兴产业。实施"互联网＋循环农业"行动，积极发展信息化农业、创意农业、工厂化农业。大力培育农村产业融合主体，到2020年，培育省级以上农业产业化龙头企业500家，县级以上示范性合作社1万家，家庭农场2万家，农产品加工转化率达到55%以上，全省农村产业融合发展总体水平明显提升。

5. 田园综合体建设。选择部分基础较好的县区，积极探索开展田园综合体试点建设，主要包括完善乡村治理机制、健全村级集体经济发展机制、构建农民持续增收机制、建立农村生态文明发展机制等，推进农村人居环境不断改善，生活垃圾处置体系基本完善，生活垃圾污水乱排乱放得到有效管控，村内道路通行条件明显改善，村庄环境干净整洁，农民环境卫生意识普遍增强。

6. 农产品冷链物流建设。加快建设兰州榆中农产品冷链物流园、景泰农产品冷链物流中心、会宁农产品冷链物流中心、靖远农产品冷链物流中心、白银平川冷链物流中心、张掖高原夏菜冷链物流中心，打造冷链物流示范项目。加快建设临夏绿色清真产业物流园、天水农产品物流园区、武威农产品物流中心等物流园区，建设绿色食品物流追溯平台，推进全省冷链物流标准试点和冷链物流企业培育工作。

加快推进农村一二三产业融合。统筹基础设施、产业支撑、公共服务、环境风貌，推进农业与旅游、教育、文化、健康养老等产业深度融合，促进农业生产全环节升级、全链条升值。实施以绿色有机农产品加工为主的农业产业化和生态化改造，提升农产品的加工档次和技术含量。积极发展生态循

环农业，探索农牧结合、产加配套、粮饲兼顾、种养循环、集约发展的循环农业发展道路。积极推进大宗农产品开展期货交易，培育具有一定规模的农产品电商企业，促进互联网与循环农业紧密融合。

着力推进"三园一体"建设。加快现代农业产业园、科技园、创业园等"三园"建设，充分发挥技术集成、产业融合、创业平台、核心辐射等功能作用，构建生态农业生产和服务体系，促进农业生产加工、物流研发等功能相互融合。结合国家政策导向，在全省范围内选择一些有基础、有特色、有潜力的农村小城镇和乡村旅游点，积极开展田园综合体试点，建设一批国家级和省级的集循环农业、创意农业、农事体验于一体的田园综合体，为全省田园综合体发展形成可复制、可推广的经验，促进全省农业和农村经济发展。

五、发展壮大中医中药产业

发挥我省中医中药资源优势，以建设国家中医药产业发展综合试验区为契机，推动中药材标准化种植、规范化加工、品牌化营销，完善中医医疗服务体系，充分发挥中医中药产业资源消耗少、环境影响小的特点，提升中医中药产业发展水平，促进健康甘肃建设。

优化中医药产业布局。按照"标准化、规模化、集聚化"原则，充分发挥各地中医药资源区位优势，以兰州市、定西市为发展核心，重点建设11个道地药材标准化示范基地（区）、4个中医药产业园区、7个中医药健康旅游示范基地，推动中医药产业规模化、集约化、集聚化发展，形成布局合理、定位科学、功能互补、配套协作的产业布局。

发展道地药材标准化种植。按照中药材生产质量管理规范要求，以当归、党参、黄芪、红芪、大黄、甘草、板蓝根、枸杞、半夏等获得国家原产地地理标志认证的传统道地大宗药材品种为主，以种植大县为重点区域，扶持建设11个中药材标准化生产示范基地，加强中药材人工驯养、人工栽培技术研发和推广应用，带动完善肉苁蓉、柴胡、黄芩、独活、羌活、款冬花、秦艽、牛蒡子等特色中药材的标准化种植。

提升中药材加工质量水平。以资源为依托，以资产为纽带，加快中药制药企业战略性重组，积极引进国内大型中医药企业，促进资源向优势企业集中，加快组建陇药集团，培育一批具有较强竞争力的中药材加工企业。深入挖掘道地中药材资源，盘活药品文号资源，筛选发展前景较好的药品批准文号，加大新药研发和中药材品种二次开发，实施当归等道地药材全产业链开发，加快培育现代中医药大品种，发展中药配方颗粒，开发保健品、药膳和药食同源中药材等系列产品，扩大中医药生产加工规模，提高产品附加值，促进中医药生产加工集约化、规范化发展，做强做大中医药加工产业。

完善中药材流通体系。按照高度集聚和相对集中的原则，在陇西建设集仓储物流、市场交易、电商平台、追溯体系为一体的现代化交易市场，推动大宗中药材现货期货贸易，形成全国区域性中药材专业市场。配套建设渭源会川、岷县当归城、宕昌哈达铺三大产区市场，扩大交易规模。依托省内药品流通行业骨干企业，发展药品仓储、物流配送、区域代理等医药流通业，建成现代化医药物流配送中心，形成立足甘肃、辐射全国的医药营销物流网络体系，打造甘肃中药特色品牌。

大力发展中医药养生保健。发挥中药促进人体增强免疫力、抗衰老、抗疲劳等方面的保健作用，推进中药向预防、康复、养生保健等方向延伸发展，重点围绕道地药材、优势品种，大力开发保健功能食品、药膳、药妆、功能性日用品等系列产品，加大市场推广力度，加强中医药服务与当地旅游资源、旅游文化等方面的有机融合，拓展中医药产业链。鼓励社会力量兴办医养结合机构，增强社区健康养老服务功能。支持养老机构开展医疗服务，支持医疗机构开展养老服务，实现卫生医疗与养老服务资源共享，各类医疗卫生机构和养老服务机构紧密合作，完善医养结合体制机制和服务网络，发展中医养生养老产业。

加强中医药对外交流合作。发挥我省中医药资源和文化优势，办好中国甘肃（定西）中医药产业博览会，在"一带一路"沿线国家建立更多岐黄中医学院、医院或中心，扶持优秀中医药企业、医疗机构到中亚国家开办中医药服务机构，借助海外设立的中医教育、中医医疗中心等机构，加大与国外高等院校、研究机构、医疗机构和生产企业的合作，不断完善办医办学经验，推进中医药教育科技文化国际交流和传播，推动成熟的中药产品以药品、植物药、保健品、功能食品等多种方式在海外进行注册，通过"以医带药"和"以药促医"，推动中医药走出去。

专栏5 中医药产业壮大工程

1. 道地药材标准化示范基地。在定西、陇南等地布局建设当归、白条党参、纹党、黄芪、红芪、大黄、柴胡、半夏标准化示范基地，在河西、白银等地布局建设甘草标准化示范基地，在白银、酒泉等地布局建设枸杞标准化示范基地，在民乐县等地布局建设板蓝根标准化示范基地。

2. 中医药产业园区。依托技术创新优势、药材资源优势、物流市场优势，重点建设兰州高新技术开发区中医药产业创新研发孵化园、兰州新区"西部药谷"产业园、陇西中药材循环经济产业园、渭源中药产业园。

3. 中药材交易市场。围绕大宗品种，在重点产区改造建设10个产地市场，改扩建陇西文峰、首阳中药材市场，建成新型中药材仓储物流园，辐射带动周边县区建成短期产地周转仓储中心。打造岷县"中国当归城"，建设哈达铺大型药材物流中心。

4. 中医药养生保健旅游基地。建设庆阳岐黄中医康复疗养基地、平凉养生文化体验基地、皇甫谧针灸医疗保健基地、天水麦积山中医药休闲养生度假基地、温泉养生基地、陇南山水田园养生基地、定西中医药科普旅游基地。

六、做大做强文化旅游产业

以华夏文明传承创新区建设为统揽，聚焦敦煌文化核心，打造永不落幕的丝绸之路（敦煌）国际文化博览会，抢占"文化制高点"，积极创建旅游示范区，打造精品旅游线路和景区，全面提升低能耗低排放、综合效益好的文化旅游产业发展水平，将资源优势转化为经济优势和竞争优势，逐步实现从经济小省、文化大省向旅游强省的转变。

推动文化产业传承创新。突出中华民族重要文化资源宝库的定位，发挥敦煌文化、先秦文化、丝路文化、始祖文化、民族民俗文化、红色文化等人文资源优势，保护传承优秀文化，打造"交响丝路、如意甘肃"品牌。加快推进以黄河文化为核心的兰州都市圈文化产业区、以敦煌文化为核心的河西走廊文化生态区、以始祖文化为核心的陇东南文化历史区建设。加强国家重大文化和自然遗产地、重点文物保护利用设施建设，打造国际敦煌学中心，推进先秦文化保护、拉卜楞寺文物保护、嘉峪关文化遗产保护等重大文化遗产保护工程和"数字敦煌"工程。加大非物质文化遗产保护力度，建设重点非物质文化遗产生产性保护示范基地，积极申报国家和世界非物质文化遗产。加强少数民族文化保护传承。加强文化资源优势转换，健全文化产业体系和市场体系，加快发展文化产业。

推进精品旅游目的地建设。围绕打造丝绸之路旅游黄金带，深入挖掘甘肃特色历史民俗文化资源，突出自然资源和气候跨带特色，提升文化旅游品牌和内涵，集中打造连接贯通重点旅游城市和景区的"4线1区"精品线路，即以酒泉、嘉峪关、张掖、武威、金昌为节点的丝路旅游精品线，以兰州、白银为节点的黄河风情线，以甘南、临夏为节点的民族风情线，以天水、定西、平凉、庆阳为节点的陇东寻根访祖旅游线，以陇南为重点的乡村生态文化旅游区。坚持区域化联动、组团化发展、一体化推进，以"4线1区"精品线路为轴，由线扩面，形成板块联动、各展所长、错位发展的五大区域旅游目的地，即河西走廊精品丝路旅游目的地、兰白黄河风情体验目的地、陇东华夏寻根旅游目的地、回藏民族特色旅游目的地、陇南乡村生态民俗旅游目的地。积极推动当周草原、兴隆山、崆峒山、鸣沙山月牙泉、黄河首曲等国家生态旅游示范区建设，强化生态旅游示范带动。

加快推进旅游全域融合发展。实施文化旅游提升工程，积极引进国内外高水平的大型文化传媒企业，组建旅游投资集团，高起点规划发展全域旅游，积极创建国家级旅游业改革创新先行区，推进区域内资源、产品、业态和产业融合发展，到 2018 年底创建 14 个国家全域旅游示范区，力争到 2020 年全省 40 个省级全域旅游示范区中一半以上创建为国家全域旅游示范区。加快发展乡村旅游，突出乡村特色，建设美丽家园。培育发展自驾、低空、户外、徒步、冰雪、运动体验等新型旅游业态，积极发展"互联网+旅游"。

强化基础设施和旅游业配套功能。加快落实《甘肃省 4A 级及以上旅游景区连接道路建设实施方案》，到 2020 年，全省 5A 级景区全部实现高速公路连通，具备条件的 4A 级景区通一级（一幅）公路。深入实施《丝绸之路甘肃省交通房车露营地发展规划》，推动各地规划建设房车自驾营地和交通驿站。加快兰合、银西等干线铁路建设，与周边区域铁路环线实现联接。加快兰州、嘉峪关、敦煌三大空港建设，建成运营陇南成州机场，新建武威、平凉、临夏等机场，推进天水军民合用机场迁建。加大标准化旅游厕所建设力度，加强游客咨询中心和集散中心建设，构建布局合理、功能完善的游客集散中心，实现旅游咨询服务全覆盖。实施旅游发展环境优化工程，推进以大景区为重点的景区管理体制改革，优化旅游环境。

> **专栏6　文化旅游产业提质工程**
>
> 1. 特色文化旅游基地。按照"235"景区体系布局，力争 2020 年打造 20 个体量大、旅游项目多、吸纳能力强、四至范围清晰、空间连贯完整、功能配套完善、管理统一顺畅、游客停留时间长的大景区。通过大景区示范带动，建设 30 个精品景区、50 个特色景区。集中建设 20 个生态文化旅游产业园，扶持发展 20 个以上生态文化旅游骨干企业，保护开发 30 个生态文化旅游名城名镇，落实抓好 50 个重大生态文化旅游项目建设。
>
> 2. 公共服务保障工程。加快推进城市及国道、省道至 A 级景区连接道路和房车露营地建设，到 2020 年，全面实现 3A 级及以上旅游景区之间、景区与依托城市之间、景区连接主要公路之间二级以上公路贯通，全省拥有 200 个左右的房车营地和 100 个左右的交通驿站。加强旅游集散中心建设，在 3A 级以上景区、重点乡村旅游区以及机场、车站等合理建设旅游咨询中心和集散中心。到 2020 年，新建改建标准化旅游厕所约 2000 座。
>
> 3. 乡村旅游富民工程。改善旅游基础设施，丰富乡村旅游产品，打造"陇上美丽乡村、西部好客人家"品牌，推进乡村观光旅游向乡村休闲度假和乡村生活体验转型升级。到 2020 年，全省建成 1000 个旅游专业村，20000 户农家乐，乡村旅游总收入超过 200 亿元，吸纳 50 万农民就业。
>
> 4. 生态文化旅游工程。推进庆阳岐黄周祖医食养生保健基地、平凉崆峒山道教文化养生基地、皇甫谧针灸保健养生基地、天水自然生态和温泉养生基地、陇南山水田园养生基地、定西道地中药材科考旅游基地等建设。加强冶力关、麦积山、崆峒山、兴隆山等国家森林公园、黄河首曲、张掖湿地、尕海湿地等国家湿地公园，敦煌雅丹、张掖丹霞等国家地质公园建设，开发森林生态、休闲度假、养生避暑、户外运动探险、科普研学等旅游产品。
>
> 5. 品牌营销工程。围绕"精品丝路·如意甘肃"整体形象，大力推介丝绸之路、九曲黄河、寻根访祖等系列旅游产品，积极宣传推介森林生态、休闲度假、养生避暑、自驾房车、生态观鸟等绿色旅游产品，全面开拓海内外客源市场，努力扩大甘肃旅游的影响力和美誉度。

七、巩固拓展通道物流产业

充分发挥丝绸之路经济带黄金段的区位优势，巩固和发展重要交通枢纽和物流集散地优势，推动环境影响小、综合效益好的物流业与制造业、交通运输业、商贸业及循环农业融合发展，抢占"通道制高点"，促进物流业国际化、信息化、高效化和绿色集约发展。

加快西向通道物流建设。围绕新亚欧大陆桥经济走廊建设，充分发挥甘肃作为丝绸之路经济带交通主通道和大动脉作用，依托兰渝、陇海、兰新、包兰、青藏线等国家铁路在我省形成的交通枢纽优势和物流节点功能，以省会兰州为核心，加快天水、平（凉）庆（阳）、金（昌）武（威）、酒（泉）嘉（峪关）物流枢纽建设，提升重要节点城市枢纽集散功能，推动全省高铁经济带、兰州空港临空经济发展，构建"一中心四枢纽五节点"现代物流产业布局，整合提升"天马号""兰州号""嘉峪关号"国际货运班列运营能力，打造中欧货运班列知名品牌，重塑西向通道枢纽和物流优势。

加快中新南向通道建设。加强落实《渝桂黔陇四地政府合作共建中新互联互通项目南向通道框架协议》，全面启动中新南向通道建设，联通南向通道，畅通西向通道，实现"一带"与"一路"、西南与西北、中西亚与东南亚的互联互通。整合渝新欧、蓉新欧、郑新欧、西新欧等国际班列货运资源，建设兰州新亚欧大陆桥国际列车编组站，集中打造面向中东欧、中亚、南亚的国际物流通道枢纽和国际班列货源集散地。创新区域合作机制，推动建设广西临海飞地经济区，研究制定我省在广西建设临海飞地经济区规划，鼓励有实力的企业参与投资发展外向型产业。

加强物流枢纽设施建设。打造"一带一路"重点节点城市带，突出兰州枢纽城市位置，强化铁路场站、机场枢纽、公路场站等设施的分工协作，建成一批能够承担多种运输服务功能的综合性客货运输枢纽站场。加快建设兰州、武威、天水三大陆港和兰州、敦煌、嘉峪关三大空港，推动建设甘肃省兰州物流中心，着力建设皋兰公铁综合物流产业园、兰州国际港务区多式联运物流园、苏宁兰州地区管理总部物流中心等物流园区，支持兰州新区综合保税区等具有海关、质检等功能的铁路口岸建设，加强与港口、机场、公路货运站以及产业园区的统筹布局和联动发展，形成水铁、空铁、公铁国际多式联运体系。

创新运输服务模式。围绕物流链全流程，强化运输、仓储、配送、通关、结算等环节高效对接，提供一站式综合服务。调整运输结构，合理配置各类运输方式，鼓励公路、水运、航空等运输方式与中欧班列和南向班列有效衔接，提高铁路和水路运输比重，发展钟摆式、集团式物流模式，降低企业制度性交易成本。组建省级物流平台公司，建立完善跨区域合作发展机制，组织开行冷链物流国际班列，选择"一带一路"沿线部分国家建设境外物流园区（中心）。大力发展多式联运、甩挂运输、共同配送、统一配送等先进的物流组织模式，提高储运工具的信息化水平，减少返空、迂回运输，促进物流业降本增效。鼓励采用低能耗、低排放运输工具和节能型绿色仓储设施。

推进便利化大通关。与"一带一路"沿线国家海关建立国际合作机制，推进信息互换、监管互认、执法互助的海关合作，推动全国通关一体化，扩大海关间监管结果参考互认、商签海关合作协定等，推行中欧"经认证经营者"互认合作，提高通关效率。加强物流标准化、循环化建设，在全省普及应用货运技术标准。加强检验检疫区域一体化建设，建立班列沿线检验检疫机构间"出口直放、进口直通"制度，实现沿线"通报、通检、通放"，实施"进境口岸检疫、境内全程监控、出境直接核放"监管模式。

专栏7　通道物流产业拓展工程

1. 完善流通网络。以中新南向通道为依托，推进海港、陆港、空港、内河港、信息港五港联动，加快兰州、天水、武威三大国际陆港和兰州、嘉峪关、敦煌三大国际空港建设，深化与境内外口岸、内陆与沿海、沿边口岸的战略合作，积极构建服务于全球贸易和营销网络、跨境电子商务的物流支撑体系。

2. 绿色物流服务。推广液化天然气、压缩天然气等清洁能源运输车辆和装卸设备，鼓励应用电动等新能源运输配送车辆，建设加气站、充电桩等绿色交通能源配套设施。

3. 先进技术装备应用。采用无线射频识别、全球定位系统、不停车电子缴费系统、自动分拣、可视服务等先进适用技术和装备，强化"物联网＋全程监管"。推进铁路、公路、民航、邮政、海关、供销、安全生产、检验检疫等行业系统和物流企业信息系统间信息联通。

4. 物流标准化建设。推动货运标准化电子货单、托盘标准化、集装箱标准化、集装袋标准化等技术标准在全省普及应用，建立托盘共用体系，推进管理软件接口标准化。

八、积极培育数据信息产业

抢抓"一带一路"建设战略机遇，围绕新一代信息技术，实施"互联网＋"行动，加快谋划建设"丝绸之路经济带信息港"信息通信枢纽和信息产业基地，抢占"信息制高点"，实现"共建丝路信息港、共享陆海大数据"，全面提升我省作为丝绸之路经济带黄金段信息枢纽的战略地位，培育壮大资源消耗少、科技含量高的数据信息产业。

加快通信基础设施建设。围绕实施"宽带中国"战略，加快建设"宽带乡村"工程，继续推进电信普遍服务试点，提升中小城市及乡村光纤宽带网络接入能力，不断完善宽带光纤、新一代移动通信网、下一代互联网、数字电视网等信息基础设施。加快推进兰州新区国际通信专用通道建设，力争推动国内互联网交换节点落户我省，夯实我省作为区域性信息通信重要节点枢纽的基础条件，加快构筑联通丝绸之路经济带沿线国家的信息高速公路。

提升大数据支撑能力。推进兰州新区、金昌、庆阳等大数据和云计算中心建设，加快建设丝绸之路经济带信息港，形成以甘肃为支点，面向中西亚、南亚及部分中东欧国家，服务西北的信息通信枢纽和信息产业基地。依托大数据中心，实现数据的汇聚、交换、共享，在重点领域开展大数据示范应用，培育发展大数据相关产业。加强海量数据存储、数据清洗、数据分析挖掘等关键技术研发，发展大数据在工业、农业农村、创业创新、促进就业等领域的应用，推进智慧城市建设，拓展信息技术的应用领域。

打造物流商贸信息平台。加快推进国际贸易"单一窗口"建设，搭建物流信息平台、物流数据库，提升服务南向通道、联动东盟经贸交流的信息互通能力。建成辐射丝绸之路经济带的资源流通与数据交易服务平台，打造面向中西亚、中东欧、南亚的一站式综合信息服务平台，积极推动我省与中西亚、南亚、中东欧国家的信息走廊建设。加快兰州、陇南国家电子商务示范城市建设，搭建有色冶金、装备制造等行业电子商务平台，积极培育本地商务交易平台和服务平台，实施一批国家电子商务进农村综合示范和省级电子商务示范项目。

加快发展软件和信息服务业。围绕智能制造和"互联网＋"应用需求，以发展具有自主知识产权的软件技术和产品为突破口，全面提升我省软件产业的整体竞争实力。加快工业软件的研发和产业化应用，积极推进嵌入式软件开发平台和嵌入式操作系统的研发与产业化，提升两化融合水平。加快推进"互联网＋教育""互联网＋旅游""互联网＋医疗""互联网＋交通"等行动，在政务服务、社会管理、教育医疗、文化旅游、交通运输、精准扶贫等重点领域开发具有品牌优势的行业特色应用软件，带动应用软件产业发展，不断提升服务质量和水平。推动建设北斗地基增强系统、北斗导航定位基准信息服务平台，形成覆盖西北、辐射丝绸之路经济带的空间数据服务与应用示范，打造空间信息产业链与产业集群。建设中医药信息服务平台，打造可辐射丝绸之路沿线国家的医疗信息服务产业。

专栏8　数据信息产业培育工程

1. 大数据产业。以甘肃省大数据有限公司和大数据研究院为依托，开展云计算和大数据应用技术研究，促进信用、交通、医疗、教育、环境、安全监管等政府数据集中社会开放，推动大数据在制造业、服务业等重点领域的应用。发挥物联网技术在生产过程、交通物流、质量追溯、安全防护等方面的示范应用，形成集技术创新、产业化和市场应用于一体的物联网产业体系。

2. 软件产业。依托甘肃万维、甘肃紫光、甘肃万桥等骨干企业，结合实施"互联网＋"行动，以工业软件、行业解决方案、嵌入式软件、数字内容服务、软件服务外包等为重点，打造软件和信息服务聚集区。围绕智能制造和"互联网＋"应用需求，以发展具有自主知识产权的软件技术和产品为突破口，全面提升我省软件产业的整体竞争实力。

3. 信息服务业。加快兰州、白银、敦煌等智慧城市建设。积极推进云计算中心、西部数据存储中心、遥感图像解译中心、大数据决策服务平台建设。开发整合数据资源，积极培育数字媒体、数字创意等网络内容服务新业态，发展基于互联网的数字创意产业。结合国家物联网重大应用示范工程区域试点建设，加快推进工业、农业、交通、环保等重点领域的物联网应用示范。

4. 北斗技术及应用产业。以甘肃众力厚德北斗公司和甘肃中寰卫星导航公司为依托，推动北斗导航与移动通信、地理信息、卫星遥感、移动互联网的融合发展。开发北斗应用增值服务、软硬件产品及导航定位设备，推动在智慧城市、交通运输、应急救援、防灾减灾、测绘勘探、社会服务等重点行业及领域的规模化应用。

九、协同推进军民融合产业

全面贯彻落实军民融合发展战略，深入挖掘我省军工产业基础优势，建立健全军地协调机制和需求对接机制，完善军民融合政策体系，打造军民融合创新示范区，推动科技含量高、综合效益好的国防科技工业军民融合深度发展，加快形成全要素、多领域、高效益的军民融合产业发展格局。

推动军民科技协同创新。依托中航科技集团、中核集团等在甘科研院所企业的技术研发优势，加快推进兰州、天水、白银等军民融合创新示范区建设，积极争创国家军民融合创新示范区，打造军民融合创新平台。整合军民创新资源，开展以重大学科目标为牵引的技术研究，重点推进电子信息、含能材料、人工智能、高端材料、遥感测绘等重大军民融合前沿技术协同创新。创新科技成果转移转化组织模式和运作方式，支持高等院校、科研机构、军工企业和高新技术企业等建立军民融合协同创新联盟，鼓励全产业链军地协同创新和联合攻关，协调推进军工优势科技资源向社会开放，形成推进科技创新整体合力。

促进军民产业融合发展。深入挖掘航天航空、特种化工、军工电子3大优势产业潜能，实施一批军民融合重大工程、重大项目，培育一批具有品牌示范性效应的产品和产业园。加快推进核应用、新材料、高端装备制造、信息技术、生物医药、应急与公共安全、军工服务等新兴产业融合，带动传统产业高新化发展。推进核能清洁利用、乏燃料后处理，带动相关产业规模集约化发展。营造公平竞争环境，激发"民参军"整体活力，强化军地人才融合，着力打造一批高新技术产业。

强化基础设施共建共用。进一步完善经济建设与国防密切相关的建设项目军事需求对接机制，贯彻国防要求，推动基础设施共建共享。加快完善战略战役公路通道及联络线布局，完善综合交通枢纽和地区性交通枢纽的国防功能，改善部队机动条件。支持气象、测绘地理信息、信息资源、城市防护体系等基础设施共建共用。

深化国防动员融合发展。按照建用一致的原则，科学确定应急应战力量的建设种类和数量，加强"一专多能"的综合性应急救援队伍建设。组织开展相关救援知识技能培训、技术研究和演练，提高应对突发性灾害的能力。统筹国防动员、政府应急数据资源，完善潜力调查指标体系，建立应急应战潜力数据管理平台。围绕实施精准动员、体系动员和规范动员，完善重要物资和装备动员体系，实现保障资源共享和保障效益的最大化，推动国防动员综合能力提升。

专栏9 军民融合产业工程

1. 军民融合创新示范区。在兰州、白银、天水先行开展军民融合创新示范区建设，发挥科研、军工技术和产业优势，推动传统产业升级，通过军民两用技术转化应用，促进产业结构调整。实施军民融合发展战略，在军地资源共建共享共用、军民技术协同创新、军地人才培养使用、国防动员能力建设等方面先行先试。

2. 核技术产业园。积极落实国家核能发展战略，加快中核甘肃核技术产业园建设，打造现代化核工业高科技产业园区和重点实验室。

3. 航空航天产业。加快五一〇所电推进系统研究试验基地建设，推动空间电推进系统生产研试，提升卫星及深空探测能力；推动兰飞公司建设自动飞行控制系统及部件、航空电作动系统、航空电机和照明系统等产业升级项目，加快神龙公司500架无人机及轻型通用飞机生产基地项目建设。

4. 军工电子化工产业。积极构建军地一体化电子信息服务保障体系，围绕超高频真空、微波、雷达、仿真等前沿技术，拓展应用范围和使用领域，支持长风电子建设军民两用电子装备外场测试场。加快特种化工产业发展，促进民爆生产线升级改造和成套制造装备建设。

5. 军民融合装备制造。促进民口单位参与武器装备科研生产，推动省内装备制造业骨干企业与中国船舶工业集团等军工央企的战略合作，支持军用方舱、军用综合保障车、专用作业车和房车产业加快发展，支持铝合金、特种固体润滑和防护材料等新材料的技术研发和产业升级，加快推进3D打印等军民融合高端装备制造中心建设。

十、优化升级先进制造产业

围绕实施"中国制造2025甘肃行动纲要"和"互联网＋制造"行动计划为主线，大力发展新材料、智能制造、生物技术等绿色新兴产业，分类实施流程制造、离散制造、智能装备和产品、新业态新模式、智能化管理、智能化服务等试点示范及应用推广，促进传统制造产业由中低端向中高端升级，提升先进制造产业发展水平，逐步形成绿色、智能、协同制造为特征的先进制造模式。

加快新材料产业发展。依托我省原材料产业基础和优势，围绕国家有色金属新材料产业基地和石化新材料产业化示范基地建设，突破新材料规模化制备的成套技术，加大新技术新成果转化应用，强化技术攻关和新产品开发，延伸拓展产业链，大力发展有色金属新材料、化工新材料、新型功能材料、高端结构材料、电池材料等绿色低碳新材料，加大对可循环利用新型绿色建材的开发研究，大力发展低碳、绿色、环保的新型建筑材料。

大力发展智能制造。结合"中国制造2025甘肃行动纲要"和"互联网

+协同制造"，以新一代信息技术为手段，加快推进工业化和信息化深度融合，推进工业云平台建设，发展云制造、云设计等制造业新模式，促进工业物联网应用，强化工业大数据集成应用，提高信息化综合服务能力。支持创建智能工厂，加快推进制造业数字化、网络化、智能化，聚焦资源共享协同，满足个性需求，发展个性化定制和柔性制造。推动智能制造在制造业领域的应用，着力提升石化装备、新能源装备、电工电器、数控机床、农业机械的智能化水平，大力发展新能源汽车、轨道交通装备、集成电路、重离子加速器等先进装备制造业，提高装备制造业系统集成和配套能力，全面提升装备制造业的核心竞争力。

培育壮大生物医药产业。加快预防用疫苗、治疗用生物制品、动物细胞大规模培养和病毒基因工程疫苗的关键技术研发，开发具有重大临床需求的创新药物和生物制品，积极发展新型疫苗、血液制品、基因工程药物、治疗用生物制品等生物制品；依托畜牧资源优势，加大动物类生物制药原料药提取技术研发，推动药物创新和高端制剂开发，推动试剂原料和中间体产业化。积极研发新型诊断试剂盒、快速检测试剂盒、生物芯片等体外生物诊断检测新产品，发展医用形状记忆合金材料、各类新型骨科替代及修复材料等生物医学材料，推进植介入材料及制品研发和产业化。

专栏10　先进制造产业升级工程

1. 绿色低碳新材料。发展锂离子电池正极材料、镍钴新材料、铜基电工材料、高端电镀材料、贵金属粉体材料以及贵金属催化剂等系列产品。拓展稀土新材料应用领域，促进稀土加工分离材料向高端产品延伸。开发结构性、功能性新型钢材、轻质高强度合金材料。发展高强型碳纤维原丝及碳纤维复合材料制品，拓展碳纤维在航天航空、军工等领域的推广应用。发展绿色镀膜新材料、新型核辐照材料、石墨烯、高性能炭/石墨材料等新型材料。发展节能、节材、轻量化、高品质新型绿色建材产品。

2. 石油化工装备。大力开展高端智能、石化通用装备通用控制软件平台等基础前沿技术研究。加快研发自主品牌加氢反应器、螺纹锁紧环换热器、隔膜换热器、多股流绕管式换热器、乙烯裂解炉、在线分析仪表、高压泵液力端高压流体元件、分段压裂用可溶球、伽马相分率传感器、油田数据智能采集计算机等关键设备，提升关键部件的质量稳定性和批量生产能力。

3. 新能源装备。提高风电、光伏光热发电装备的智能化水平。建设酒嘉、金武风电智能化整机成套设备产业化基地，形成智能化风电整机成套设备研发制造体系。加快推进光伏电源组件项目建设，发展高性能太阳能选择性吸收真空镀膜、太阳能集热系统，形成太阳能发电设备完整产业链。

4. 电工电器装备。重点发展智能高中低压电器元件、高中低压开关设备、大型传动装置用高效节能调速系统、电气传动控制设备及自动化装置、大功率变流器和智能化控制器等电工电器产品和成套设备，开发高铁、城市轨道交通、电动汽车领域智能配电用电设备。

---

5. 集成电路产业。以天水华天、天光、华洋等企业为重点，加大新一代半导体材料和元器件工艺技术研发，提升集成电路芯片设计制造、新型功率器件和集成电路封装测试能力，延伸发展集成电路专用封测设备模具、高端引线框架、半导体封装材料等配套产品，打造西部集成电路封装测试产业基地。

6. 高档数控机床。重点发展大中型智能专用数控精密机床，鼓励开发推广柔性加工单元、柔性制造系统，大力发展大型、精密、智能、高速数控锻压机床和重型、超重型智能数控锻压机床以及自动剪切等装备，开发复合加工机床及自动生产线，加快形成天水数控机床产业聚集区。

7. 现代农机装备。发展种子机械、大型耕作机械和高效节水灌溉装备，扩大种子精选机、包衣机械、烘干设备生产，加快发展大型高效耕作机械、收获机械、排灌机械、大规模设施农业装备，提升大马力拖拉机、多功能联合收获机、现代农具等先进农机具制造技术水平，逐步降低高端产品进口依赖程度，提高农机产品开发和制造水平。

8. 生物医药。依托兰州生物所、中农威特、中牧兰州所等龙头企业，促进本地传统优势产品的研发升级，加快人用疫苗升级换代，推动新型疫苗（包括治疗性疫苗）研发及产业化。加快生物医药产业园的建设，扩大招商引资力度，吸引国内外生物医药龙头企业入驻。加快对常见病、多发病的生物技术药物的研发，加快诊断用生物试剂研发及产业化。

9. 重离子技术应用。启动建设中科院近代物理研究所兰州新区大科学装置示范园、中科院科近泰基医用重离子装备制造产业基地、重离子束辐照应用与成果转化项目等重点项目，加快兰州重离子医用加速器产业化及应用示范基地、武威重离子治疗示范中心建设，打造国家级重离子技术研发产业孵化园，辐射带动重离子相关产业发展。

第四章　筑牢生态安全屏障，提高生态文明水平

切实扛起生态文明建设政治责任，坚决打好生态环境保护攻坚战。自觉践行绿水青山就是金山银山的理念，以满足人民日益增长的优美环境需要为根本目标，站在保障国家生态安全的政治高度，加强生态保护和环境治理，实行最严格的生态环境保护制度，严格落实主体功能区规划，建立健全生态文明制度体系。深刻汲取甘肃祁连山生态环境破坏问题的教训，抓好祁连山生态环境问题整改，加大生态环境保护和修复力度，加快国家生态安全屏障综合试验区建设，坚决完成生态环境保护这项基础性、底线性任务，全面提升生态文明建设水平。

一、优化生态安全屏障功能布局

认真落实《甘肃省建设国家生态安全屏障综合试验区"十三五"实施意见》，构建河西祁连山内陆河、南部秦巴山地区长江上游、甘南高原地区黄河上游、陇东陇中地区黄土高原生态安全屏障和中部沿黄河地区生态走廊等"四屏一廊"生态布局，努力打造生态安全大屏障。实施分区域综合治理，河西内陆河地区重点实施祁连山生态保护，对冰川、湿地、森林、草原进行

抢救性保护，全面保护戈壁沙漠，建设沙化防治及沙产业示范区。南部秦巴山地区加强水土保持和山洪地质灾害综合防治，加大森林、湿地、河湖等生态系统的保护和修复力度。甘南高原地区以水源涵养、草原治理、河湖和湿地保护为重点，加大草原、森林、湿地等生态系统的保护和修复力度。陇东陇中黄土高原地区实施流域综合治理、水土保持及地质灾害防治，保护和修复森林、草原、农田等生态系统，实施革命老区和集中连片特困地区扶贫开发。中部沿黄河地区以水土流失防治和流域综合治理为重点，加强水资源保护、防护林带建设和大气污染治理。

二、加大生态保护修复力度

全面实施祁连山生态保护与建设综合治理规划、甘南黄河重要水源补给生态功能区生态保护与建设规划、"两江一水"区域综合治理规划、定西渭河源区生态保护与综合治理规划等重大生态规划。加快祁连山地区山水林田湖草生态保护修复试点工作，实施保护区矿业权、水电设施、草原生态、旅游设施、交通基础设施专项整治行动，建立完善祁连山生态保护长效机制，切实保护好河西走廊的"生命线"和"母亲山"。推进黑河、石羊河流域综合治理，实施陇中陇东黄土高原水土流失综合治理和敦煌生态环境治理，积极推进黄土高原水土保持工程、董志塬区固沟保塬综合治理工程，实施甘肃东部百万亩土地整治、泾（河）渭（河）元城（河）流域建设。开展大规模国土绿化行动，全面清理整治全省各类自然保护区，加强天然林资源保护，推动三北防护林体系建设，实施新一轮退耕还林还草、野生动植物保护及各类自然保护区建设、防沙治沙、生物多样性保护等重大生态工程，促进生态系统保护修复和良性发展，主动适应和积极应对，实现有序休养生息。加快祁连山、大熊猫国家公园体制试点工作，将祁连山国家公园建设为生态文明体制改革先行区域、水源涵养和生物多样性保护示范区域以及生态系统修复样板区域，将大熊猫国家公园建设为生物多样性保护示范区域、生态价值实现先行区域以及世界生态教育展示样板区域。按照甘肃祁连山国家级自然保护区矿业权分类退出办法，通过注销、扣除、补偿等方式退出矿业权，抓好窑街煤电集团天祝煤业有限公司"扣除式"退出方案实施。推进生态环境监测和地理测绘，准确采集生态环境基础数据，建立生态大数据平台。统筹推进生态建设与精准扶贫，加大产业、教育、光伏、就业促进等扶贫开发力度，实施精准扶贫与生态建设相结合的新举措，不断拓宽农民增收渠道。

三、建立健全生态文明体制机制

围绕国家生态安全屏障综合试验区建设，有序推进生态环境监管体制改革，完善生态环境管理制度。落实国家和省级主体功能区规划，建立国土空间开发保护制度，全面落实重点生态功能区产业准入负面清单制度。加快推进自然资源资产产权制度，清晰界定全省国土空间各类自然资源资产的产权主体。划定生态保护红线，严守资源消耗上限和环境质量底线。建立健全资源有偿使用制度，加快自然资源及其产品价格改革，推进农业水价综合改革，推广疏勒河流域水权试点经验，建立有利于节能减排的价格体系，加快推进资源税从价计征改革。探索完善生态补偿机制，积极开展祁连山生态补偿标准体系、生态补偿资金渠道和建立利益双方责权相配套政策框架试点工作，用足用好财政部重点生态功能区转移支付补助政策，鼓励生态损益双方自主协商补偿方式，加大对重点生态功能区转移支付支持力度。严格土地及耕地、水、草原、湿地、矿产等资源管理，严格落实能耗、水耗、土地强度和总量"双控"制度。探索推行"公安＋环保"相结合模式，在重点保护区实行"管委会"管理机制，全面推行5级"河长制"，适应统筹解决跨区域、跨领域、跨部门环境问题新要求。

四、改善城乡人居环境质量

全面开展全省全域无垃圾三年专项治理行动，实施生活垃圾无害化处理设施建设突破行动，落实城市生活垃圾分类制度，建立生活垃圾分类投放、收集、运输及处理体系。完善污水处理体系，大力整治和美化市容村貌，不断增强全民环保意识，提升城乡社会文明程度。推进全省海绵城市建设，推广应用白银市地下综合管廊国家试点城市建设运营经验模式。落实国家关于限塑相关规定，积极消除"白色污染"。推动农村改水改厕等工作，实施农业农村面源污染治理工程，加强畜禽养殖配套设施建设，开展农村人居环境整治行动，建成一批宜居宜业宜游美丽乡村，增强人民群众的幸福感和获得感。严格执行大气、水、土壤污染防治行动计划，打好污染防治攻坚战。加大节能减排力度和考核，坚决打赢蓝天保卫战，完成全省范围内燃煤锅炉淘汰整治清零任务，着力推进燃煤电厂超低排放，推动油品配套升级，开展重点行业挥发性有机物排放总量控制。持续加强工业企业环境监管，有序推进城市主城区重污染企业环保搬迁，推进工业集聚区污水集中处理。全面完成污水处理厂运营达标，通过实施重点流域水污染治理工程，不断加大"好水"保护和"劣水"治理力度，巩固改善重点区域水生态环境。有序开展水源地规范化建设，2020年前，地级城市建成第二水源或备用水源。加强土壤环境风险管控，以白银、陇南等重点防控区域为重点，推动土壤重金属污染治理。实施农用地分类管理和建设用地准入管理，开展典型受污染农用地、污染地块土壤污染治理与修复。

第五章　创新政策供给，强化措施保障

加大政策创新力度，健全工作推进机制，强化绿色金融和政策支持，严格督查考核，突出示范引领，积极营造绿色生态产业发展的良好环境。

一、完善法规制度体系

加快建立绿色生产和消费的法规制度和政策措施，形成多领域、宽层次、较完备的法制支撑和制度体系。严格落实生态保护红线，强化主体功能区定位，强化国土空间开发保护，全面落实重点生态功能区产业准入负面清单制度。健全土地有偿使用制度，研究建立矿产资源国家权益金制度，加快推进资源税从价计征改革。按照"谁保护、谁受益，谁污染、谁补偿"的原则，完善生态补偿机制，探索建立多元化补偿机制，探索政府购买生态产品及其服务，鼓励生态损益双方自主协商补偿方式，加大对重点生态功能区转移支付支持力度，建立转移支付资金安排与绩效考核挂钩分配制度。

二、建立工作推进机制

充分认识新时代构建全省生态产业体系的紧迫性和重要性，以更高的政治站位，把构建生态产业体系、推进绿色发展作为一项重要工作摆在更加突出的位置，加强规划实施的组织领导和统筹协调，增强推动高质量发展的专业化能力和本领。坚持专项督查和审计相结合，"督企"和"督政"相结合，抓常抓细抓长相结合，形成上下联动、协同有力的工作推进机制。各市州政府要切实履行绿色生态产业发展的主体责任，按时完成规划确定的目标任务，组织实施好绿色生态产业重大建设项目。省直各部门要按照职责分工，强化责任担当，主动作为，制定具体实施方案，细化分解规划任务，按年度列出工作计划，整合本部门资金支持本行业绿色生态产业发展，并负责指导推动

市州实施。

三、强化绿色金融支撑

充分发挥金融在生态产业发展中的引导及支撑保障作用。大力支持金融机构绿色化发展，稳步加快绿色金融产品创新推广。规范和支持环境权益交易平台建设，统筹设立各类绿色发展基金，引导和鼓励发行绿色债券，扩大绿色保险覆盖面，支持绿色企业上市挂牌。探索建立覆盖全社会的企业环保信息共享体系，逐步加大绿色信息披露力度，适时强化绿色金融风险防控，鼓励引导金融资金和社会资本更多投向绿色产业和生态环境治理。构建凸显生态特点的绿色金融体系，制定支持绿色金融发展的政策。加大金融对生态项目的融资支持，促进绿色产业、生态环境治理和金融深度融合，建立全省大生态项目名录和项目库，支持环境效益显著的项目纳入大生态项目库，加大金融对大生态项目的融资支持，稳步扩大绿色金融规模，支持、引导、促进和服务全省经济社会绿色发展。

四、加大精准施策力度

创新政策供给，健全完善各项政策措施，从财政金融、投资政策、价格政策、土地政策、环境政策、运营监管等方面实施政策创新，积极营造有利于绿色生态产业发展的制度环境，促进各类要素聚集绿色发展。对符合绿色生态产业发展的企业和产品，落实现有各类鼓励产业发展的财政、金融、投资、价格、土地、规划、环保、能源等优惠政策。深化自然资源及其产品价格改革，建立居民生活用水、用气阶梯价格制度。健全能够有效覆盖成本的污水垃圾处理收费运营机制。落实节能环保、资源综合利用、新能源、生态建设的税收优惠政策。支持上下游企业相互参股、持股，推动产权主体多元化。完善人才政策，激发和保护企业家精神，鼓励更多社会主体投身生态产业。加快政府"放管服"改革，营造绿色生态产业发展的公平法治便捷透明的市场环境。

五、严格监测评估考核

坚持差异化主体功能定位和全省生态产业统一布局相结合，生态经济考核与生态文明建设目标评价有机结合，生态环境治理和绿色产业发展相结合，完善生态环保基础数据采集体系，建立统计核算体系、绩效评价体系和考核督查机制，落实主体责任，将其作为市州政府和部门领导班子工作实绩和干部任用的重要依据，并纳入各级各部门年度绩效考评范围，增强生态担当和绿色发展意识。将生态环境损害责任追究与政治巡视、环保督查等紧密联系，结合领导干部自然资源离任责任审计试点，建立生态文明定期不定期督查巡视制度，对造成生态损害的领导干部实行终身追责。进一步完善规划实施监测评估制度，加强对生态经济指标完成情况跟踪统计监测，采取政府购买服务的方式，适时开展中期评估和总结评估，确保评估结果准确性。

六、构建绿色技术体系

以建设兰白国家自主创新示范区为契机，深化产学研用合作，促进科技创新与产业发展的深度融合，打造西部地区创新驱动发展新高地，抢占"技术制高点"。加快科研机构改制改革，组建科技投资集团，积极推动科研机构去行政化，建立符合创新规律、职能定位清晰的组织方式、运行机制、管理体制。加强重大科学技术问题研究，开展清洁生产和绿色化改造、能源资源节约循环利用、污染治理、生态修复等领域关键技术攻关。强化企业技术创新主体地位，充分发挥市场对绿色产业发展方向和技术路线选择的决定性作用，加大大众创业、万众创新支持力度。完善技术创新体系，提高综合集成创新能力，加强工艺创新与试验。支持生态产业领域工程技术类研究中心、实验室和实验基地建设，组建产业技术创新战略联盟，加快成熟适用技术的示范和推广。加强生态产业基础研究、试验研发、工程应用和市场服务等科技人才队伍建设，突出科技人员主体作用。打造兰州国际知识产权港，搭建知识产权服务交易平台，促进知识产权与金融资源及产业的有效融合，提高知识产权价值和转化实施率。

七、加强试点示范引领

积极推进甘南州、定西市、兰州市、酒泉市国家生态文明先行示范区，张掖市、陇南市、甘南州、临夏州、永靖县、渭源县、天祝县、泾川县、环县、敦煌市国家生态文明示范工程试点，以及临夏州和康县、环县、民勤县国家生态保护与建设示范区建设，开展永昌、永靖、玛曲、徽县和庆城省级生态屏障典型试验区建设，充分发挥试点示范市县政府主体作用，以制度创新为核心任务，结合文明城市、海绵城市、智慧城市、低碳城市、气候适应性城市、园林城市、卫生城市等试点建设，发挥政策协同效应，积极探索实践，大胆创新突破，形成可复制、可推广的生态发展模式，推动全省产业发展方式和生态治理模式转变，不断改善人居环境，谱写美丽中国甘肃新篇章。

八、营造良好发展环境

将生态文明和绿色发展价值取向作为社会主义核心价值观的重要内容，加强教育培训，把发展绿色生态产业相关内容纳入各级党校和行政学院培训内容，教育引导各级领导干部牢固树立和贯彻落实新发展理念，真正把生态文明建设工作摆在更加重要的位置来抓。充分利用各种媒介，加强对生态产业体系有关法律法规和相关政策的宣传、教育和解读，加大节能宣传周、低碳活动日等主题宣传力度，积极培育生态文化，大力弘扬生态道德，广泛宣传绿色理念，引导全社会牢固树立生态文明和绿色发展理念，积极践行绿色生产、生活和消费方式，形成崇尚生态文明的良好氛围，营造全社会共同推进绿色生态产业快速发展的优良环境。

附二：甘肃省"十三五"循环经济发展规划（2016）

为巩固提升和示范推广国家循环经济示范区建设成效，进一步提升我省循环经济发展水平，助力经济社会发展，走循环发展、绿色发展、低碳发展道路，根据《国务院关于印发循环经济发展战略及近期行动计划的通知》（国发〔2013〕5号）、《中华人民共和国国民经济和社会发展第十三个五年规划纲要》和《甘肃省国民经济和社会发展第十三个五年规划纲要》，制定本规划。

第一章 发展基础和环境

一、国家循环经济示范区建设成效显著

各地、各部门认真贯彻落实《甘肃省循环经济总体规划》（以下简称《总体规划》），立足省情，在打造循环经济载体、完善政策措施、探索发展模式、加快项目建设等方面采取了一系列措施，国家循环经济示范区建设取得了显著成效，《总体规划》发展目标基本实现，循环经济示范区基本建成，具备示范推广的条件。

（一）主要指标基本完成。《总体规划》确定的24项指标中，资源产出率等20项指标已达到或超额完成规划目标，完成率达到80%以上。其中，资源产出率达到4870元/吨，超出规划目标2.5倍；万元GDP取水量达到175立方米/万元，超额完成19.4个百分点；万元GDP能耗提前1年完成指标任务，超额完成6.82个百分点，位居西部省份前列。工业用水重复利用率、城市生活垃圾无害化处置率、城市污水再生利用率和可再生能源占能源生产总量的比例4项指标基本完成规划目标。

（二）"四位一体"循环体系基本建成。以减量化优先为主要特征的循环

型农业、以资源化和再利用为主要特征的循环型工业体系基本形成，以再生资源回收利用和生活废弃物处理为重点的循环型服务业体系和社会层面循环经济加快推进。农业循环经济方面，张（掖）武（威）定（西）特色农副产品加工循环经济基地、甘（南）临（夏）陇（南）生态农牧业循环经济基地建设任务全面完成；示范推广高效农田节水技术、测土配方施肥技术、地表覆盖等保护性耕作技术，节约型农业发展成果显著；秸秆、尾菜、废旧农膜、畜禽粪便等农业废弃物得到有效利用。工业循环经济方面，节能技术改造、淘汰落后产能、合同能源管理、清洁生产技术推广、环保设施改造和新技术运用全面推进，工业固体废弃物综合利用水平逐年提高。循环型服务业方面，将循环经济理念贯穿于传统的生产性服务业和生活性服务业，加快节能环保服务业发展，科学布局全省商贸物流基地和物流节点，基本建成兰州、天水、酒泉、临夏等8个市州城市配送中心和放心食品配送体系；创建绿色旅游饭店84家，节能减排均达到20%。50%以上的旅游饭店、景区采用了绿色能源；在试点宾馆客房放置节能环保标识，逐步减少宾馆客房一次性用品。循环型社会体系建设方面，回收网点、分拣中心和集散市场"三位一体"的再生资源回收利用网络体系初步建立。城镇生活污水和垃圾处理设施已覆盖所有县区，城市污水处理率达到85%，垃圾无害化处理率达到63%。全省公共机构人均综合能耗累计下降16.28%，单位建筑面积能耗下降13.03%。

（三）"五大载体"建设进展顺利。七大循环经济基地建设基本实现规划预期目标，金昌基地被国家发展改革委、财政部确定为西部唯一的全国有色金属新材料战略性新兴产业区域聚集发展试点地区；兰（州）白（银）基地以循环经济重点项目为载体，着重延伸石油化工和有色冶金循环经济产业链，实现工业产值2774亿元；酒（泉）嘉（峪关）基地以大力发展清洁能源为首位产业，着力推进结构调整和煤电铝一体化建设等循环经济重大项目；平（凉）庆（阳）基地扎实推动一批重大煤电化工石油化工项目，打造煤电化冶产业集群，稳步推进煤炭行业的转化升级；天水基地初步建立再制造产业体系，天水星火机床厂、天水锻压机床公司、天水长开电子科技有限公司等企业通过积极实施设备再制造，实现循环经济产值约1.72亿元；张（掖）武（威）定（西）基地大力推进作物秸秆、废旧农膜、畜禽粪便等废弃物综合利用，种植养殖及加工过程中废弃物的综合利用率得到有效提高；甘（南）临（夏）陇（南）基地坚持发展农牧结合，草食畜牧业和生态保护为重点的生态农牧业循环经济，"农牧互补"的立体生态农业模式进一步推广。园区循环化改造完成阶段性目标，省级以上 35 个园区循环化改造已基本完成阶段性目标。8 个园区列入国家示范试点园区，占全国总数约 10%，其他 27 个园区也正在自主开展循环化改造。构建完成 16 条循环经济产业链，有色与精细化工、冶金—资源综合利用—冶金化工—新材料等 11 条产业链的工业增加值年均增速达到 13.6%，11 条产业链的工业总增加值占全省工业增加值的 70% 以上。培育循环经济示范企业 110 户，其中金川公司、酒钢公司、白银公司等企业在各自领域发挥了积极带动作用。重点支撑项目成效显著，自 2010 年起，我省循环经济项目投资年均达到 600 亿元以上，对全省固定资产投资增长的贡献率达到近 40%；"十二五"期间，全省实施包括节能、节水、资源综合利用、污染减排、清洁能源等领域循环经济项目 3729 个，总投资 4598 亿元。

（四）科技支撑能力显著增强。围绕循环经济发展的重点领域和关键技术，攻克了一批共性关键技术，取得一批具有较高水平的科技成果，实施科技支撑项目 299 项，完成关键技术研发 130 项，支撑技术产业化 70 项，推广先进适用技术 99 项。循环经济领域共获得省级科学技术奖励一等奖、二等奖 28 项，省级循环经济科技成果 437 项，专利 518 项，学术论文 300 余篇。成立"甘肃省镍钴及稀贵金属工业废弃物资源化再利用重点实验室"等 9 个重点实验室和工程技术研究中心、3 个国家可持续发展实验区和 13 个省级可持续发展实验区。

（五）试点示范成效显著。金昌市、白银市、通渭县、泾川县、临夏市被国家列为循环经济示范市（县），确定了 8 个省级循环经济示范县（区）；金昌经济技术开发区等 8 个园区被国家列为循环化改造示范试点园区；兰州市、白银市被列为国家餐厨垃圾无害化处理资源化利用试点城市；兰州经济技术开发区红古园区被列为国家第五批"城市矿产"示范基地；甘南州、定西市、酒泉市、兰州市先后被列入国家生态文明先行示范区；白银市产业废物综合利用示范基地、白银公司、金川公司、酒钢公司、窑街煤电分别被列为国家首批 50 家资源综合利用"双百工程"示范基地和骨干企业；金川铜镍多金属矿、窑街煤炭资源被列为首批国家矿产综合利用示范基地；我省被列为全国农村环境连片整治试点省、大型区域性再生资源回收基地试点省，兰州市和武威市分别被列为国家第二批和第三批再生资源回收体系建设试点城市；2014 年兰州市被列入节能减排财政政策综合示范城市。各项循环经济示范试点工作处于国家前列，从区域、行业和企业等不同层次，探索出了一批特色发展模式，金昌区域循环经济发展模式和白银企业循环经济发展模式被国家列为循环经济典型模式在全国推广；兰州市通过采暖锅炉清洁能源改造等多项有效措施，大力推进大气污染治理，成效显著，荣获联合国气候变化框架公约组织"今日变革进步奖"。

（六）循环经济长效机制不断健全。省、市、县三级政府均成立了国家循环经济示范区协调推进领导小组，形成了自上而下、相互联动的推进机制；先后制定《甘肃省循环经济总体规划实施方案》《甘肃省循环经济总体规划实施方案考核办法》《甘肃省循环经济统计管理办法》和《甘肃省循环经济统计实施方案》等循环经济配套政策，出台《甘肃省循环经济促进条例》等4 部地方性法规，使全省循环经济发展有法可依、有章可循；省上设立 2.25亿元省级发展循环经济专项资金，部分市州也设立了发展循环经济专项资金，强化了政府的引导推动作用；运用市场机制，设立 5 亿元甘肃省循环经济产业投资基金；印发实施《甘肃省循环经济统计管理办法》和《统计实施方案》，在全国率先建立了省级循环经济统计考核体系和中小企业循环经济服务平台。形成了以企业咨询、信息共享、智力支撑、平台服务等全方位的循环经济技术服务体系。逐步强化支持循环经济发展的政策措施，制定综合性政策 13 项、价格政策 4 项、财政政策 2 项、税收政策 2 项，制定修订循环经济地方标准 116 项，对发展循环经济起到了重要的支撑保障作用，形成了分工明确、紧密协作、重在落实的长效工作机制。

（七）发展循环经济的舆论宣传工作常态化。定期在各类媒体对循环经济示范区建设进行全方位、多角度、多层面的宣传报道，为循环经济健康有序发展营造了良好舆论氛围。组织召开全省循环经济金昌市、白银市现场会，进一步加强了各地各部门间的交流。在"兰洽会"期间举行了循环经济项目推介会和循环经济专题展览，成功举办了"中国·甘肃循环经济国际博览会"和循环经济发展论坛。

二、发展循环经济面临的环境和形势

发展循环经济作为推动供给侧改革的有效手段，是有效化解过剩产能、降低生产成本、提高全要素生产效率的有益补充，也是我省践行"创新、协调、绿色、开放、共享"发展理念，推动经济绿色、可持续发展的重要途径和方式。

作为"十二五"时期整体推进循环经济的省份，无论是取得的成效、积累的经验，还是实践中的教训，都为"十三五"期间进一步推进循环经济发展奠定了良好基础，全省循环经济发展进入了示范推广阶段。"十三五"时期，我省进入工业化中期阶段，结构调整在推动工业化、农业现代化、城镇化发展和形成新的经济增长动力上日益发挥着核心作用，结构性改革步伐明显加快，特别是全省循环经济发展进入中高级阶段，资源能源节约压力逐步加大，资源节约和循环利用空间逐渐减小，对循环经济发展提出新的要求。同时，经济发展和结构调整对能源资源需求增速有所放缓，传统产业部分产能过剩，导致再生资源市场需求急剧下降，再生资源价格下滑，再生资源利用企业效益不景气甚至面临生存困难。甘肃作为国家老工业基地，长期以来形成资源依赖型经济，结构性矛盾比较突出，战略性新兴产业发展不足，综合经济实力不强，资源综合利用水平不高，生态环境脆弱，发展循环经济任务依然艰巨，存在以下问题：

（一）行业和区域发展不平衡，结构调整和产业升级进程缓慢。从区域来看，除金昌、白银、嘉峪关等地推动循环经济发展成效较为明显外，其余地区循环经济相对滞后。从行业来看，工业领域循环经济整体发展水平较高，循环型农业尚未形成规模效应，循环型社会和循环型服务业发展较为缓慢。从产业结构调整来看，虽然发展循环经济促进了工业内部产业结构的调整，但钢铁、石化、煤炭、装备制造业等传统产业升级改造进程仍然缓慢，大部分工艺水平还低于全国平均水平，精深加工率仍然偏低。绿色旅游、绿色设计和绿色物流、通信、零售批发等现代循环型服务业体系尚未形成，绿色消费、绿色交通、绿色建筑等绿色发展理念尚未在全社会普及。

（二）政策激励引导机制不健全，市场主导尚未充分发挥作用。相关税收等优惠政策没有完全落实，相当一部分循环经济企业和产品没有享受到税收优惠；鼓励循环经济发展的政策措施尤其是投融资、财政、税收和价格等不配套，阶梯电价、水价等价格支持政策引导作用不明显。由于企业发展循环经济成本高、经济效益不明显、有效的激励机制不健全，导致发展循环经济由企业作为市场主体的作用发挥不好。虽然我省出台了一系列加快循环经济项目审批、减免税的政策，但现阶段我省的循环经济企业大多数依靠国家补助资金，真正自主实施、自行发展循环经济的企业不多，能够带动循环产业链的龙头企业欠缺。

（三）关键技术创新和推广应用不够，科技支撑体系尚未形成。我省大部分企业科技基础薄弱，创新能力不足，科研院所、高校等科研机构的研究成果推广应用明显滞后，产学研结合不够紧密，尤其是对尾矿、冶炼渣、煤矸石、粉煤灰等大宗工业固废综合利用技术的研发力量还比较薄弱，固废中可用成分的分离、高值化利用的技术与装备还不能为工业固体废物综合利用产业发展提供有效支撑，工业固废综合利用较粗放，利用领域较窄，高附加值利用比例较低。

（四）统计评价体系不完善，工作考核约束机制有待进一步健全。由于部分统计指标数据可获得难度大，相关行业领域没有建立完善的统计调查机制，难以取得数据资料，循环经济统计评价指标体系尚需进一步完善。循环经济考核的硬约束机制尚不健全，问责惩处机制尚未建立。

第二章　指导思想、基本原则和主要目标

一、指导思想

以科学发展观为指导，全面贯彻党的十八大和十八届三中、四中、五中全会精神，深入贯彻落实习近平总书记系列重要讲话精神，根据国家生态文明建设和循环经济发展战略部署，坚持节约资源和保护环境的基本国策，牢固树立创新、协调、绿色、开放、共享的发展理念，围绕精准扶贫、精准脱贫的工作重点，服务全面建成小康社会的发展大局，按照"继续完善、巩固提升、示范推广、建立循环经济长效机制"的总体发展思路，实施循环发展引领计划，以循环经济引领形成资源安全保障体系、源头减量污染防御体系，促进经济发展方式转变。积极创新多产业复合型区域特色循环经济发展模式，以循环发展促进区域生态环境质量改善，以循环发展方式推进我省绿色经济

发展，为建成生态文明省提供重要支撑。

二、基本原则

（一）坚持创新驱动。创新是发展循环经济的内在动力。必须把创新摆在核心位置，大力推进理论创新、制度创新、科技创新，以创新带动产业结构的全面升级和跨越发展，以高新技术和先进适用技术改造提升传统产业，加大循环经济新技术推广应用力度，不断催生新动力、新产业、新技术、新业态、新模式；以创新推动主导产业由资本密集型向技术密集型升级，推动传统线性经济向循环经济转型，延长产品寿命，创新商业模式，促进循环供应、资源回收和共享平台（服务）经济发展。

（二）坚持协同共享。以示范区建设已经形成的基地、园区、产业链、企业和项目"五大载体"为基础，系统推动各个行业的纵向延伸、横向耦合发展，发挥各个行业、区域之间的协同效应，实现各个区域之间的均衡发展和协作。以循环经济助力精准扶贫、精准脱贫，重点在贫困地区通过循环经济方式带动富民产业，让贫困地区、贫困人口在循环经济发展中受益，让广大人民群众在循环经济建设中有更多的获得感和幸福感。

（三）坚持高效循环。提高资源利用效率，推动资源由低值利用向高值利用转变，提高再生利用产品附加值，避免资源低水平利用和"只循环不经济"。将发展循环经济作为预防生态环境污染的主要手段和推动绿色发展的主要方式。强化监管，防止资源循环利用过程中产生二次污染，确保再生产品质量安全，实现经济效益与生态效益、社会效益相统一。

（四）坚持特色发展。总结推广全省循环经济发展典型模式，各市州根据主体功能定位、区域经济特点、资源禀赋和环境承载力等状况，依托特色优势产业，科学确定各地区循环经济发展重点，合理规划布局，突出区域和行业特色，不断探索循环经济发展新模式，切实发挥循环经济促进经济转型升级的作用。以重点领域、重点行业、重点企业的率先突破，推动区域循环经济发展，优化提升区域经济的整体竞争力。

三、主要目标

到 2020 年，循环经济示范带动效应全面发挥，循环发展引领计划全面实施，循环经济发展水平进一步提高，资源利用更加集约高效，循环发展方式成为全省经济社会发展的基本模式。

（一）循环经济体系不断完善。循环型工业、农业、服务业和社会层面循环经济体系得到全面优化和提升，循环型生产方式广泛推行，各市州形成各具区域特色的循环经济产业发展典型模式。

（二）绿色消费模式广泛普及。绿色价值理念牢固树立，绿色消费理念成为社会共识，奢侈浪费行为得到有效遏制。绿色蔬菜、绿色农副产品、绿色畜禽产品、绿色民族特需用品等产品市场占有率大幅提高；创建50家低碳循环型绿色旅游示范基地；新评定100家绿色饭店；建设30座低碳旅游城市；积极创建互联网+资源回收利用示范应用试点。

（三）循环经济发展长效机制基本形成。市场配置资源作用得到充分发挥，形成有效的循环经济发展激励和约束机制；全省资源循环利用体系基本建成，制定法规标准20项，落实配套循环经济政策10项，编制《循环经济创新驱动发展行动计划》，形成循环经济发展制度创新、技术创新、管理创新长效运行机制。

（四）示范试点带动效应显现。在按期完成国家循环经济示范城市（县）、生态文明先行示范区、园区循环化、矿产资源综合利用示范基地、"城市矿产"示范基地、再生资源回收利用试点城市等示范试点创建的同时，充分发挥示范试点的带动作用。到2020年，创建省级循环经济示范市（县）12个，完成35个省级及以上园区循环化改造；加快兰州、武威2个国家级再生资源回收体系建设试点城市和酒泉、敦煌区域性大型再生资源回收利用基地等建设；支持白银建设面向西北的再生资源产业基地；新建生态文明小康示范村1500个；创建美丽乡村示范村20个。培育3—5家循环经济上市公司。

（五）资源产出率大幅提高。到2020年，资源产出率比"十二五"末提高15%。社会可持续发展能力显著增强，为精准脱贫和全面建成小康社会提供重要支撑。

甘肃省"十三五"时期循环经济发展主要指标

	指标名称	单位	2015 年	2020 年	2020 年比 2015 年提高（%）
综合指标	资源产出率	元/吨	4870	5600	15
	能源消费总量	万吨标准煤	7523	以国家下达指标为准	—
专项指标	单位地区生产总值能耗	吨标准煤	1.10	0.946	−14
	能源产出率（2015 基准价）	元/吨标准煤	9026	10495	16.28
	水资源产出率	元/立方米	57.25	85.4	49.17
	单位工业增加值能耗	吨标煤/万元	2	1.66	−17
	工业固体废物综合利用率	%	77.12	75	—
	主要再生资源回收利用率（废钢铁、废有色金属、废纸、废塑料、废橡胶）	%	83.6	88.6	5
	农业灌溉水有效利用系数	—	0.541	0.570	5.36
	工业用水重复利用率	%	85	90	5.88
	城市污水再生利用率	%	20.7	25	20
	城市生活垃圾无害化处理率	%	63	95	50
	秸秆综合利用率	%	80	85	6
	废旧地膜回收率	%	78.5	≧80	1.9
	尾菜处理利用率	%	31.3	50	59.7
相关指标	二氧化硫排放量	万吨	57.06	完成国家下达的"十三五"目标任务	
	氮氧化物排放量	万吨	38.72		
	氨氮排放量	万吨	3.718		
	化学需氧量排放量	万吨	36.57		
	可再生能源占电力总装机	%	58	60	3.44

第三章　完善循环型工业体系

按照甘肃省"十三五"期间工业发展战略部署，在煤炭及煤化工、电力、冶金、有色、石油化工、化学工业、建材及新材料、轻工医药、装备制造业等工业领域全面推行循环型生产方式，加快工业结构调整和转型升级，促进供给侧改革步伐。实施绿色矿山示范、园区循环化改造、循环经济示范企业培育、燃煤电厂超低排放和节能改造等工程，促进传统产业提质增效，实现资源、产品及其副产物的优化配置。以能源梯级利用、水资源循环利用、废物交换利用、土地节约集约利用，促进企业循环式生产、园区循环式发展、产业循环式组合，构建循环型工业体系。到 2020 年，全省单位工业增加值能耗、用水量分别比 2015 年降低 17％、30％，工业固体废物综合利用率达到 75％，所有国家级工业园区和 50％以上省级开发区全部完成循环化改造。

一、煤炭行业

到 2020 年，原煤水洗率达到 80％；煤矸石综合利用率不低于 80％；矿井瓦斯抽采利用率不低于 60％，煤矿稳定塌陷土地治理率达到 80％以上，排矸场和露天矿排土场复垦率达到 90％以上，土地复垦率达到 68％以上。

（一）落实煤炭行业去产能方案。围绕全省退出煤炭产能 1000 万吨的目标，推动煤炭资源清洁高效开发利用，优化煤炭循环经济产业链，实现市场供需基本平衡，产业结构得到持续优化，转型升级取得实质进展。

（二）推行煤矿绿色开采。在煤炭开采、洁净煤产品生产及煤炭精深加工等环节，大力推行清洁生产，鼓励煤矿和选煤厂开展系统节能，推广矸石充填、以矸换煤等即采即填工艺，提高煤炭资源回采率，实现煤炭资源绿色开采。

（三）推行煤系共伴生资源综合利用。加强油页岩、煤层气等煤系共伴生资源及矸石、煤泥、粉煤灰等副产品的综合开发利用，鼓励煤层气发电或将煤层气作为矿区、城市的生产生活用气，提高产品附加值和资源利用率。

（四）推进煤电和煤化工一体化发展。推动陇东煤电一体化发展，积极向煤制甲醇、煤制天然气等新型煤化工领域拓展延伸；促进酒泉、嘉峪关新能源就地消纳和资源深度转化，加快煤化工产业集群化布局、链式推进。

（五）强化矿区生态环境保护与生态恢复。加强洗煤废水循环利用，减少电耗、水耗和介质消耗，鼓励利用矸石、灰渣等对深陷区进行立体生态整治和土地复垦，发展林业碳汇、生态农业等适宜产业。

二、能源行业

到 2020 年，全省电力装机达到 7500 万千瓦，可再生能源占电力总装机达到 60％以上；所有具备改造条件的现役燃煤电厂实现超低排放；现役燃煤发电机组改造后平均供电煤耗低于 320 克标准煤/千瓦时。

（一）实施燃煤电厂超低排放和节能改造。因厂制宜采用低温静电除尘器、脱硫装置增容改造、低氮燃烧等成熟实用的环保改造技术，重点推进现役燃煤发电机组大气污染物达标排放环保改造；采用汽轮机通流部分改造、锅炉烟气余热回收利用等成熟适宜的节能改造技术，重点对 30 万千瓦和 60 万千瓦等级亚临界、超临界机组实施综合性、系统性节能改造。

（二）优化能源消费结构。逐步降低煤炭消费比重，提高天然气消费比重，大幅增加风电、太阳能、地热能等可再生能源和核电消费比重，鼓励发展热电联产、热电冷三联供和火电机组改造热电联产促进行业技术创新；加快电网节能技术改造、区域电网建设和点对点外送通道建设，支持风能、太阳能、生物质能等可再生能源发电及符合条件的煤层气、煤矸石、余热余压、垃圾等综合利用电厂并网发电，推动超高压交直流输电技术、电机变频改造和中水循环回用等先进技术应用。

三、冶金行业

到 2020 年，吨钢耗新水量降到 3.5 立方米，冶炼废渣综合利用率达到 95% 。

（一）着力化解过剩产能。围绕压减生铁产能 200 万吨、粗钢产能 300 万吨的目标，通过严格环保、能耗、技术等标准，运用市场、经济和法治手段，加大过剩产能化解力度。对不符合国家能耗、环保、质量、安全等标准的企业，实行关停生产或剥离重组；对负债率高且长期亏损的企业，注重运用市场化手段推进兼并重组。加强低品位矿产、难分选矿产及铁尾矿综合利用及伴生元素的提取利用，鼓励转炉渣提铁、含铁尘泥、氧化铁皮回炉烧结，利用高炉渣、转炉渣等生产水泥等建材产品，加大碳钢镀锌板、彩涂板、建筑钢结构、不锈钢薄板、中板等新产品的研发力度，力争实现"负能"冶炼、废水"零排放"和废渣全利用。

（二）通过技术创新强化节能降耗。优化生产工艺，加快淘汰落后设备，推进副产煤气、余热、余压发电。采用工艺节水、水串级循环利用和污水集中处理，构建物质和能量循环利用网络。

（三）打造循环经济发展创新联盟。支持酒钢集团以省建投、酒钢西部重工、八冶、二十一冶等国有大型骨干建筑企业为重点，建立钢铁"产学研用"一体化的产业联盟，与周边省区及蒙古国、中西亚诸国在矿产资源的勘探、开采等领域开展循环经济合作。

四、有色金属行业

到 2020 年，铜冶炼综合能耗降到 280 千克标准煤/吨，铝锭综合交流电耗降到 13100 千瓦时/吨。

（一）拓展资源利用空间。紧紧抓住国家"一带一路"战略机遇，依托金川公司、白银公司等龙头企业，主动拓展国内外资源市场，实施"走出去"战略，将循环经济作为培育综合竞争实力强大的国际化大型企业集团的内生动力之一。

（二）创新驱动产业升级。大力推广先进适用技术和装备，淘汰落后冶炼、加工等产能，优化生产工艺流程。重点支持白银公司、金川公司、稀土公司等企业发展有色金属精深加工、稀土新材料及产业化；大力发展电线电缆产业，实现铜材精深加工；在嘉峪关、白银、连海地区建立铝加工产业基地，延伸铝材产业链。

（三）推进共伴生矿和资源综合利用。加强对低品位矿、共伴生矿、难选冶矿、尾矿等的综合利用，加快开发和推广铜、镍、铅、锌、铝等矿产加压浸出、生物冶金等技术、工艺及设备，推动冶炼废渣、废气、废液和余热资源化利用，废有色金属再生利用。

（四）发展有色金属新材料。加快发展镍、铜、钴等有色金属盐类产品、粉体材料、高纯金属、高附加值压延加工产品和贵金属材料产品及无机化工、新型建筑材料，推进再生铜、再生铅等的高值利用。

五、石油石化行业

到 2020 年，原油加工综合能耗降到 86 千克标准煤/吨，乙烯综合能耗降到 857 千克标准煤/吨，石油石化行业单位工业增加值用水量比 2015 年减少 30%。

（一）优化产业发展结构。依托兰州石化搬迁改造、庆阳石化 600 万吨/年扩能改造等重点工程，进一步优化石化产业布局，通过石油、天然气、煤炭资源的综合利用和协同发展，进一步扩大油气加工、乙烯生产、新型煤化工等生产规模，科学构建石化产业产品体系。大力发展特种橡胶、工程塑料、聚氨酯、碳纤维、特种涂料等化工新材料。优化炼油和乙烯生产工艺，加大对基本化工原料和乙烯深加工，实现产品质量和品种结构的优化。

（二）提升原油开采环节水平。原油开采环节全面实施抽油机、驱动电机节能改造，推广不加热集油技术和油田采出水余热回收利用技术。推广高效油气分离、原油稳定和伴生气处理、高效真空加热等技术，加强对非常规油气资源的开采回收。

（三）推进可持续清洁生产。推广优化换热流程、提高冷凝液回收率、优化中段回流取热比例、降低汽化率、增加塔顶循环回流换热等节能技术，鼓励采用自动点火系统，加强火炬气回收，探索利用火炬气发电，推动天然气分布式能源和大型液化天然气（LNG）接收站的冷能利用。鼓励从石油炼制废催化剂中提取钴、铑、钯等稀贵金属，推动废渣、废气、废水资源化利用。

六、化工行业

到 2020 年，合成氨综合能耗低于 1150 千克标准煤/吨（原料为天然气），烧碱（离子膜）综合能耗降到 315 千克标准煤/吨（离子膜法液碱不小于 30%），电石综合能耗降到 1.05 千克标准煤/吨，行业平均中水回用率达到 90%，主要化工废渣综合利用率达到 80%。

（一）提高精细化工产品比重。依托银光公司、刘化集团、金化集团、西北永新等骨干企业，推广应用新型催化技术、废水闭路循环技术等，加大 TDI、合成氨、合成橡胶、环保功能型树脂、碳酸锂等产品产量，不断提高精细化工产品的比重。

（二）推动"三废"综合利用。纯碱行业重点推动氨碱废渣用于锅炉烟气湿法脱硫和蒸氨废液综合利用，氯碱化工行业重点加强电石渣上清液回收利用以及电石炉尾气中一氧化碳、氢气综合利用，磷化工行业重点推动磷石膏制建材、分解制酸并联产水泥，硫化工行业重点推动利用硫酸生产废渣生产水泥，加强余热回收利用。

（三）创新驱动循环经济产业联盟新模式。积极发展化学工业混合所有制经济，通过建立产业联盟，相互参股，形成氯碱产业与金属冶金、煤化工、PVC、塑料精深加工及建材等有机结合、联合发展新模式；依托蓝星纤维、郝氏碳纤维、康博斯特等公司，加快碳纤维下游复合材料制品的开发，以及在航天航空等军工领域和高端民用市场的推广应用；依托科天水性高分子核心技术，带动全省水性树脂和水性涂料等产业发展。

七、建材行业

到 2020 年，水泥熟料综合能耗降到 100 千克标准煤/吨，平板玻璃综合能耗降到 11 千克标准煤/重量箱，日用陶瓷综合能耗降到 1100 千克标准煤/吨，新型墙体材料比重达到 68% 以上。

（一）调整优化产业结构。加快淘汰落后水泥和玻璃生产工艺，推广应用纯低温余热发电技术及其设备，提高高标号水泥及高性能混凝土的应用比例，鼓励水泥窑协同资源化处理城市生活垃圾、污水厂污泥、危险废物、废弃建材、废塑料等废弃物，替代部分原料、燃料。

（二）积极发展新型节能建材。组织实施节能门窗、节水洁具、陶瓷薄板、装饰板材等新型高端绿色建材产品重点项目，重点发展节能玻璃、太阳能玻璃、复合多功能墙体材料、木塑复合材料等新材料。

（三）加快节能改造和废弃物再生利用。推进窑炉、水泥粉磨、熟料生产等节能改造，在大宗固体废物产生量、堆存量大的地区，优先发展高档次、高掺量的利废新型建材产品；推动废玻璃、废玻纤、废陶瓷、废复合材料、废碎石及石粉等回收利用并生产建材产品，培育利废建材行业龙头企业。

（四）强化科技支撑。以省建材科研设计院等研究机构为依托，研究开发适用于我省建设使用的绿色、节能、环保建筑材料，同时开展人才培养、标准化建设等方面的工程技术研究及技术服务。

八、中医药行业

（一）加快发展优势品牌。用循环经济政策支撑国家中医药改革综合试验区的建设，鼓励兰州生物制品研究所、天水岐黄药业公司、陇神戎发药业公司、独一味生物制药公司、兰州和盛堂制药公司、定西扶正制药公司等重点企业借势"一带一路"战略，积极发展中成药、藏药、生物医药等优势品牌和产品。

（二）加强技术研发和综合利用。加强中药绿色提取、分离、纯化等关键技术研究，积极开发特色中藏药、兽药，不断提高加工副产物、废弃物资源化利用水平，发展中药新剂型和配方颗粒，形成饮片、中成药、中药有效成分提取、保健食品等系列产品的规模化生产。

（三）提高中医药加工基地资源综合利用水平。以循环经济发展理念和发展模式为引领，以定西为核心，辐射带动周边及全省发展壮大中医药产业，进一步提升"中国药都"的知名度，加大以定西、河西、兰州、陇南为核心的中药材种植与加工基地建设力度，促进资源综合利用水平。依托甘肃奇正藏药、兰州生物制品研究所、佛慈股份等优势企业力量，建设国家级、省级循环经济工程技术研究中心。

（四）构建主导产品产业链。从"绿色道地"的标准化中医药种植基地建设入手，链接饮片加工、有效成分提取、保健品、健康食品、制药、药渣废料处理为一体的中医药循环综合示范园区，形成药渣—肥料—种植、制药废水—废水处理回用—污泥干化—有机肥、制药废水—处理—绿化冲洗等循环经济产业链。

九、食品、包装、制革行业

（一）推动食品行业与上下游产业一体化发展。鼓励食品行业向上下游产业延伸，建立原料绿色种植、加工清洁生产、包装轻量绿色、绿色物流配送的全产业链，在陇中、河西、陇东等地推广以种植、养殖、加工一体化为特征的循环经济发展模式。

（二）推进食品加工副产物和废弃物资源化利用。重点对边角料胚芽、麸皮、血液、皮毛、内脏等进行深度加工，对酿造废糟、皮籽、果核等废渣、废水无害化处理生产饲料、肥料，实现废弃物就地资源化。

（三）构建食品行业全产业链发展模式。优化食品行业循环经济产业链，重点完善酿造—废渣利用—饲料—特色养殖、果蔬加工—废渣利用—饲料—特色养殖、淀粉初加工—精深加工—废弃物再利用—饲料/肥料—特色养殖及种植、养殖—屠宰—肉/乳制品精深加工—废弃物资源化利用—物流配送等产业链。

（四）提高包装行业资源利用率。在兰州、平凉、张掖等地合理布局废纸回收与加工纸板生产，鼓励企业调整原料结构和产品结构，鼓励推进绿色设计，发展低克重、高强度、功能化、系列化产品。在全行业推行清洁生产，重点抓好"三废"治理和资源化综合利用。

（五）推广包装回收利用新技术。在兰州、天水、武威、定西等地区大力推进淀粉及变性淀粉、农作物秸秆等生产可降解塑料产品、木塑、纺塑等新技术研究，采用改性、复合等技术，利用废旧塑料生产再生利用产品，加大研制包装废弃物回收利用技术，推广包装产品绿色标志。

（六）发展特色包装产业集群。整合各种资源，形成专业化生产能力，建设产业集群，加强各产业链接、互补，逐步形成专业生产的包装工业园，提高产品的竞争能力。加强自主创新能力，增强企业的核心竞争力，健全行业标准、产业政策和规划，使监管部门实现专业化管理，加大节能减排力度，促进行业发展。

（七）推动制革行业继续实施清洁生产。提高清洁生产水平，严格环保治理措施，减少和避免污染物的产生，保护生态环境。

（八）改进生产工艺，推行绿色产品。依托甘肃宏良皮业股份有限公司、甘肃清源皮业有限公司、平凉福利制革厂等骨干企业，在行业内鼓励使用无毒和可生物降解的防腐剂；低硫和无硫酶脱毛、小液比脱毛与废脱毛液循环技术；高吸收高结合铬鞣技术，废铬液循环利用；无铬复鞣、无毒低含氮、含盐复鞣剂；高吸收无毒染料、低盐无氨水染料、水溶性涂饰材料等清洁生产技术，开发绿色、原生态的皮革旅游产品，推动制革行业绿色发展。

（九）推进毛皮加工副产物和废弃物资源化利用。完善制革产业园区基础条件与产业结构，注重"延链"与"补链"，形成产业链条，推动产业聚集发展，提高毛、皮等废弃物资源利用率、生产废水循环利用率。

十、装备制造行业

（一）大力发展再制造。支持兰石集团、中车兰州机车、建投装备、星火、金风等骨干企业抓住强国战略、创新驱动发展战略和"互联网＋"行动等一系列政策机遇，大力发展工程机械、机床、电机等再制造和绿色设计。引进国内外有实力的企业投资装备再制造，发展机床、工程机械、工业机电设备、铁路机车装备再制造。

（二）加强绿色产品研发应用。推广轻量化、低功耗、易回收等技术工艺，发展绿色新型元器件，建设绿色数据中心和绿色基站。加快推进新材料、新能源、高端装备、生物产业绿色低碳发展，推广应用快速成型、表面工程等绿色节材工艺技术，大力研发高性能、轻量化新材料。

（三）强化企业技术创新和管理。增强装备制造和电工电器精益制造能力，鼓励和引导大型企业分离零部件、元器件等中间生产能力，组建和孵化专业配套的中小企业，采用先进的表面工程技术积极开展再制造实践。到2020年，制造业整体水平大幅提升，再制造能力和水平大幅提高，制造业数字化、网络化、智能化取得明显进展。单位工业增加值能耗、物耗及污染物排放明显下降。

第四章　提升循环型农业体系建设水平

以张（掖）武（威）定（西）特色农副产品加工循环经济基地和甘（南）临（夏）陇（南）生态农牧业循环经济基地为依托，建立绿色、低碳、循环、可持续的农业产业体系、生产体系和经营体系，建设现代农业循环经济示范园，完善各具特色的农业循环经济发展模式，走产出高效、产品安全、资源节约、环境友好的农业现代化道路。落实《关于加快发展农业循环经济的指导意见》（发改环资〔2016〕203号），以提高农业资源利用效率和改善农村生态环境为目标，以促进农业绿色发展为主线，以示范引领为抓手，切实发挥龙头企业带动作用，优化产业组织结构。以高效节水农业、旱作农业、草食畜牧业、优质林果业、设施蔬菜、马铃薯、中药材等特色产业为依托，围绕"1236"扶贫攻坚行动，推进"一县一业"产业对接和"一村一品"产业培育，壮大特色富民产业，结合美丽乡村和生态旅游建设，减轻农村面源污染，提高资源利用效率，助力精准扶贫、精准脱贫，探索以循环经济促进农村地区扶贫脱贫的新途径。到2020年，农业科技贡献率达到57%。

一、种植业

到2020年，农田灌溉水有效利用系数达到0.57，主要农作物化肥利用率达到40%以上，农膜回收率达到80%以上，尾菜回收利用率达到50%以上，农作物秸秆综合利用率达到85%以上。

（一）发展节约型种植业。推进传统耕作制度改革，实施"耕地质量保护与提升行动"，不断创新种养结合、粮经结合等农作制度，推广农作物间作、套种、轮作，合理确定复种指数，提高土地产出效率。推广地膜覆盖和秸秆覆盖相结合的地膜减投技术，建立健全废旧农膜回收制度，减少农业面源污染，保护耕地质量。在河西荒漠绿洲灌溉农业区推广管道输水、喷灌、垄膜沟灌、垄作沟灌、膜下滴灌等农田高效节水技术，发展节水型灌溉农业，稳步发展非耕地设施农业，建设河西走廊及沿黄灌区国家级高效节水灌溉示范区；在陇东、陇中黄土高原干旱半干旱旱作农业区推广全膜双垄沟播、集雨补灌等旱作农业技术和抗旱耐旱品种，加大旱作农业示范区建设力度。大力推广测土配方施肥、有机无机结合、水肥一体的化肥节约技术和农作物病虫害绿色防控技术，实施"到2020年化肥、农药使用量零增长行动"。以精准扶贫、精准脱贫为导向，加快淘汰高耗能老旧农业机械，开展农机更新改造，推广使用节能型农业机械，推进主要粮食作物生产全程机械化。

（二）推动农作物秸秆综合利用。推进秸秆肥料化、饲料化、燃料化、基料化和原料化利用。在河西、陇东、陇中玉米主产区重点推广秸秆青贮、压块等全营养饲料加工技术；在陇东、陇中小麦主产区重点开展秸秆氨化项目建设。在河西及陇东小麦、玉米主产区推广秸秆机械化还田项目。在河西、陇东推广秸秆快腐还田，在河西、陇东、陇中秸秆资源丰富、有机肥应用基础条件好的市县重点推广以工厂化秸秆综合腐熟技术、有机与无机肥生产技术。在河西棉花秸秆资源丰富、居民相对集中的地区组织建设秸秆气化集中供气项目，在河西、陇中秸秆资源丰富地区示范建设秸秆固化成型燃料示范项目，河西重点发展双孢蘑菇优势产业区、陇中及各市州近郊发展秸秆平菇优势产业区、陇南重点发展秸秆黑木耳香菇优势产业区，构建全省秸秆食用菌优势产业基地。在河西、陇中现有规模造纸企业集中地区开展秸秆造纸企业升级，在河西、陇东地区发展秸秆新型板材、秸秆炭化等新型产业。

（三）推动农田废弃物的回收利用。建立政府推动、农户参与、企业实施的农田残膜、灌溉器材的回收利用体系，加大农田残膜污染监测，推动机械化回收设备的研发和推广，推广应用标准地膜，引导农民回收旧地膜和使用可降解地膜；在陇东、陇中地膜使用集中区域，建设农田残膜、灌溉器材回收加工网点。

（四）推广尾菜资源化利用。加大尾菜饲料化、肥料化、资源化利用，在河西走廊、沿黄灌区、泾渭河流域、徽成盆地为主的蔬菜主产区，开展尾菜饲料化和肥料化技术提升与示范推广。

（五）构建区域农业循环产业链。河西走廊中部绿洲灌溉区，采取"种植—秸秆—畜禽养殖—粪便—有机肥（沼液、沼渣）—种植"的农牧结合型循环经济模式，以沼气为纽带，联动粮食和蔬菜种植、瓜果栽培及畜牧养殖，完善农业产业链，实现生态的良性循环和经济的多元化发展。陇东陇中黄土高原干旱半干旱区以推广全膜双垄沟播等旱作农业技术为重点，发展"种植（林果）—林下畜禽养殖—粪便—有机肥—种植（林果）"一体化的农林牧复合型循环农业模式。

二、林业

到 2020 年，林业废弃物综合利用率达到 80% 以上。

（一）加强森林经营和资源保护，推动林业生态效益的发挥。推进天然林保护、三北防护林、自然保护区建设项目，稳步推进新一轮退耕还林还草工程，不断巩固退耕还林成果。在河西内陆河地区以水源涵养、湿地保护、荒漠化防治为重点，实施祁连山生态保护与三大流域生态综合治理，推进河西走廊阻沙固沙林带工程建设和沙产业发展；中部沿黄河地区严格保护林草植被，加强植树造林，提高植被覆盖率，实施兰州北部百万亩防护林工程；实施黄河上游白银段生态环境综合治理工程，着力解决土地沙化、水土流失、工矿业污染等问题；甘南高原地区实施封禁保护、退牧还草、人工种草等综合治理措施，实现草畜平衡，恢复林草植被，增强水源涵养功能，提高水源补给能力；南部秦巴山区以保护生物多样性、涵养水源为重点，结合生态建设工程，做好生态恢复与重建工作，增强生态系统水源涵养和土壤保持功能；陇东陇中黄土高原地区以水土保持和流域综合治理为重点，加强森林资源保护，巩固和发展退耕还林成果，促进黄土高原生态屏障建设，发展壮大特色林业产业经济。

（二）大力发展林下经济，有序利用森林景观。大力发展林下种植、林下养殖、森林景观利用和林产品采集加工等林下经济。陇南山地湿润半湿润区要探索独特的循环型林业发展模式，即：山顶发展"林—山野菜—沼—林"的循环经济链条，以生态林保持水土为中心，林间种草；山腰发展"林—畜—沼—林"的循环经济链，以保持水土为中心，栽培林果，林、菌、药材间种，互利共生；山底利用其优势气候、水文条件，发展"林—粮—沼—林"的循环经济链，发挥原有的商品粮基地优势，保障粮食种植，同时发展创收型经济果林，利用沼气池有机肥料还田，补充土壤肥力。在陇南山区通过建立立体农业循环模式，形成高附加值绿色农业产业基地。积极培育林业合作社、家庭林场、林业龙头企业、专业大户等新型林业经营主体，推广"合作社＋龙头企业＋基地＋农户"运作模式，形成一批各具特色的林下经济示范基地，带动全省林下经济向集约化、规模化、标准化、品牌化和市场化方向发展。有序利用森林景观，发展生态旅游。

（三）推进林业废弃物资源化利用。全面推动林业"三剩物"的综合利用，加大对废旧木质家具、木质包装的回收利用，在兰州等大中城市开展园林废弃物的回收利用体系。鼓励利用森林经营、采伐、造材、加工等过程中的剩余物开展资源化利用。建立完善林业废弃物处理、收集、储运为一体的综合利用产业化示范基地。

三、畜牧业

到 2020 年，草原植被盖度达到 53% 以上，肉牛、肉羊规模化养殖比重达到 50% 和 60%，秸秆饲料化利用率达到 65% 以上，规模化养殖场（区）畜禽粪便综合利用率达到 75% 以上。

（一）加大人工种草及牧区草原资源的养护力度。把畜牧业规模严格控制在草地的承载范围之内，有步骤地推行草原禁牧休牧轮牧制度，减少天然草场超载牲畜数量，实现草畜平衡，建立草原生态保护长效机制，及时对草原进行生态修复，确保畜牧业的可持续发展。在河西荒漠祁连山—阿尔金山山地一带，采取水源涵养生态牧业模式，根据当地的气候、水文和土壤条件等选择宜牧草种，发展草畜产业建成草产业基地。实行限时轮牧，发展山地牧业。甘南州建立生态自然保护区，对退化草地实行休牧、轮牧和围栏封育措施；合理控制载畜量，实施鼠虫害防治工程；对生态极脆弱区实施生态移民工程。

（二）推进畜禽养殖清洁生产。在河西和陇东、陇中地区推进适度规模养殖，鼓励养殖与种植相结合，养殖与苗木繁育相结合。建设标准化畜禽养殖场，推广畜禽清洁养殖、雨污分流、干湿分离和设施化处理技术。科学确定养殖容量，合理控制养殖密度，实现养殖水域空间资源合理利用。鼓励利用盐碱地、采矿塌陷区发展水产养殖。推进废旧网具等废弃物的资源化利用。解决水产养殖、鱼病防治、水产品质量安全等方面的难点技术问题，加快健康养殖技术、优良品种养殖的示范及水质改良等新技术的推广。在甘南、陇南建立 2 个省级水生野生动物救治中心。

（三）加强畜禽粪污资源化利用。推动规模化养殖业的循环发展，在河西和陇东支持规模化养殖场、养殖小区建设粪便收集、贮运、处理、利用设施，建立分散养殖粪便、回收和利用体系，鼓励分散储存、统一运输、集中处理；推广工厂化堆肥处理、商品化有机肥生产技术；利用畜禽粪便因地制宜发展集中供气沼气工程、生物天然气工程，在河西和中东部地区推进沼渣沼液深加工生产适合种植的有机肥。

（四）优化提升农牧业循环经济产业链。形成以畜牧业为核心，以种植业为依托、以沼气生产为纽带的物质能量循环流动的复合生态系统。优化提升畜禽粪便—沼气—发电，畜禽粪便—沼渣、沼液—肥料、畜禽加工副产物—生化制品等产业链条。河西走廊中部绿洲灌溉区，采取"种植—秸秆—畜禽养殖—粪便—有机肥（沼液、沼渣）—种植"的农牧结合型循环经济模式；陇东陇中黄土高原干旱半干旱区发展"种植（林果）—林下畜禽养殖—粪便—有机肥—种植（林果）"一体化的农林牧复合型循环农业模式；在陇南推广"林—畜禽养殖—沼—林"模式。打造"草—牧—沼"的农业循环经济链条，通过沼气池建设，减少废弃物排放，优化农户能源结构，美化周边环境，保护脆弱的生态功能区。甘南州、临夏州要建立以"畜—草"为主的"农—牧互补"双向对流模式，突出草畜业的优势；河西可建设牛羊产业和草产业基地。

四、工农业复合

到 2020 年，农产品加工转化率达到 55% 以上。

（一）积极推进产业深度融合。按照物质流和关联度统筹产业布局，大力推进农村地区一二三产融合发展，积极推广和鼓励农资生产与配送、农产品生产与配送采用物联网技术，积极引导种、养、加和旅游文化、电子商务等产业的深度融合，建设工农复合型循环经济示范区，促进企业间、园区内、产业间耦合共生。利用土地流转等相关政策，引进种植大户、养殖大户、龙头企业，结合美丽乡村建设、实施精准扶贫，形成"种—养—加—购—游"的农村循环经济发展新模式。

（二）加大农产品加工清洁生产力度。加大蔬菜、马铃薯、草食畜、中药材、优质林果、制种和酿酒原料等农产品生产过程中肥料合理使用技术、无公害农药应用技术、统防统治技术、农膜使用和回收技术等农业清洁生产技术。加大农产品加工清洁生产力度，建立健全农产品质量安全追溯制度，强化农产品安全保障。

（三）推进农产品加工副产物综合利用。鼓励综合利用企业与合作社、家庭农场、农户有机结合，促进副产物循环利用。建立副产物收集、处理和运输的绿色通道，推进加工副产物向高值、梯次利用升级，提高加工副产物的有效供给和资源化利用水平，减少废弃物排放，实现综合利用、转化增值、改良土壤和治理环境。

（四）推进农产品精深加工体系建设。围绕高原夏菜深度加工，在以河西走廊、沿黄灌区、泾渭河流域、徽成盆地为主的蔬菜主产区，创办一批蔬菜精深加工龙头企业；以河西地区及白银、平凉、庆阳、临夏、甘南等牛羊主产区为布局优势区域，围绕提高畜禽分割、速冻加工生产能力、开发新型肉食制品和"清真食品"，借助"一带一路"的优势，扩大出口，促进畜禽屠宰和肉食加工业发展。大力扶持以绿色有机食品为主的肉牛肉羊加工龙头企业，依托畜禽屠宰加工，促进皮、毛、骨、血的综合利用；以定西、陇南、张掖、平凉等中药材主产区为布局优势区域，在传统中成药制品、中药饮片和中药材集散加工的基础上，采用先进技术发展中药材，促进天然动植物新药、特殊疗效药物和系列保健制品研发，形成集标准化种植、中成药、保健品、生化制药于一体的药品加工业体系；以定西、白银、兰州、天水、陇南等地的 16 个马铃薯主产区为布局优势区域，加快马铃薯及薯类淀粉的深度开发、系列加工，提升薯产业的发展水平。到 2020 年，农产品加工转化率达到 55％以上。

专栏 1　提升循环型农业体系重点工程

在全省范围内开展循环农业节约型种植业示范工程、农业废弃物综合利用工程、森林经营和林下经济示范工程、畜牧业循环示范工程、工农业复合发展示范工程，以循环经济助力精准扶贫、精准脱贫及区域生态、经济、社会的可持续发展。

节约型种植业示范工程。开展耕地质量保护与提升行动计划，实施河西灌溉区、沿黄灌区盐碱地退化耕地综合治理项目、陇中白色污染耕地阻控修复项目、陇东坡耕地梯田化改造项目、陇东陇中全膜双垄集雨沟播技术推广项目、临夏玉米秸秆整秆覆盖还田项目等重大项目。

农业废弃物综合利用工程。实施河西地区秸秆饲料化利用推进工程、平凉市秸秆肥料化利用提升工程、张掖秸秆能源化利用示范工程、酒泉秸秆食用菌栽培工程、庆阳秸秆工业化利用工程；实施靖远农田残膜回收加工推广项目、兰州尾菜饲料化和肥料化技术提升与示范推广项目、张掖农业废弃物综合利用项目。

森林经营和林下经济示范工程。实施中国黑河流域（张掖）湿地保护工程、陇南市长江上游（嘉陵江—汉江水系）重要生态功能区建设、甘南黄河重要水源补给生态功能区生态保护与建设规划、甘肃敦煌生态环境保护工程、祁连山冰川与生态环境综合治理工程、石羊河流域防沙治沙与生态恢复工程、甘肃省黄土高原泾渭河流域综合治理工程、甘肃长江上中游水源涵养功能区生态保护与建设、陇南立体农业循环产业基地建设项目。

畜牧业循环示范工程。实施河西草产业基地项目、临夏肉羊标准化养殖基地建设项目、甘南肉牛标准化养殖基地建设项目。

工农业复合示范工程。在临夏、白银、张掖、酒泉等地区培育"种—养—加—购—游"工农复合循环经济新模式，实施庆阳市农副产品深加工及农业废弃物综合利用项目、武威市农牧业综合开发及废弃物综合利用项目、甘肃农产品冷链物流网建设项目、张掖农产品冷链物流中心建设项目、平凉农产品冷链物流交易中心建设项目。

第五章　健全循环型服务业体系

按照"传统服务业循环化改造、现代服务业链条化提升、文化旅游业绿色化扩容"的总体思路，推进服务主体绿色化、服务过程清洁化，促进服务业与其他产业融合发展，落实《关于促进绿色消费的指导意见》（发改环资〔2016〕353号），充分发挥服务业在引导人们树立绿色循环低碳理念，转变消费模式方面的积极作用。

一、旅游业

到2020年，在全省打造50家建设和管理绿色化的低碳循环型绿色旅游示范基地，在全省新评定100家绿色饭店，在全省建设30座低碳旅游城市。

（一）创建一批循环型景区。按照循环经济"减量化、再利用、资源化"的"3R"原则，把旅游景区清洁生产、旅游资源综合利用、旅游产品的生态设计和旅游者的可持续消费融为一体，实现文化旅游业绿色化扩容。加强旅游资源保护性开发，严格执行旅游项目环境影响评价制度。加大绿色旅游基础设施建设力度，广泛采用节能环保产品，积极利用可再生能源，配套建设雨水收集、垃圾无害化处理系统。旅游景区一律使用节能环保交通工具，科学设置垃圾分类回收装置，推进废弃物分类回收和资源化利用。着力解决景区资源的多头管理问题，在保护和开发上形成有效合力。

（二）引导低碳旅游和绿色消费。积极发展智慧旅游，大力倡导低碳旅游出行方式，在吃、住、行、游、娱、购等各个环节建立低碳服务体系。突出绿色客房、绿色餐饮，注重节能降耗和垃圾处理，引导消费者进行绿色消费。避免使用一次性餐具，抵制过度包装、生产设计复杂的旅游商品，大力开发原生态、体现地缘文化的旅游项目，倡导文化旅游融合，传播绿色低碳理念。严格遵守主体功能区规划，严格控制风景名胜区、森林公园、湿地公园内人工景观建设。

（三）建设绿色饭店。根据国家旅游饭店标准（LB/T007—2006），开展绿色旅游饭店创建，促进旅游饭店在节能、环保、降耗、绿色服务（包括绿色采购）、绿色宣传及绿色营销等方面取得新成效；在建筑、供热、空调、照明、电器使用和水资源利用等方面采用新技术，利用合同能源管理，加大节能技术改造力度，提高节能减排水平。

（四）建设低碳旅游城市。以营造生态宜居的优良旅游环境为目标，从三个层面推进低碳旅游城市建设：宏观上，推进包括城市生产系统、流通服务系统、消费系统、社会系统、生态系统以及基础设施系统的循环化发展；中观上，倡导发展绿色产业，推广节能技术，促进城市能源、交通和建筑向低碳化方向发展；微观上，鼓励构建企业的内部循环体系。

二、通信服务业

到 2020 年，通信基站能耗比 2015 年降低 15%，通信基站废旧铅酸蓄电池回收率达 90% 以上。

（一）推进绿色基站建设。鼓励采用分布式基站网络结构。通过载波智能功效、智能调整等手段降低设备能耗。推广以自然冷热源和蓄电池温控为基础的空调升温启动技术，合理采用风光互补、分布式冷却系统以及电池组在线维护管理，实施传统基站节能改造。合理设计供电方案，推广应用绿色电源。

（二）推进绿色数据中心建设。加快老旧设备退网，鼓励建设云计算、仓储式及集装箱式数据机房，推动广泛应用先进节能技术，加大节能改造力度，提高数据中心和机房的能源利用效率。积极争取国家数据中心在我省规划布局，争取兰州新区、金昌云计算数据中心建成运行。

（三）鼓励回收废旧通信产品。推动通信运营商回收基站中的废旧铅酸电池。依托通信运营商服务网点，探索采用押金制等方式建立废旧手机、电池、充电器等通信产品的回收体系，或依托废旧移动通讯产品在线回收体系提高回收率。

三、零售批发业

到 2020 年，营业面积在 1 万平方米以上的大型超市、百货店、专业店等零售业万元营业额能耗较 2015 年下降 10%；在全省再选择 2—3 个市州进行试点，全面禁用一次性塑料袋，代之以可降解袋和可堆肥袋。

（一）大力推行清洁生产。开展清洁生产审核、ISO14000 环境管理体系认证。鼓励发展连锁经营、统一配送、电子商务等现代流通方式，运用物联网技术强化资源整合和供应链全程优化。

（二）推进废弃物回收利用。鼓励零售批发企业对废弃包装物、废弃食品、垃圾等进行分类回收。鼓励批发零售企业采用以旧换新等方式回收废旧商品。严格执行"限塑令"，全面禁止销售、使用超薄塑料购物袋，落实塑料购物袋有偿使用政策。

四、餐饮住宿业

到 2020 年，餐饮住宿业单位增加值能耗明显降低，一次性用品使用率大幅度降低。

（一）推进餐饮住宿业绿色化。鼓励企业自主或通过合同能源管理的方式推动餐饮住宿业对照明、空调、锅炉系统进行节能改造，使用节能节水产品和环保高效洗涤剂，分类排放生活垃圾，分类存放餐厨废弃物。鼓励大型住宿餐饮企业建设具有集中加工、采购、贮存和配送功能的厨房。

（二）倡导绿色服务。积极采取措施减少使用一次性木筷、快餐盒以及客房一次性牙刷、剃须刀等用品。鼓励企业开设绿色客房并给予消费者相应优惠。倡导酒店使用客房能源管理系统，最大程度节约能源。

五、现代物流业

到 2020 年，全省建立起低碳、循环、高效的绿色物流体系，物流设施绿色能源利用效率明显提高。

（一）加快绿色物流体系建设。加快构建以兰白都市圈为中心，天水、平庆、金武、酒嘉为枢纽，张掖、陇南、定西、临夏、甘南等区域节点城市物流园区为支撑的"一中心四枢纽五节点"绿色物流体系。同时，鼓励仓储设施利用太阳能等清洁能源，大力发展多式联运。

（二）提高物流智能化信息化水平。按照"互联网＋"高效物流要求，建成省级物流公共信息服务平台。应用大数据、云计算、移动互联、物联网等先进信息技术，引导传统物流企业向智能化、信息化转型，发展第三方、第四方物流。积极推广物联网技术，包括货物跟踪定位、无线射频识别、可视化技术、移动信息服务、智能交通和位置服务、高性能货物搬运设备、铁路散堆装货物运输抑尘技术和快速分拣等新技术应用，提高储运工具的信息化水平，减少返空、迂回运输。

（三）加快运输工具和包装的绿色化改造。积极发展标准化、厢式化、专业化的公路货运车辆，逐步淘汰栏板式货车。推广铁路重载运输技术装备，积极发展铁路特种、专用货车以及高铁快件等运输技术装备。鼓励采用低能耗、低排放运输工具和节能型绿色仓储设施，加快建立绿色物流评估标准和认证体系。鼓励包装重复使用和回收再利用，提高托盘等标准化器具和包装物的循环利用水平。大力发展逆向回收物流，鼓励生产者、再生资源回收利用企业联合开展废旧产品回收和再生处理。

第六章　推进社会层面循环经济发展

加快社会大宗固废的资源化利用和城市低值固废的收集和利用体系、再生资源和生活垃圾分类回收体系，推动再生资源利用产业化，发展再制造，推进餐厨废弃物资源化利用，实施绿色建筑行动和绿色交通行动，推行绿色消费，实施大循环战略，加快建设循环型社会。

一、完善再生资源回收体系

到 2020 年，在全省各县（市、区）全面实施"一县（市、区）一场、一镇（乡）一站、一村一点"的农村生活垃圾处理设施建设，建立"户分类收集、村长效保洁、市场化清运、无害化处理"的收运处理体系。

（一）加快建设再生资源回收网络。加快再生资源回收网络建设，合理布局回收网点和加工企业（园区）。全面建设城市社区和乡村回收站点、分拣中心、集散市场"三位一体"的再生资源回收网络。开展废旧农膜"以旧换新"试点，建立全省废旧农膜捡拾、收购、加工利用市场化运作体系。进一步推进兰州市、武威市再生资源回收试点城市、肃州和敦煌国家级区域性再生资源回收利用基地建设。将再生资源回收行业纳入城市建设整体规划和商业网点规划，在全省各市州全面开展标准化再生资源回收网络建设工程。

专栏 2　再生资源回收网络建设工程

全面开展标准化再生资源回收站点建设和改造。按照"便于交售"的要求，城区每 2000 户居民设置 1 个回收站、乡镇每 2500 户居民设置 1 个回收站；按照"交通便捷，功能完善，管理规范"的原则，每个城市至少设置一个再生资源回收分拣中心，实现社区回收站（点）、再生资源综合交易市场和再生利用企业的良好衔接；在交通便利、基础设施齐全的近郊地区选址建设区域性集散市场，在全省建成一批功能明确、管理规范、区域辐射和带动作用显著的再生资源市场。

（二）试点"互联网＋再生资源"发展新模式。通过环保企业业务延伸、再生资源企业与互联网回收企业建立战略联盟、智能回收机向互联网回收的延伸和电商的业务拓展等方式的试点，积极探索"互联网＋废品回收"发展路径及模式。

（三）构建生活垃圾分类、资源化、无害化处理体系。加快实施《甘肃省城市生活垃圾处理管理办法》（甘建城〔2015〕439 号），在兰州、白银、嘉峪关、酒泉等城市的社区开展垃圾分类回收试点工作，使试点社区生活垃圾分类收集率在 2020 年达到 95%。探索政府支持废旧衣物回收箱、民间自发组织回收、品牌服装企业自主回收及公益组织回收等各种模式，尤其要依托废旧纺织品综合利用产业技术创新战略联盟，提高我省废旧纺织品的回收利用率。

二、推动再生资源利用产业化发展

到 2020 年，废钢铁、废有色金属、废塑料、废纸等重点废旧商品回收总量达到 630 万吨，利用总量达到 550 万吨，废钢铁回收利用率达到 93%，废有色金属精深利用率达到 95%，废纸利用率达到 83%，废塑料利用率达到 82.5%，废橡胶利用率达到 88.5%。

（一）推进再生资源规模化和高值化利用。引导再生资源加工利用企业在园区集聚发展。加快培育再生资源龙头企业，推动龙头企业按市场规律收编和整合个体经营户，规范回收网络，提升再生资源产业化经营水平。推动再生资源利用行业向规范化、有序化方向发展。通过淘汰落后生产工艺和技术设备，推动再生资源分选、拆解、破碎、加工利用技术和装备提质升级。支持再生资源利用企业延长产业链，着力加强深度加工利用，提高产品附加值。

专栏 3　"城市矿产"基地建设示范工程

以兰州经济技术开发区红古园区建设国家"城市矿产"示范基地为重点，通过政府引导、龙头企业带动，依托兰州市现有产业集群和物流枢纽，统筹区域、园区和企业各层面再生资源回收体系建设，构建集约化、高值化的再生资源回收利用产业链，建成我国西部地区重要的废钢铁、废有色金属、报废汽车、废家电、废塑料、废橡胶等再生资源回收利用基地。

立足兰州—白银石油化工、冶金有色循环经济基地建设，辐射全省及青海、宁夏、陕西等省区，积极探索"互联网＋回收"的模式及路径，推动和引导"城市矿产"综合利用模式创新，构建冶金、有色金属循环产业链条，形成覆盖全省的"城市矿产"回收利用体系，建设辐射丝绸之路经济带的区域性"城市矿产"集散交易中心和综合利用示范基地。

到 2018 年，建立起比较完善的再生资源回收网络体系；通过出城入园、改造提升，形成一批试点示范企业；建立起较为完善的公共基础设施服务保障体系和科技支撑体系，形成以"废弃—回收—拆解—加工—深加工"模式为核心的循环型产业链条。

（二）合理布局再生资源利用产业。依托全省已基本形成的再生资源空间格局，兰州、白银、酒泉、金昌、嘉峪关、临夏等市州重点发展废钢铁、废有色金属的回收分拣加工；兰州、天水、酒泉、平凉、庆阳、陇南等市主要发展废纸、废橡胶等品种的回收分拣利用；武威、张掖、定西、甘南等市

州主要发展废塑料、废玻璃、废旧纺织品的回收分拣利用。

三、发展再制造

（一）建立旧件回收体系。发挥兰州、天水、平凉、嘉峪关、武威、临夏等城市的区位及物流优势，与生产商合作发展逆向物流，建立再制造产业发展所需的工程机械、机床、废旧汽车零部件等的逆向回收物流体系，形成适应再制造产业发展所需的旧件收集能力。积极利用现有再生资源回收网络，回收计算机服务器、硒鼓、墨盒等易回收产品。在兰州、嘉峪关、白银等城市开展消费者交回旧件并以置换价购买再制造产品（以旧换再）的试点工作。

（二）抓好重点产品再制造。根据国家相关政策，依托兰州、天水等地的工业制造企业，开展旧汽车零部件、工程机械、机床等的再制造。争取在甘肃布局民用航空器再制造产业示范基地。

四、实施绿色建筑行动

"十三五"期间，争取完成既有居住建筑供热计量和节能改造1000万平方米以上；到2020年末，30%的城镇新建建筑达到绿色建筑标准要求。

（一）继续推进既有建筑供热计量和节能改造。以室内供热系统计量及温度调控改造、热源及供热管网热平衡改造、建筑围护结构节能改造为重点，继续大力推进既有居住建筑供热计量及节能改造。

（二）新建建筑严格执行节能标准。严把设计关口，加强施工图审查，城镇建筑设计阶段100%达到节能标准要求。加强施工阶段监管和稽查，施工阶段执行建筑节能强制性标准比例不低于97%。

（三）提升绿色建筑比重。新建政府投资的公益性建筑和大型公共建筑严格执行绿色建筑标准。鼓励商业房地产开发项目积极执行绿色建筑标准。支持有条件的城市全面执行绿色建筑标准，推进绿色建筑规模化发展。

（四）推进建筑废物资源化利用。推进建筑废物集中处理、分级利用，生产高性能再生混凝土、混凝土砌块等建材产品。在兰州等地建设建筑废物资源化利用和处理基地。在建造阶段推广工厂化生产、装配式施工，推广钢结构装配式建筑。尽量减少二次装修或不必要的装饰，合理利用再利用的建筑材料。

五、构建绿色综合交通运输体系

到 2020 年，铁路、公路、民航、邮政、城市轨道交通行业基础设施建设和运营服务环节的资源能源利用效率全面提高，污染排放得到有效控制，兰州、天水城市公交出行分担比率达到 35% 以上。

（一）交通规划、建设、运营循环化。在全省交通规划中，统筹衔接各种运输方式，加快实现客运零距离换乘和货运无缝化衔接。合理布局铁路、公路和机场基础设施，提升土地、能源、水等资源的利用效率。鼓励再生利用道路沥青以及利用粉煤灰等工业废料筑路、建桥等。加快现有机场、车站的节能节水改造。严格淘汰老旧机车。加快推广不停车收费系统（ETC）、甩挂运输等。优化航线网络结构，鼓励机场提供地面供电替代飞机自发电。

（二）倡导绿色出行。完善城市交通系统，加强城市步行和自行车交通系统建设，扩大兰州市公共租赁自行车规模，优化兰州 BRT 相关交通资源，建成兰州轨道交通项目一期工程。鼓励优先使用新能源汽车。在兰州和河西五市推进纯电动车的配套建设及租赁示范运营。引导居民外出多乘公共交通，少开私家车。在有条件的城市探索实行拼车出行，推广电话叫车、网络叫车，降低出租车空驶率。

六、推进餐厨废弃物资源化利用

在进一步争取国家 3—5 个餐厨垃圾试点城市的基础上，到 2020 年，全省设区城市都要实现餐厨废弃物分类收运和资源化利用。

（一）提升餐厨废弃物资源化利用和无害化处理试点城市建设水平。兰州市、白银市进一步完善餐饮企业、单位食堂餐厨废弃物定点收集、密闭运输、集中处理体系，鼓励利用餐厨废弃物生产沼气、生物柴油、工业油脂、有机肥等。

（二）强化餐厨废弃物管理。推动对城市餐厨废弃物收集、运输、处理实行许可或备案制。加大对餐厨废弃物资源化利用和无害化处理的监管，坚决打击用"地沟油"等餐厨废弃物生产食用油等违法行为。在全省各市州创造条件开展餐厨废弃物资源化利用设施建设。积极组织有条件的城市申报餐厨废弃物资源化利用和无害化处理试点城市。

> **专栏4　餐厨废弃物资源化利用和无害化处理试点推广工程**
>
> 　　加快推进兰州市、白银市国家餐厨废弃物资源化利用和无害化处理试点城市建设，总结试点经验，因地制宜，确定不同城市餐厨废弃物资源化利用和无害处理的模式。
>
> 　　建立餐厨废弃物产生登记、定点回收、集中处理、资源化产品评估以及监督管理体系；优化资源化技术路线，建设餐厨废弃物资源化利用和无害化处理示范项目；建立促进餐厨废弃物资源化利用的激励机制；引导消费者合理消费，减少产生量；开展餐饮业分类存放、清洁生产、资源化利用、无害化处理等方面的宣传教育，促进源头减量化。加快建成覆盖全省的餐厨废弃物管理网络、收运和处置一体化体系。

七、推行绿色消费

到2020年，能效标识2级以上的空调、冰箱、热水器等节能家电市场占有率达到50%以上。

（一）倡导绿色生活方式。广泛宣传和大力倡导节约、低碳、循环的绿色生活理念，制定发布绿色旅游消费公约和消费指南。支持发展共享经济，鼓励个人闲置资源有效利用。在全社会深入开展反过度包装行动、反食品浪费行动和反过度消费行动。在全省选择50所中小学校试点课本循环利用。

（二）建设节水型社会。总结张掖市节水型社会建设实践经验，在全省推进节水型社会建设。建立和完善各项节水法规、政策、规划和实施方案；积极创建节水载体，实施节水项目，限制高耗水项目建设；加大节水技改投入，开发推广节水设备和器具，努力提高水资源的利用效率。在全省选择3—5个有条件的地区建设海绵城市。

（三）扩大绿色消费市场。鼓励建立绿色批发市场、绿色商场、节能超市、节水超市、慈善超市等绿色流通主体。支持零售批发业采购节能环保产品，支持流通企业在显著位置开设绿色产品销售专区，促进绿色产品销售。积极培育租赁业、旧货业发展，鼓励大中小城市利用群众性休闲场所、公益场地开设跳蚤市场，方便居民交换闲置旧物。通过电商平台提供面向农村地区的绿色产品，拓展绿色产品农村消费市场。

（四）鼓励绿色产品消费。继续推广高效节能电机、节能环保汽车、高效照明产品等节能产品。加大新能源汽车推广力度，组织实施"以旧换再"试点，实施绿色建材生产和应用行动计划，推广使用节能门窗、建筑垃圾再生产品等绿色建材和环保装修材料。推广环境标志产品，鼓励选购节水、节能产品。

八、建设绿色政府

到 2020 年，新增创建 100 家节约型公共机构示范单位，全部省直机关和 50% 以上的省属事业单位建成节水型单位。2016 年，公共机构配备更新公务用车总量中新能源汽车的比例达到 30% 以上，到 2020 年实现新能源汽车广泛应用。

（一）全面推行绿色办公。全面推进公共机构节约水、电、煤、气、油和办公用品工作，实施重点节能工程，完成规划期节能目标。推进信息系统建设和数据共享共用，积极推行无纸化办公。完善节约型公共机构评价标准，合理制定用水、用电、用油指标，建立健全定额管理制度。具备条件的办公区要安装雨水回收系统和中水利用设施。

（二）完善绿色采购制度。严格执行政府对节能环保产品的优先采购和强制采购制度，扩大政府绿色采购范围，提高政府绿色采购规模。具备条件的公共机构可利用内部停车场资源规划建设电动汽车专用停车位，比例不低于 10%，引进社会资本利用既有停车位参与充电桩建设和提供新能源汽车应用服务。

九、实施大循环战略

（一）推进产业间循环式组合。统筹全省产业园区的空间布局，消除各种限制性障碍，搭建循环经济公共服务平台，鼓励建立企业间、产业间的循环经济联合体，促进产业间循环链接、共生耦合，实现资源跨企业、跨行业、跨产业、跨区域循环利用。在承接中东部地区产业转移时，要按照产业循环式组合的要求，推进产业集聚、合理布局。

（二）促进生产与生活系统的循环链接。推动生产系统的余能、余热等在社会生活系统中的循环利用，推动煤层气、沼气、高炉煤气和焦炉煤气等资源在城市居民供热、供气以及出租车等方面的应用。待条件具备后，在庆阳发展煤层气公共汽车。全面启动中水在社会生活系统中的应用，提高城市生活污水在工业生产系统中的应用水平。完善再生水用于农业浇灌的标准，开展示范应用。推动矿井水用作生活、生态用水。推进钢铁、电力、水泥行业等生产过程协同资源化处理废弃物，将生活废弃物作为生产过程的原料、燃料。

（三）加快生态小康村建设。坚持统筹协调、突出特色、分类指导、完善功能，尊重农民意愿，在贫困村实现脱贫的基础上，开展生态文明小康村建设。完善生态文明小康村建设标准，实施农村基础设施、特色富民产业、社会事业、生态环境、社会保障体系、基层政权六大领域建设，打造道路硬化、村庄绿化、街院净化、用能清洁化、农产品无公害化、用水洁净自来化、社会服务便利化、信息网络入户化、村民言行文明化、村内管理民主化的"十化生态文明小康村"。

（四）建设循环型市（县）和社区。以创建国家级循环经济示范城市（县）为模板，加大省内循环经济示范城市（县）的培育力度，在"十三五"期间培育 10 个省级循环经济示范城市（县）。立足各市州城乡社区的实际，在全省各地建设 200 个各具地方特色的循环型社区。

（五）推进资源循环利用跨区域大循环。充分利用省内外的市场和资源，不断增强经济社会发展的能源资源保障能力。鼓励建设循环经济综合服务平台和专业服务平台，为建立我省"四位一体"的循环经济体系提供服务，建立跨市州、甚至跨省的资源利用大循环。

第七章　保障措施

一、深化体制改革

发挥政府各部门对循环经济发展的推动作用，建立部门联席会议制度，定期共同研究循环经济问题，协同推进循环经济发展。简化循环经济项目环评能评审批程序。继续从多领域多层次开辟循环经济项目环评绿色审批通道，改进能评审批程序。对简化和下放的循环经济行政管理审批事项，明确后续监管措施和监管责任，有效避免监管真空。支持循环经济产业链上下游企业相互参股、持股，企业之间通过签订物料供需合同、项目合作协议等方式，探索建立循环经济产业链上下游企业利益共享、风险共担的机制。建立由政府、企业、金融机构等共同参与的多元管理体制，把资源配置交给市场，把生产经营交给企业，把社会服务交给社会组织和中介机构，园区管委会集中精力做好规划布局、协调服务和招商引资工作。注重总结推广典型模式、发挥示范引领作用。创新推广方式，充分发挥典型模式的引领示范作用，以点带面、点面结合，有效带动重点领域循环经济的发展。

二、强化创新驱动

强化技术创新对发展循环经济的支撑保障作用。制定创新科技领域支持循环经济发展的专项计划，将循环经济重点领域及关键技术列入重大科技专项支持范围，加快共性关键技术开发，对行业、区域循环经济指标有重大影响的技术难题进行重点攻关。推动组建重点领域循环经济产业联盟，加强产学研用结合，共同研究解决循环经济关键和共性技术问题。加快先进适用技术推广应用，探索通过政府买断的方式对先进适用技术进行推广应用。建立和完善循环经济服务体系，组建1—2个循环经济技术重点实验室、研发中心，申请国家在我省布局更多的国家级工程（技术）研究中心、工程实验室和企业技术研究中心，省级工程（技术）研究中心和实验室优先在骨干企业布局。培育和扶持一批为发展循环经济提供规划、设计、建设、改造、运营的专业化技术支撑机构。

三、完善政策体系

从产业政策、投资价格和收费政策、财政和税收政策、金融政策等方面加大政策扶持力度。加强资源消耗强度较高产业的管控和约束，积极推广国家和省上有关名录，鼓励循环经济产业发展，不断调整产业政策支持重点；从社会资金引导、电价、水价和污水处理收费等方面加大投资、价格和收费政策扶持力度；创新省级节能循环经济发展专项资金支持方式，以产业投资基金形式支持企业投资建设的循环经济重大工程、重点项目，对非营利性和非经营性循环经济项目、基础能力建设项目给予投资补助或贷款贴息支持。推动金融机构对我省循环经济给予多元化信贷支持，创新金融产品，加大对循环经济重点项目和"十百千"示范工程的融资支持力度。对生活垃圾、餐厨废弃物、建筑废弃物、"城市矿产"等资源化利用和无害化处理项目实行园区化管理。鼓励专业化服务公司采用合同能源管理等市场化模式对企业和园区进行循环化改造。

四、健全法规制度

根据国家相关规定和要求，进一步完善循环经济相关配套规章。逐步建立生产者责任延伸制度，推动生产者落实废弃产品回收、处理等责任。继续开展资源综合利用企业（产品）和资源综合利用电厂认定。广泛开展循环经济项目、企业、园区等试点建设。强化再生资源回收企业备案管理，对报废汽车、废弃电器电子产品拆解企业依法实行严格的资质管理。对资源消耗量和废物排放量大的重点企业实施动态跟踪管理。继续巩固"限塑"成果，适时研究扩大"限塑"范围。深入推进禁止生产和使用实心粘土砖工作。建立低效用地评价机制，规范推进农村建设用地和工矿废弃土地复垦利用。研究制定管理措施，在有条件使用再生水的地区限制将城市自来水作为城市道路清扫、城市绿化和景观用水。积极探索市场化管理机制，配合国家建立健全循环经济标准和计量体系，积极开展循环经济标准化试点工作。

五、加强评估督办

进一步完善循环经济统计制度，科学设定循环经济评价指标体系，规范统计核算方法，做好数据采集和分析工作，建立统计调查和数据发布制度。每年开展一次循环经济专项督查，重点对市州政府、各类产业园区、企业落实循环经济政策措施情况进行监督检查。组织开展国家循环经济相关名录执行情况的监督检查。加大对生产、销售过度包装商品行为的查处力度。严厉查处资源综合利用、再生资源拆解处理造成二次污染的企业。继续强化季分析、半年检查、年度总结的动态管理制度，认真落实季度例会制度，定期协调解决推进循环经济工作中的重大问题，做好下一阶段重点工作安排部署。将市州和部门各项目标任务完成情况作为省政府年度目标责任考核的重要内容，每年进行专项考核。

六、强化舆论引导

积极利用中央和省内新闻媒体，宣传报道循环经济发展示范工程和典型模式；协调在甘肃日报、甘肃电视台等媒体设置循环经济专栏，对我省循环经济发展进行全方位报道。组织实施循环经济宣传项目，利用楼宇、公交车、路灯牌、高速公路广告牌等户外传媒广泛开展宣传。利用世界水日、世界环境日、国家低碳日、节能宣传周、循环经济知识竞赛等活动广泛开展循环经济宣传。

后　记

西北地区幅员辽阔，地势高峻，野生动植物资源和矿产资源都非常丰富。这里不仅是中国乃至南亚、东南亚地区的"江河源"和"生态源"，还是中国以及东半球气候的"启动器"和"调节区"，是我国的生态屏障，生态地位十分重要。西北地区是我国的水源涵养区和气候调节区，西北地区有丰富的动植物资源，是我国生物多样性保护的重要区域。

西北地区深居内陆，距海遥远，多为温带大陆性气候，冬季严寒，夏季高温；降水多为200毫米左右，河西走廊的黑河下游及塔里木盆地东部形成两个极旱中心，年降水量仅为10毫米，干旱是西北地区的主要自然特征。西北地区地形以高原、盆地和山地为主，植被由东向西为草原、荒漠草原、荒漠。这里还分布着世界上最大的流动沙漠塔克拉玛干沙漠和世界上海拔最高的沙漠柴达木盆地沙漠。西北地区的生态本就脆弱（甘肃省的生态脆弱县占其总县数的57.3%），荒漠化、沙化现象的发展，进一步加重了西北生态的脆弱性。

结合西北地区重要的生态地位和脆弱的生态特点，进一步加强生态环境保护的力度当然是非常重要的。但同时，大力发展绿色经济、实现绿色发展、建设循环型社会，无疑是更加重要的选择。绿色发展是建立在生态环境容量和资源承载力的基础上，将生态保护作为实现可持续发展重要支柱的一种新型发展模式。当今世界，绿色发展已经成为一个重要趋势，许多国家在其经济社会建设中不断突出绿色理念和绿色内涵。同样，西北地区也只有大力发展绿色经济，才能有效地突破生态环境瓶颈制约，如期建成小康社会，顺利实现现代化。

我们认为，循环经济、再生水回用、绿色专利技术的应用等均有助于实现绿色生产方式和生活方式，循环经济、再生水回用、绿色专利技术等的推广均需要法律制度的保障和推进。但是，我国目前循环经济、再生水回用、绿色专利技术等法律制度仍然存在着不足，所以，在认真进行调查研究并借鉴国外成熟经验的基础上，找到完善西北地区绿色发展制度之路径，显得非常重要。

　　本书撰写分工如下：导论为吕志祥、张强；专题一为一（吕志祥、张维权）、二（吕志祥、张维权）、三（杜蓉）、四（吕志祥、杜蓉）、五（杜蓉）、六（董媛杰）、七（吕志祥、杜蓉）；专题二为一（吕志祥、闫妮）、二（吕志祥、张书悦、周黎）、三（吕志祥、闫妮）、四（吕志祥、杜蓉、闫妮）、五（吕志祥、杜蓉、闫妮）；专题三为吴宏川；由吕志祥统稿、定稿。

2019 年 6 月 5 日

于金城